国家出版基金项目

高考效度研究

吴根洲 / 著

高考改革研究丛书
刘海峰 / 主编

本书为2016年度教育部人文社会科学重点研究基地重大项目『高考制度改革研究』（16JJD880029）之成果

华中师范大学出版社

新出图证（鄂）字 10 号

图书在版编目（CIP）数据

高考效度研究/吴根洲著. —武汉：华中师范大学出版社，2016.12
（高考改革研究丛书/刘海峰主编）
ISBN 978-7-5622-7629-6

Ⅰ.①高… Ⅱ.①吴… Ⅲ.①高考—研究—中国 Ⅳ.①G632.474

中国版本图书馆 CIP 数据核字（2016）第 315393 号

高考效度研究
ⓒ 吴根洲 著

责任编辑：史小艳	责任校对：肖绪旭
编辑室：学术出版中心	电话：027－67867792
出版发行：华中师范大学出版社	社址：湖北省武汉市洪山区珞喻路 152 号
电话：027－67863426/3280（发行部）	027－67861321（邮购）
传真：027－67863291	邮编：430079
网址：http://press.ccnu.edu.cn	电子信箱：press@mail.ccnu.edu.cn
印刷：湖北新华印务有限公司	督印：王兴平
封面设计：甘 英	封面制作：胡 灿
开本：710mm×1000mm 1/16	印张：16.5
版次：2016 年 12 月第 1 版	印次：2016 年 12 月第 1 次印刷
字数：279 千字	定价：41.30 元

欢迎上网查询、购书

敬告读者：欢迎举报盗版，请打举报电话 027－67861321

总　　序

　　高考是我国各类考试中最重要、影响最大的考试。高考改革不仅关系到国家创新人才的培养、学生的健康成长，而且关系到社会公平的维护、高等教育资源的分配，还涉及宏大的社会利益再分配问题，关系到维护我国改革发展稳定的大局，是一项"牵一发而动全身"的社会系统工程，具有综合性、系统性。高考改革事关教育全局，不仅已成为重大的民生议题，而且是教育领域中最复杂、最敏感的问题，受到民众和国家教育主管部门的高度关注。

　　2010年7月正式颁布的《国家教育中长期改革和发展规划纲要(2010—2020年)》列有关于招生考试的专门一章，即第十二章"考试招生制度改革"。在中国历次教育改革文件中，这是第一次将招生考试单独列出一章，足见此问题在现阶段的重要性。2012年7月，国家教育考试指导委员会在北京成立，研究制定考试改革方案，指导考试改革试点。国家专门成立一个国家级决策咨询机构来指导高考改革实践，说明考试招生改革意义非常重大。2013年11月，十八届三中全会通过了《中共中央关于全面深化改革若干重大问题的决定》，其中教育方面最主要的就是考试招生改革的内容。2014年9月公布的《国务院关于深化考试招生制度改革的实施意见》，是恢复高考以来最全面、最系统的改革文件。以往也有各种各样的高考改革政策出台，但多数都是单项的或者某一个侧面的改革，而这次改革涉及考试招生的方方面面，是一个顶层设计的系统改革，标志着高考改革进入一个新阶段。

　　由于高考是一个至为复杂的大规模选拔性考试，是一项"横看成岭侧成峰，远近高低各不同"的制度，从某一特定的角度去观察，站在某一种特定的立场去评说，可能所见都是事实，所言也都有一定道理，但也可能会出现盲人摸象、各说各话的情况。因此，在评价高考时，重要的是全面和客观。

而要理性地、全面地评价高考，提出切实可行的改进意见，就应该对高考进行全面深入的研究。

中国是考试制度的发源地，不仅是一个考试古国，而且是一个考试大国。有些西方国家的大学入学考试只是一种测量手段，只是在小范围内引起关注，只是一个部分人关心的话题。然而，受传统和现实的制约，中国人却将高考变成了文化，变成了经济，变成了政治，变成了盛大的仪式，变成了一种备受关注的社会活动，变成了一种惯例式的全民动员。在有五千年悠久文化传统和千余年科举考试影响的中国，在一个幅员辽阔、人口众多、地域和城乡文化教育水平差异很大的中国，在民众高度重视甚至是过度重视教育的中国，高考既与世界各国的大学入学考试有相同的规律，也有不少独有的现象和问题。

长期以来，高考作为一项影响重大、关注度甚高的重要制度，总体而言是"三多三少"，即新闻报道多，理论研究相对较少；一般议论多，深入分析相对较少；零星探讨多，系统研究相对较少。近年来，情况有了一些改观，特别是2012年前后讨论异地高考政策问题，2014年《国务院关于深化考试招生制度改革的实施意见》出台以后，出现了研究高考改革的热潮，许多相关论文见诸报刊。但是，对于整个高考制度还缺少系统的研究，尤其缺少真正有分量的高考改革研究著作。

高考改革是一个谁都能说得上两句的话题，但又是一个专业性很强的问题。要谈谈自己关于高考改革的观点，发表一两篇文章不难，而要深入阐述自己的观点，发表不重复的系列论文或出版专著却很难。为了将高考研究推向深入，并为现实高考提供决策参考和理论依据，在深入研究的基础上，特组织一套"高考改革研究丛书"。

作为中国高考研究的重镇，厦门大学考试研究中心一直将高考改革作为重点研究方向之一，推出了一系列研究论文和专著，研究成果为全国性的和部分省市的高考改革提供重要的理论支持。本丛书是中国第一套较全面、深入研究高考改革的丛书，对高考从理论、制度、政策、法治、内容、形式，到招生考试的区域公平、民族政策、效度和评价等各方面进行全面的研究，同时对美国、英国、法国、俄罗斯、加拿大、澳大利亚、日本和我国台湾地区的高校招生考试制度等进行了探讨；既有对高考制度的理论剖析，又有对高考改革的一些热点问题的专题论述；是从理论到实践、从宏观到微观、从国内到域外，对高考制度及其改革进行的全面而深入的研究。

总　序

"高考改革研究丛书"是对高考的基础性、系统性研究。2015年，该丛书获得国家出版基金资助，出版社与丛书主编将原来已出版的十多本著作加以修订，并扩充至22本，使之成为一个更全面、成气候的书系。本丛书基本上由我自己的著作和历年指导通过答辩的高考研究博士论文、博士后出站报告为基础构成。在我历年指导的众多博士论文或博士后出站报告中，以高考研究为选题的占大多数。要想真正为高考改革提供参考，我们的研究应力求建立在对招生考试历史与现实充分了解的基础之上。为了使这些论文的写作不至于陷入空谈，我总是要求博士生和博士后多了解高考实际。多年来，以高考为选题的博士生和博士后一般都要到部分省市教育招生考试院等考试机构实习，真正深入招生考试第一线，多与考试管理工作者接触交流，这样他们才不会太书生气，所写论文才能脚踏实地。凡是研究别国高校招生考试制度的博士生和博士后，都通晓所在国的语言文字，并尽可能到研究对象国去搜集资料和实地调研，多位博士生和博士后都在研究对象国留学多年或做访问研究一年以上。

丛书中每本著作各有专攻，希望都能切中肯綮，真正做到既有学术价值，也有现实意义；对高考改革的顶层设计，对高考改革的顺利推行，进而对维护教育公平和社会稳定起到一定的作用。恢复高考40周年即将到来，相信本丛书的出版能够为高考改革提供理论支撑，为完善中国的考试招生制度贡献绵薄之力，作为一名上世纪的77级大学生，我深感欣慰。

刘海峰

2016年10月6日

目 录

绪 论 ·· 1
   一、研究内容 ·· 2
   二、已有研究 ·· 5
   三、如何研究 ·· 14
   四、研究意义 ·· 17

第一章 高考与效度的理论分析 ··· 21
  第一节 高考辨析 ·· 21
   一、考试辨析 ·· 22
   二、如何理解高考 ·· 28
  第二节 效度概论 ·· 35
   一、测验与效度 ·· 35
   二、效度凭证的分类与效度的测算方法 ································ 41
   三、相关分析与效度的验证 ·· 47

第二章 高考效度的定量研究（上）································· 53
  第一节 定量研究说明 ··· 53
   一、样本选择与数据处理 ··· 53
   二、效标选择 ·· 59
  第二节 以大学学业总成绩为效标度量高考的效度 ·············· 71
   一、2002 年高考的效度分析 ··· 71
   二、1993 年高考的效度分析 ··· 75
   三、1984 年高考的效度分析 ··· 78
   四、比较研究 ·· 80

第三节　以三种学业成绩分别为效标时高考效度的比较 ………… 85
　一、以专业课成绩为效标时高考的效度状况 …………………… 85
　二、以公共课成绩为效标时高考的效度状况 …………………… 88
　三、三种效标度量高考效度的一致性分析 ……………………… 92
　四、公共课与专业课在课程体系中的比重 ……………………… 95

第三章　高考效度的定量研究（下） …………………………… 97
第一节　不同群体的高考效度 …………………………………… 97
　一、各学科门类的比较 …………………………………………… 97
　二、同类专业的校际比较 ……………………………………… 100
　三、文理兼招专业不同科类的比较 …………………………… 110
　四、小结 ………………………………………………………… 112
第二节　高考各科目成绩与大学学业成绩的相关分析 ……… 112
　一、2002年的分析 ……………………………………………… 113
　二、1993年的分析 ……………………………………………… 115
　三、1984年的分析 ……………………………………………… 118
　四、结论 ………………………………………………………… 120
第三节　高考英语与高考数学的效度 ………………………… 123
　一、高考英语的效度 …………………………………………… 123
　二、高考数学的效度 …………………………………………… 129
第四节　负相关问题与录取标准科学性问题初探 …………… 134
　一、负相关问题初探 …………………………………………… 134
　二、不同录取标准科学性问题初探 …………………………… 140

第四章　高考效度的解释与提高 ………………………………… 149
第一节　高考效度的解释 ………………………………………… 149
　一、对效度系数的解释 ………………………………………… 149
　二、高考效度的再评价 ………………………………………… 159
第二节　高考效度的提高 ………………………………………… 166
　一、效度系数与效标关联效度的关系 ………………………… 166
　二、命题的维度 ………………………………………………… 167

三、施考、阅卷与分数解释的维度 ………………………… 173
　　四、效标的维度 …………………………………………… 178

第五章　高考效度提高的实践条件 ……………………………… 182
第一节　直接条件 ……………………………………………… 182
　　一、考试理论与技术 ……………………………………… 182
　　二、考试模式 ……………………………………………… 187
　　三、考试成本 ……………………………………………… 193
第二节　间接条件 ……………………………………………… 197
　　一、招生录取制度与相关高等教育管理制度 …………… 198
　　二、舆论环境 ……………………………………………… 204
　　三、利益的调整 …………………………………………… 210

结　语 ……………………………………………………………… 216
　　一、主要结论 ……………………………………………… 216
　　二、研究反思 ……………………………………………… 219
　　三、改革设想 ……………………………………………… 222

附　录 ……………………………………………………………… 225

参考文献 …………………………………………………………… 241

后　记 ……………………………………………………………… 251

绪　论

恢复高考后的近40年里，高考作为最重要、影响最大的教育考试一直牵动着亿万中国人的神经。高考在人们的一片赞扬声中仅仅度过了几个年头，就开始被不断升级的非议所笼罩。对高考的非议主要有两个方面：一是认为高考不能为高等学校选择合适的生源；二是认为高考与应试教育、与学生负担过重密切相关，它扭曲了教育也影响了学生。这两个方面在不同历史时期的影响不同，表达的方式也有所区别。应该说，前一种非议首先出现，在最初曾占据上风，声音主要来自部分教育专家和中学教师，因此，表达方式较为理性，一系列的改革也围绕此问题展开；后一种非议随后出现并逐渐占据主流，同时由于声音来源逐渐复杂化，某些表达方式超出了理性的限度，高考改革的动因也越来越多。若不加以严格界定，在20世纪80年代主要是基于高考自身的科学性进行讨论与改革，主要成果是高考命题的标准化；在20世纪90年代主要是基于如何"减负"、如何实施素质教育来探索改革之路，主要成果是科目调整。

进入21世纪以来，两种非议扭结在一起深深地影响着高考的命运。对后一种非议的回应已经拥有了比较丰硕的成果，而对前一种非议的回应则相对欠缺。在高等教育大众化的背景下，对高考能否为高等学校选择合适的生源这一问题作出科学的回答显得更为迫切，然而现有的答案却似乎不甚有力。近40年来，不断有新的高考改革方案付诸实践，停留在纸面上的方案更是不计其数。然而，方案的形成有多少实证材料的支持，经受过多少专家学者严密的论证呢？若要对高考这一复杂的系统工程进行卓有成效的改革，这些都是必需的基础性工作。本书从实证材料出发，依据测验理论，试图正面回答关于高考能否为高等学校选择合适的生源以及与此密切相关的问题，即关于高考效度的问题。

一、研究内容

随着研究者身份的多元化和相关研究的不断深入,研究对象的复杂化与泛化往往不可避免,高考改革作为一个牵涉面极广的系统工程,更不例外。当下,以整个高考改革作为研究对象已不是一篇论文、一部专著所能承担的任务。然而,任何关于高考改革的研究必须首先对高考有一个清晰的界定。随着测验理论的不断发展,人们对效度的认识也在逐步深入,对本研究中的"效度"与"高考的效度"作一个简单的交代也是非常必要的。

(一) 高考的界定

笼统而言,在中国大陆有两个高考:普通高考和成人高考。普通高考形成于1952年[①],在"文革"时期被中断了十一年,1977年得到恢复并一直延续至今。成人高考则开始于1986年[②]。普通高考以普通高中毕业生为主要对象,成人高考以在职在业的成人为主要对象,尽管近年来两种考试招生对象的界限有所淡化,但是两者合一也并非朝夕之事。仅以两者目前在高等教育体系中的地位和社会影响而论,普通高考远远大于成人高考。一般来说,人们也常把普通高考简称为"高考",而把成人高考简称为"成考"。

从字面上理解,高考是指为普通高等学校招生而组织的考试。然而,许多考生、家长、教师甚至一些专家学者在使用这一词语时,常常包含了考试与录取两个环节,例如,"高考落榜了"、"高考升学率很高"均有录取的含义在内。仅仅作为一种考试,高考仍有两种不同的指称,一种是指统一高考[③],另一

---

① 杨学为:《中国高考史述论》,湖北人民出版社,2007年,第9~10页。
② 刘海峰,等:《中国考试发展史》,华中师范大学出版社,2002年,第365页。
③ 在不同的文献中有不同的表述方式,但均指统一高考。(1) 全国普通高校本专科统一考试。参见刘海峰,等:《中国考试发展史》,华中师范大学出版社,2002年,第331页。(2) 全国普通高等学校统一招生考试。参见刘海峰:《高考改革的统独之争》,《教育发展研究》2006年第21期,第47页;《1996年全国普通高等学校统一招生考试》,http://www.kedu.net.cn/testpaper/gk/200606/118.htm,刻度网络。(3) 全国普通高等学校招生统一考试。参见《全国普通高等学校招生统一考试》,http://baike.baidu.com/view/983160.htm,百度百科;《1992年全国普通高等学校招生统一考试》,http://www.gdjyw.com/jyfg/16/law_16_1140.htm,学海荡舟;《2006年全国普通高等学校招生统一考试(广东卷)物理试卷》,http://www.szzsks.com/pxfd/gkzy/200609/4036.htm,苏州招生考试网。(4) 普通高等学校招生全国统一考试。参见教育部:《2007年度普通高等学校招生工作规定》,http://www.jyb.com.cn/zs/gxzs/ptgxzs/zszc/t20070306_68019.htm;《普通高等学校招生全国统一考试大纲》,http://www.eol.cn/html/g/2007dagang.shtml,中国教育在线。

种是指包括统一高考在内的所有普通高等学校招生考试①。因此，无论是理论探讨还是实践评说，普通高考有三种含义：等同于普通高校招生，包括招生考试与招生录取两个部分；等同于普通高校招生考试，包括为普通高校招生而举办的招生统一考试、招生联合考试、招生自主考试等各种招生考试；等同于普通高校招生统一考试。三种含义的外延依次缩小。

其实，高考是一个特指名词②，高考就是指统一高考，它是与高校招生举办的单独考试、几所高校招生举办的联合考试相对而言的，只是其统一的含义不是一成不变的。高考形成的初期，时任高等教育部部长的马叙伦指出，所谓统一，是指统一的计划，统一的组织领导，统一的报考，统一的录取调配③。显然，这些统一是针对整个招生而言的。如果仅把高考定位在招生考试的范围，那么高考的统一性主要是指全国范围内统一报考条件、统一考试日期、统一考试科目、统一命题、统一阅卷标准，大行政区或省区范围内统一组织考试与阅卷④。

不断的改革使得统一高考的含义逐渐发生了变化。自 1985 年至 1999 年，主要有上海市的高考单独命题、从广东省开始推行的高考命题标准化试验、"三南"方案以及随后推行的"3＋2"方案等高考科目变革。1999 年以后的改革主要有当年开始的"3＋X"科目探索、2002 年广西的本专分考、2004 年分省命题范围的大幅扩大。然而经过多次改革的高考仍保持了全国范围内考试大纲、报考条件、考试时间的统一，省区范围内组织考试与阅卷

---

① 认为高考是"高等学校招生考试"的简称。参见颜莉冰：《高考制度评价研究》，厦门大学硕士学位论文，2006 年，第 76 页。时下许多论文把统一高考、高校自主招生考试，甚至保送生考试都纳入高考这一概念之内，有的论文在题目上就明确了观点。如孟照彬：《大学自主招生：高考的最终走向》，《湖北招生考试》2004 年第 6 期下半月刊，第 4 页；李文鑫：《高校自主招生应是高考改革的方向》，《湖北招生考试》2006 年第 12 期下半月刊，第 10 页；王美林：《自主招生：高考改革的新亮点》，《湖北招生考试》2004 年第 12 期下半月刊，第 14 页。中国人民大学的顾海兵教授还专门撰文指出，许多文章的作者往往没有区分高考与统一高考，进而指出"高考"不是问题，"统一高考"是个问题。参见顾海兵：《高考与统一高考之辩——兼与孙东东教授商榷》，《湖北招生考试》2005 年第 2 期下半月刊，第 9 页。

② 刘海峰：《高考改革的统独之争》，《教育发展研究》2006 年第 21 期，第 47 页。

③ 杨学为：《高考文献》（上），高等教育出版社，2003 年，第 22～23 页。

④ 1958 年，因受极左路线影响实行各省单独招考，1977 年，因恢复高考时间仓促实行分省命题考试，这两个年份除外。

的统一，即统一的考试大纲和统一的操作程序。

招生考试与招生录取在理论上是彼此独立的两个环节，在实践中两者的关系也会随环境的变化而变化，统一高考则是整个普通高等学校招生考试的主体与改革的基准点。本研究中的高考取最严格的含义，仅指统一高考，不包括高校招生录取与高校招生其他考试，即高考是指"普通高等学校招生全国统一考试"①的简称。

（二）高考的效度

考试的科学性主要用信度、效度、难度、区分度来评价②。效度是用来衡量考试有效性或准确性的指标，即考试能够测出它欲测特质的程度。难度、区分度、信度的大小也对考试的效度有着直接的影响。因此，效度是评价考试科学性最主要的指标。

传统上，人们将效度分为内容效度、结构效度、效标关联效度三种主要类型。现代教育和心理测量学已经将效度看作以各种不同类型证据为基础的统一概念③。发展中的效度概念不再谈及效度的种类，而是指效度凭证的各个方面④。美国教育研究会、美国心理学协会和全美教育测量学会于1999年联合出版的《教育与心理测试标准》依据凭证来源把效度凭证分为基于测验内容的凭证、基于解题过程的凭证、基于内部结构的凭证、基于和其他变量关系的凭证、基于测试后果的凭证五个方面⑤。调查不同方面的效度凭证追求的是相同的基本目标：理解分数的意义和正确使用分数。

调查效度凭证，为正确诠释测验分数积累实证，提供充分科学依据的过程被称为效度化或效度检验。一个做得好的效度论证会将各种凭证融为一体

---

① 以《2007年度普通高等学校招生工作规定》为准。
② 谷振宇：《基于模糊关联规则的高考数据分析》，清华大学硕士学位论文，2004年，第13页。
③ 雷新勇：《大规模教育考试：命题与评价》，华东师范大学出版社，2006年，第282页。
④ 美国教育研究会、美国心理学协会、全美教育测量学会：《教育与心理测试标准》，燕娓琴、谢小庆译，沈阳出版社，2003年，第8页。
⑤ 美国教育研究会、美国心理学协会、全美教育测量学会：《教育与心理测试标准》，燕娓琴、谢小庆译，沈阳出版社，2003年，第16~24页。高考作为标准化的考试，在工具层面上等同于测验，因此，在本书的行文过程中，若非特别注明，考试与测验所指是一致的，具体论述见第一章的第一节。

而使现有的凭证和理论能支持对指定用途的测验分数的预期诠释①。在保证质量的前提下，所掌握的效度凭证越多越有利于对测验分数的科学解释与使用。然而，在效度检验实践中，效度凭证能否获取常常受到诸多局限条件的限制，并且不同效度凭证的价值也不是等同的。有些效度凭证在某些情况下特别关键，而其他凭证就不那么重要②。因此，在一项研究中，总是倾向于以一个相对重要的凭证来源为主。

没有任何一种凭证天生就比别的凭证更可取，而是凭证对预期测验用途的质量和相关性决定具体凭证的价值③。高考作为一种测验，它的主要用途是为普通高等学校选择合适的生源。对高考分数的解释与使用及录取决策的作出可用于不同高校、不同专业录取合适的生源。度量"是否合适"最为恰当的标准是高考分数与大学学业成绩具有的一致性程度，因此，高考分数与大学学业成绩之间的相关程度便成为表达高考效度最重要的凭证。

尽管"内容效度"、"决策效度"、"效标关联效度"、"测量效度"等术语不再指不同的效度类型，然而在一定的语言背景中，考虑效度术语的不同用法仍然存在某些价值④。在本书中，大学学业成绩与高考分数的关系被作为高考效度的凭证，两者的关系用这两个变量之间的相关系数来表达。此时，高考的效度也可以被称为效标关联效度，这一相关系数被称为效度系数；这一相关系数也可以表达高考分数对大学学业成绩预测的准确程度，因此又可以被称为预测效度。

二、已有研究

对高考效度问题的探讨有赖于对测验理论的认可与掌握。"文革"结束以后，在恢复高考的同时，测验理论也重新拥有了研究的空间。20世纪70年代末80年代初，一些介绍测验理论的论文成为高考效度问题研究的先

---

① 美国教育研究会、美国心理学协会、全美教育测量学会：《教育与心理测试标准》，燕娓琴、谢小庆译，沈阳出版社，2003年，第25页。

② 美国教育研究会、美国心理学协会、全美教育测量学会：《教育与心理测试标准》，燕娓琴、谢小庆译，沈阳出版社，2003年，第13页。

③ 美国教育研究会、美国心理学协会、全美教育测量学会：《教育与心理测试标准》，燕娓琴、谢小庆译，沈阳出版社，2003年，第25页。

④ 凯温·R. 墨菲、查尔斯·O. 大卫夏弗：《心理测验》，张娜、杨艳苏、徐爱华译，上海社会科学院出版社，2006年，第138～139页。

声。紧接着，应用测量理论探讨考试效度包括高考效度问题的文章陆续发表，由于作者多为教育统计测量方面的专家，因此这一时期的研究成果具有相当的分量。自20世纪90年代以来，研究高考效度问题的论文几乎未曾间断，然而由于作者知识背景与职业的多元化，对高考效度问题的探讨从不同的角度展开，其研究成果的质量也开始变得参差不齐。20世纪与21世纪之交，一批更为系统、更为深入的测验理论专著在中国大陆不断地涌现，为高考效度问题的深入研究提供了重要学术支撑。高考研究的整体进展也拓宽了高考效度问题的研究空间，高考的效度已不再是一个单一的问题，而是以它为中心形成一个包括一系列相关问题的问题簇，因此，这些对于高考效度问题来说较为间接的研究成果同样值得重视。

（一）关于高考效度的文献

若以研究的着眼点为标准，研究高考效度的文献可以分为着眼于评价高考选才有效性和着眼于探讨高考成绩对大学学业成绩的影响两种类型，前者如北京师范大学心理系高考研究组的《改革高考，更加准确有效地选拔人才》①，后者如尚鹤睿、邱飚曾的《医学生大学英语四级考试成绩影响因素分析》②。前一种类型的文献数量远少于后一种类型的文献数量，说明多数研究者关注高考成绩对大学学业成绩的影响，目的是为大学教学服务，作者也多为各专业的大学教师；少数研究者关注高考自身的科学性，目的是为高考改革服务，作者多为心理与教育测量专业人士。这两类文献都在一定意义上表达了人们对高考效度状况的描述乃至判断，若按价值判断的结果又可以分为肯定高考的效度状况与否定高考的效度状况两种类型。刘春锋等学者在《医学生高考成绩与入学后在校期间学习成绩相关性研究》一文中认为高考总成绩与在校期间总成绩之间存在明显的正相关关系③，而王方根、王闽在

---

① 北京师范大学心理系高考研究组：《改革高考，更加准确有效地选拔人才》，《教育研究》1985年第6期，第54～59页。

② 尚鹤睿、邱飚曾：《医学生大学英语四级考试成绩影响因素分析》，《广州医学院学报》1995年第6期，第62、65～66页。

③ 刘春锋，等：《医学生高考成绩与入学后在校期间学习成绩相关性研究》，《洛阳医专学报》1994年第4期，第235页。

《医学生入学成绩与毕业总成绩相关性研究》一文中认为两者的相关性很低①。甚至同是数学专业,高晶、陆仲伟的《高考成绩与大学学习成绩的回归分析》一文的研究结果是肯定的②,而柴俊、陆竞、俞曼的《高考数学分数高,大学数学学习成绩一定好吗》一文的研究结果是否定的③;同为英语专业,许之所、张丽芳的《高考英语试卷预测效度实证研究》一文的研究结果是肯定的④,而周国辉的《英语高考成绩的预测效度》一文的研究结果是否定的⑤。因此,在涉及效度状况描述时,我们有必要对高考的具体年份、高校类型、学科专业、数据的选取标准与处理口径、样本量、计算公式等因素加以考虑;在涉及高考效度的价值判断时,我们必须重视判断所依据的是什么标准,例如刘德峰、郭雅在《入学成绩与在校学习成绩的相关性及其影响因素》一文中以 0.001 水平作为判断标准⑥,显然不太符合高考效度研究的实际。

关于高考效度的文献所涉及的高考年份自 1977 年(如吴丽卿教授的《高等学校学生入学年龄问题初探》⑦)持续到现在几乎不曾间断;涉及的高校类型既有中山大学、山东大学等研究型院校,如谢宗江、冼利青的《"3+X"与医学生在校成绩相关分析》和山东大学教务处的《电子计算机应用于大学生成绩分析》,也有天津财经学院(2004 年更名为天津财经大学)、国际关系学院等应用型院校,如罗永泰、李小妹的《高考入学成绩对后续课程影响的统计分析》和叶景山的《高考成绩、人格因素与英语四级成绩的关

---

① 王方根、王闽:《医学生入学成绩与毕业总成绩相关性研究》,《江苏高教》1995 年专辑,第 61 页。
② 高晶、陆仲伟:《高考成绩与大学学习成绩的回归分析》,《丹东师专学报》1994 年第 1 期,第 64 页。
③ 柴俊、陆竞、俞曼:《高考数学分数高,大学数学学习成绩一定好吗》,《数学教学》2003 年第 8 期,封二。
④ 许之所、张丽芳:《高考英语试卷预测效度实证研究》,《武汉理工大学学报》(社会科学版)2004 年第 2 期,第 249 页。
⑤ 周国辉:《英语高考成绩的预测效度》,《淄博师专学报》1996 年第 2 期,第 95 页。
⑥ 刘德峰、郭雅:《入学成绩与在校学习成绩的相关性及其影响因素》,《高教探索》1994 年第 1 期,第 64 页。
⑦ 吴丽卿:《高等学校学生入学年龄问题初探》,《教育研究》1981 年第 12 期,第 23～27、72 页。

系》，以及杭州医学高等专科学校、丽水师范专科学校等实用型院校，如顾秀娟、邹立人、许亮文的《大专生高考成绩与在校学习成绩关系的分析》和卢巧焕的《对我校物理系学生的入校成绩与在校学习成绩的统计分析》[1]；覆盖了绝大部分的学科门类，如医学、理学、文学、农学等[2]，其中关于医学类的成果最为丰富。这些研究大部分采用了皮尔逊积差相关法[3]，还有一部分采用了斯皮尔曼等级相关法、多元回归和逐步回归、典型相关分析等各种研究方法[4]。此外，雷新勇博士在《2004年高考（上海卷）地理科考试评价》一文中，从内容方面的证据和内部相关关系的证据入手探讨了高考的效度[5]。另有一些研究虽不是直接研究高考效度，但宽泛地说，实质上也是在探讨高考为高等学校选择合适生源有效性的问题，如宁静等学者在《高考

---

[1] 谢宗江、冼利青：《"3＋X"与医学生在校成绩相关分析》，《医学教育探索》2003年第4期，第46～48、55页；山东大学教务处：《电子计算机应用于大学生成绩分析》，《教育研究》1983年第2期，第77～80页；罗永泰、李小妹：《高考入学成绩对后续课程影响的统计分析》，《数理统计与管理》1996年第2期，第14～16页；叶景山：《高考成绩、人格因素与英语四级成绩的关系》，《国际关系学院学报》2002年第2期，第40～43页；顾秀娟、邹立人、许亮文：《大专生高考成绩与在校学习成绩关系的分析》，《中国高等医学教育》1996年第2期，第37～38页；卢巧焕：《对我校物理系学生的入校成绩与在校学习成绩的统计分析》，《丽水师范专科学校学报》2004年第2期，第119～121、128页。

[2] 张靖，等：《对医学生在校学习成绩变迁因素的初步探讨》，《医学教育》1994年第6期，第17～19页；宋键：《高考成绩对大学主干课程成绩的影响》，《集宁师专学报》1999年第4期，第30～32页；陈葆、陈艳辉：《城乡大学生英语基础与四级成绩的相关研究》，《中国成人教育》2005年第6期，第101～102页；马骥，等：《农科院校学生入学成绩、基本情况对大学成绩影响的实证分析》，《高等农业教育》2003年第11期，第50～52页。

[3] 钱钟、吴祖俭：《高考成绩与发展潜力的相关性研究》，《江苏高教》2002年第3期，第39～41页。

[4] 别雪君、李祖超：《大学成绩与高考成绩相关关系的统计分析》，《建材高教理论与实践》1997年第4期，第49～52页。高晶、陆仲伟：《高考成绩与大学学习成绩的回归分析》，《丹东师专学报》1994年第1期，第60～61、64页。何杭佳：《大学成绩与高考成绩的相关分析》，《玉林师范学院学报》（自然科学版）2002年第3期，第133～135页。

[5] 雷新勇：《2004年高考（上海卷）地理科考试评价》，《考试研究》2005年第1期，第56～70页。

成绩与大学成绩的相关性研究》一文中采用聚类分析的方法，得出高考成绩达到一定水平的同学在入学后的努力程度和学习态度是决定他们大学成绩的主要因素的结果①。这些研究成果对我们全面、深刻地认识高考效度不无裨益。

近年来，也有硕士学位论文把高考的效度问题纳入研究视野。宋玉宏的论文《从高考成绩对后续课程的影响看高招录取工作的合理性》选取首都师范大学数学系1995～1998级学生的数据，分析了高考总分、各科成绩与大学第一学年总成绩的关系②。肖婕的论文《实际数据的统计分析与建模》对中国科学技术大学1999级学生的高考成绩和大学一年级统考的数学及英语成绩进行了聚类分析和相关性研究③。林秀莲的论文《我国研究型高校本科生学习过程规律研究——以厦门大学为个案》选取厦门大学1996～2004级除艺术类专业外来自福建、四川、浙江、湖北四个省份的四年制本科生为样本，分年度分科类进行相关分析，考查了高考成绩与大学学习成绩的相关系数④。

综上所述，对高考效度研究的成果不可说数量太少，也不可说缺乏高质量的研究成果。然而，这些研究成果采用的研究方法不尽相同，却没有阐明依据；在效标选择上大多采用第一学年的学业成绩，也有的研究采用大学学业总成绩、大学主干课程成绩、第一学期的学业成绩、几门主干课程成绩等，不一而足，同样缺乏一个明确的理由。有的研究选择一所或几所高校的几个专业同一年份入学的学生作为样本，有的研究选择一所高校的一个专业连续几年入学的学生作为样本，也有的研究选择几所高校的同一专业同一年份入学的学生作为样本，大部分研究是选择一所学校的一个专业同一年份入学的学生作为样本。撇开研究本身的科学性程度不论，由于研究口径的不统一与研究结论的多样性，普通民众、使用高考成绩的高校与从事相关研究的

---

① 宁静，等：《高考成绩与大学成绩的相关性研究》，《高等理科教育》2001年第3期，第46页。

② 宋玉宏：《从高考成绩对后续课程的影响看高招录取工作的合理性》，首都师范大学硕士学位论文，1999年。

③ 肖婕：《实际数据的统计分析与建模》，中国科学技术大学硕士学位论文，2001年。

④ 林秀莲：《我国研究型高校本科生学习过程规律研究——以厦门大学为个案》，厦门大学硕士学位论文，2006年。

学者难以从这些研究中获取一个相对完整、相对确定的关于高考效度状况的描述与判断,决策者也难以依此而确定高考改革的方向并选择合适的改革策略。

(二) 关于效度理论的文献

测验理论中关于效度的研究主要分为论文和专著两类,这种划分不仅代表了成果表达方式的不同,还代表了研究成果处于不同的发展阶段。

测验理论中关于效度的研究论文集中发表在《教育研究》杂志上,时间多在20世纪70年代末到80年代中期。张述祖教授的《论教育测量的重要性和教育测量中的一些基本概念》(1979)[1]和邱焕元教授的《对教育考试八项指标的综合评判》(1986)[2]两篇论文较早地对一些基本概念包括效度进行了简要的介绍。李伟明教授在《谈谈测验考试的效度》(1981)[3]一文中,结合一些具体的实例对考试效度进行了有益的探讨。邹有华教授、曾桂兴教授的《高考命题标准化初探》(1983)[4]和刘育民教授、高凌飙教授、张敏强教授的《从广东省高考标准化试验看高考改革的方向》(1988)[5]两篇论文从命题的角度阐述了高考的效度问题。在高考效度的研究过程中,高考总分和大学学业成绩的计算方法是非常重要的,席宁华教授的《用标准分计算高考总分的运算和研究》(1984)[6]和叶佩华教授、曾桂兴教授的《正确计算多科考试成绩的方法》(1983)[7]两篇论文就此问题分别作出了富有成效的研究。信度是影响效度的重要因素,而评分者信度则是高考实践中较

---

[1] 张述祖:《论教育测量的重要性和教育测量中的一些基本概念》,《教育研究》1979年第5期,第69～70页。

[2] 邱焕元:《对教育考试八项指标的综合评判》,《教育研究》1986年第12期,第55页。

[3] 李伟明:《谈谈测验考试的效度》,《教育研究》1981年第10期,第88～91页。

[4] 邹有华、曾桂兴:《高考命题标准化初探》,《教育研究》1983年第6期,第58～61页。

[5] 刘育民、高凌飙、张敏强:《从广东省高考标准化试验看高考改革的方向》,《教育研究》1988年第7期,第37～40页。

[6] 席宁华:《用标准分计算高考总分的运算与研究》,《教育研究》1984年第4期,第38～44页。

[7] 叶佩华、曾桂兴:《正确计算多科考试成绩的方法》,《教育研究》1983年第3期,第55～58页。

易对效度产生重要影响的一个信度类型,郑日昌教授、张厚粲教授的课题组对此问题进行了非常深入而严谨的研究,并形成论文《对高考评分客观性的调查分析》(1985)① 发表在《教育研究》上。虽然这一时期的研究成果数量不多,但是覆盖了高考效度研究的主要方面,更为重要的是研究质量很高。

效度是测验理论的重要概念。比较成熟的经典测验理论形成于20世纪50年代,稍后兴起的概化理论、项目反应理论因受计算机技术的限制直到20世纪七八十年代才较为成熟。在这相当长的时期内,国内接受的基本上仍是传统意义上的效度概念,而在世界范围内,对效度的理解已经有了极大的进展。

20世纪90年代尤其是21世纪以来,随着一部部测验理论专著和译著的完成,国内理论界对效度的理解也有了明显的进展。以对本专题的影响而言择其要者予以简单罗列:叶佩华教授主译的《心理测验分数的统计理论》较为全面地介绍了回归、预测、复相关、偏相关等有关度量效度的术语②;王孝玲教授的《教育测量》(修订版)对理论效度与操作效度进行了有益的区分,并较为全面地介绍了度量效标关联效度的方法③;张敏强教授的《教育测量学》对中间效标和最终效标的区分对度量高考效度的效标选择具有重要的启发意义④;燕娓琴、谢小庆教授翻译,美国教育研究会、美国心理学协会、全美教育测量学会合著的《教育与心理测试标准》介绍了效度的凭证类型以及选择合适效度凭证类型的依据⑤,而雷新勇博士的《大规模教育考试:命题与评价》较为全面地介绍了不同类型效度凭证的检验方法⑥;张

---

① 郑日昌、张厚粲:《对高考评分客观性的调查分析》,《教育研究》1985年第2期,第26~31页。

② 罗德、诺维克:《心理测验分数的统计理论》,叶佩华主译,福建教育出版社,1992年,第297~321页。

③ 王孝玲:《教育测量》(修订版),华东师范大学出版社,2005年,第65~76、93~94页。

④ 张敏强:《教育测量学》,人民教育出版社,1998年,第122页。

⑤ 美国教育研究会、美国心理学协会、全美教育测量学会:《教育与心理测试标准》,燕娓琴、谢小庆译,沈阳出版社,2003年,第12~37页。

⑥ 雷新勇:《大规模教育考试:命题与评价》,华东师范大学出版社,2006年,第282~304页。

娜、杨艳苏、徐爱华翻译的《心理测验》对效度系数的解释大大拓展了人们对高考效度的理解[1]，张厚粲教授等翻译的《心理测量与评估》对增益效度的探讨和对泰勒—鲁塞尔表的介绍则进一步加深了对高考效度的理解[2]；漆书青教授的《现代测量理论在考试中的应用》详细探讨了信度和范围限制对效度系数的影响，使人们认识到实有效度系数是小于测量所得效度系数的，而且这个差值是不能忽略不计的[3]。

（三）与高考效度问题密切相关的研究

高考效度的研究在向内部拓展的同时也深受外部因素的影响。前者包括高考效度研究的方法、技术路线、结果的解释、提高的途径等，后者主要包括对公平、成本、与基础教育的关系等外部制约因素的分析。

在高考效度研究中，如前所述，王孝玲教授、雷新勇博士的著作均探讨了研究高考效度的一些基本方法。这些研究成果对初入此领域的研究者提供的是理论上的指导，即具体的教育测量学的指导，若要进行具体深入的研究，还需要掌握必要的统计学知识和相应的统计软件。对于前者，张厚粲教授、徐建平教授撰写的《现代心理与教育统计学》（2004）和凌云教授撰写的《考试统计学》（2002）是非常必要的参考资料；对于后者，米子川教授的《统计软件方法》（2002）、米红教授的《实用现代统计分析方法及 SPSS 应用》（2004）、胡咏梅教授的《教育统计学与 SPSS 软件应用》（2002）则较为有益。关于数据处理的技术路线，席宁华教授、叶佩华教授提出了切实可行的研究途径。关于效度系数的解释，前述《心理测验》一书有较为详尽的研究。研究高考的效标关联效度，效标的选择是核心。北京师范大学心理系高考研究组指出，人们一般采用大学一年级的学习成绩，大多数国家也是如此。然而由于我国大学一年级开设的大多是公共课和基础课，不能很好地显示出专业的特点，因此第一年的学习成绩不足以作为选拔人才准确有效的效标。若改用高年级的学习成绩或大学各年级学习的平均成绩作效标，可能

---

[1] 凯温·R. 墨菲、查尔斯·O. 大卫夏弗：《心理测验》，张娜、杨艳苏、徐爱华译，上海社会科学院出版社，2006 年，第 168~177 页。

[2] Lewis R. Aiken：《心理测量与评估》，张厚粲、黎坚译，北京师范大学出版社，2006 年，第 100~107 页。

[3] 漆书青：《现代测量理论在考试中的应用》，华中师范大学出版社，2003 年，第 85、423 页。

会使分析更有意义①。卫子光等学者提出了效标选择的四个原则：（1）效标必须准确地体现高考的总目标；（2）效标必须是稳定、可靠的；（3）效标必须是客观的，避免偏见；（4）在保证有效性的前提下，效标必须尽可能简单、可操作②。尽管这些原则的提出具有明显的积极意义，但是作者在运用这些原则进行实例分析过程中却也有所出入，当然，这也充分反映了在具体的高考效度研究中效标选择的复杂性。至于提高高考效度的途径，大多数文献只是从理论上作一些简单的介绍，也有少量的文献从命题科学化③、分卷考试④等角度进行了相应的探讨。

诚然，许多有识之士逐渐认识到保证高考具有一定效度的重要性，但是若要真的落到实处，则至少应迈过公平、成本、对基础教育的影响这三关。笔者认为，迈过这三关的首要基础是理论的清晰化，一些学者对此问题开展了具有重要价值的研究。先看公平，刘海峰教授在谈到科举考试的公平问题时指出，"追求细节上、形式上的公平有可能偏离考试取才的根本意图"，"在舞弊不公与僵化刻板之间，考生宁愿公平竞争而接受死板的考试"，"这就容易驱使考试制度走向违反设科取才本意的死胡同"⑤。刘虹教授认为，科举制度因为过度"防奸"、过度追求公平，最终导致终极目的的迷失，给自身造成了戕害。公平是科举制度存在的坚厚的基石，然而对公平的过分热衷却又导致科举制度最终的灭亡，这不能不引起人们的反思⑥。两相对比，高考若要保持活力，较好地履行其职能，则必须把对公平的追求保持在一定的限度范围之内。再看成本，刘海峰教授认为，高考一方面要提高考试的信度、效度和区分度，准确地测验出应试者的实际水平，将优秀者选拔出来供高等学校挑选；另一方面要使考试本身做到高效、经济，能够使考试简便易行，省时、省事、省力。他还进一步指出，当经济条件还不够好时，高考改

---

① 北京师范大学心理系高考研究组：《改革高考，更加准确有效地选拔人才》，《教育研究》1985年第6期，第57页。
② 卫子光，等：《化学高考预测效度初探》，《化学教育》1995年第11期，第4页。
③ 邹有华、曾桂兴：《高考命题标准化初探》，《教育研究》1983年第6期，第60页。
④ 杨学为：《关于高考考能力的问题》，《教育研究》2005年第3期，第34页。
⑤ 刘海峰：《高考改革中的公平与效率问题》，《教育研究》2002年第12期，第81页。
⑥ 刘虹：《科举作弊与科举制度功能的异化》，《科举文化与科举学学术研讨会论文集》，中国科举博物馆2006年，第107页。

革要从两方面同时考虑;当经济大为发展,条件大为改善之后,则应更多地满足第一方面①。可以说,刘海峰教授明确点出了不同局限条件下如何处理成本与高考效度之间的关系。教育部考试中心原主任杨学为研究员曾对笔者说,目前高考改革的重点不在成本,而在选才的科学性②。顾明远教授在《中国考试制度改革的出路何在》一文中也指出,为了要彻底改变现状,就应不怕麻烦,不怕考试方式费时费力③。最后看对基础教育的影响,刘海峰教授认为,"不宜笼统地说高考是素质教育的羁绊。其实,高考制度与素质教育的关系是双重的,既有影响素质教育的一面,也有促进学生素质提高的一面"④。2005年,教育部与中宣部、人事部、社科院、团中央等部门联合进行了素质教育系统调研,调研组综合分析认为,素质教育的推进面临着新旧矛盾交织,体制性障碍与政策性问题并存,教育内部与社会环境相互影响等问题,是一项十分复杂的系统工程⑤,不能把素质教育问题简单地与高考改革(包括为提高效度而进行的改革)硬扯在一起。著名教育家叶澜更是进一步指出,素质教育的推进,不必以竞争、考试为对立面⑥。

三、如何研究

选取高考的效度作为研究的切入点,笔者没有把研究仅仅局限于纯理论的探讨,而是在此基础上把目光延伸到实践领域,力图实现理论与实践的有机结合。当然,无论是研究的主体还是研究的重点都放在理论这一维。如果纯理论的效度探讨属于考试认识论的范畴,那么高考效度的提高途径则似乎

---

① 刘海峰:《高考改革中的公平与效率问题》,《教育研究》2002年第12期,第83页。

② 笔者最初计划做高考的效率问题研究,即把成本与效度结合起来研究。在2005年"科举制与科举学国际学术研讨会"期间,笔者曾就论文选题请教杨学为先生,其看法是调整题目的重要原因之一。

③ 顾明远:《中国考试制度改革的出路何在》,《湖北招生考试》2003年第12期,第1页。

④ 刘海峰:《高考改革与素质教育》,《红旗文稿》2006年第17期,第9页。

⑤ 续梅:《推进素质教育是一项十分复杂的系统工程》,《中国教育报》2006年11月9日,第1版。

⑥ 叶澜:《转换思路 进一步开创素质教育新局面》,《中国教师》2006年第1期,第4页。

不能独立于考试社会学的范畴之外①。

(一) 研究思路

研究的思路是从一个疑惑出发的。高考是否为高等学校选择了合适的生源？这个问题一直有争议，到目前为止还没有一个比较确定且令人信服的结论。要得出一个令人信服的结论，首先要明白这个问题到底是什么。测验理论认为，这一问题的核心是考试的效度。如何评价考试的效度，需要搜集效度凭证这种证据，鉴于高考的用途，所需要的最主要的证据是高考分数与大学学业成绩的相关状况，即高考的效度系数。

以往诸多研究也是从求取高考的效度系数入手的，然而对效度系数解释方式的差异却可能导致完全相反的结论。那么，如何解释效度系数才是科学合理的呢？在妥善解决这一问题之前，却发现至少有三个技术性问题影响着效度系数的大小：效标选择、计算方法、数据处理。应该选择大学学业成绩作为效标，这没有什么疑问。问题是选择第一学期的成绩还是第一学年的成绩，或者整个大学期间的成绩，是专业课成绩还是专业课和公共课的成绩都包括在内的大学学业总成绩，选修课的成绩算不算？效标问题解决之后，使用什么计算方法，是使用皮尔逊积差相关法、斯皮尔曼等级相关法还是使用肯德尔相关法，前面的问题解决之后，各个科目的成绩又如何处理，是使用原始分还是标准分？

在解决了获取和解释效度系数的理论与方法之后，才能在已有研究的基础上，直接面对最初的疑惑。我们直接获取与解释的对象是某一年高考中某一院校某一专业的效度系数。争论的双方和决策者需要一个相对整体性的结论，即高考为高等学校科学选择合适生源的总体状况如何，然后才是具体年份、具体院校、具体专业的状况。若要保证整体性结论的科学性，必须解决好样本的选取问题。

在这些研究完成之后，若要提高高考的效度，需要回过头来在理论上寻找影响效度大小的因素与影响机理。命题、施考、阅卷、分数使用、效标等

---

① 杨学为先生认为，研究考试及考试内部诸因素的关系，如命题、考试实施、评卷、分数制度、统计分析等，属于考试认识论的范畴；研究考试与其外部诸因素的关系，如考试与教育、教学的关系，与人事、劳动制度的关系，与社会、经济发展的关系等，属于考试社会学的范畴。参见杨学为：《中国考试改革研究》，北京大学出版社，2001年，第125页。

因素都关系到高考效度的改善，效度提高的过程就是这些因素得以调整的过程。而这些因素调整的实现需要相应外界条件的满足，即只有外界条件的满足，高考效度的提高才能从纯理论探讨转化为实际操作。笔者把这些条件分为直接条件和间接条件来一一分析，前者包括考试的理论与技术、考试模式、考试成本，后者包括高校招生录取制度及高校内部管理制度、舆论环境、利益的调整。

在解决这个疑惑的过程中另外一个疑惑逐渐清晰起来，这在探讨提高高考效度的条件时表现得尤为突出：高考能为高等学校选择合适生源最根本的理由是什么，或者说，我们为什么必须坚持高考要为高等学校选择合适的生源？这个问题不解决，对高考效度提高的实现就缺乏必要的信心。而这个问题却是一个本不应成为问题的问题，它包括两个基本的部分：高考到底是什么，高考的职能与高考的功能是什么？至此，才可以说高考的效度问题有了一个比较完整的解决思路。

本书研究的思路是在研究的过程中逐步深入、不断修正而形成的。

（二）研究框架

研究框架是研究者思路具体化与读者思路逻辑化的结合。本书主要分为绪论、主体、结语三大块，主体分为五章。此外，与主体密切相关的附录、参考文献也是本书必不可少的组成部分。

绪论部分主要铺叙了研究内容、文献综述、研究途径、研究工具与研究意义。第一章是理论分析部分，在辨析考试概念的基础上探讨高考的性质与特点，对高考的职能与功能进行必要的区分，介绍了效度的定义、效度的计算方法。第二章和第三章定量研究高考效度的特征。第四章探讨如何科学解释高考效度和如何提高高考效度的问题。第五章分析高考效度提高的实践条件。结语部分归纳研究的主要结论，提出高考改革的大体方案并对本研究进行必要的反思。

（三）研究方法

以材料的获得与材料的处理为标准[①]，本书的研究方法主要有文献法、数理统计法、比较法。

---

① 王洪才：《教育研究的基本方法》，《北京师范大学学报》（社会科学版）2006年第6期，第23页。

1. 文献法

主要通过查阅相关文献，来寻求解决效标的选择、效度的度量方法、效度系数的解释和效度提高的途径与实践条件等问题。

2. 数理统计法

主要通过求取大学学业成绩与高考成绩相关系数来衡量高考的效度。以 X 省 7 所不同类型院校涉及 11 个学科门类相关专业的学生为对象，使用 SPSS 统计软件求取各专业的学生高考成绩与大学学业成绩的相关系数，以这些相关系数为实证依据来探讨高考的效度。

3. 比较法

在试图获取对高考效度整体判断的同时，把视野深入不同年份高考效度的纵向比较、不同学科专业高考效度的横向比较，也对高考不同科目的成绩与大学学业成绩的相关系数进行了初步的比较。

四、研究意义

研究的一个重要目的是消除似是而非的争议，使真正的问题凸显出来、清晰起来，若更进一步，则是探求问题的解决之道。不知从何时开始，高考陷入因争议而改革，又因改革而承受争议的旋涡中难以自拔。这体现了高考改革的复杂性，也暗示着高考研究的不足。当评价人为设计的事物时，不能忽视给事物设定的职能，评价事物首先要考虑的是它的职能履行情况，越是复杂的事物，就越需要如此。换句话说，评价的客观起点应该是事物的职能，而高考的职能是为高等学校选择合适的生源。无论是评价高考还是改革高考，都必须把高考是否为高等学校选择了合适的生源作为基准，而度量高考职能履行状况的指标是高考的效度。笔者围绕着高考的效度展开研究，希冀这些努力具有一定的意义。

（一）理论意义

在心理学、统计学、计算机技术基础上成熟起来的测验理论，极大地推动了考试研究的进展。在发达国家，先进的测验理论已经被广泛地运用于大学招生统一考试的开发与评价；在中国大陆，测验理论也逐渐成为考试开发的理论基础，然而测验理论在考试评价方面的运用尚显不足。高考与国外的大学招生统一考试有着明显的区别，也与国内其他考试有着明显的区别，主要在于高考对教育的影响和对社会的影响都非常大。基于这种特殊性，在高考研究包括高考评价研究中，引入先进的测验理论是非常必要的。本研究积极使用测验理论，可以增强高考研究的理论性，提升高考研究的层次。反过来，中国独特的高考实践作为测验理论的实验场，在高考研究中应用测验理论也可以丰富测验理论本身。可以说，本研究是对测验理论与高考研究有机结合的一次积极探索。

长期以来，高考改革过多地在外部因素的裹挟之下展开，缺乏明确的目标意识与坚定的改革信念。其中一个重要原因是对高考职能模棱两可的认识和对高考职能履行状况似是而非或片面的事实判断。严格来说，这是两个问题，前者是一个理论问题而后者则倾向于是一个实践问题，然而两者之间的关系十分密切，相互牵扯。如果职能不清，履行状况如何则无从谈起；如果不能具体把握履行状况，则职能仅为一个虚置的概念。研究的定量部分着力考查高考职能具体的履行状况。在定量研究之前则在辨析考试概念的基础上把握高考的性质、特征，在辨析职能与功能的基础上把握高考的职能。这些辨析将使高考研究拥有更为坚实的理论基础。

在高考改革策略的选择上，理论上正确的不一定是可行的，只有可行的才是有效的[①]。本书的最后一章探讨提高高考效度的实践条件，试图走出高考研究从理论到理论的怪圈，避免出现"只说出自己的'正确意见'，或提出有一定道理的设想，但很少顾及意见的可行性，较少从系统和整体的角度考虑问题"[②] 的情况。在这一章中，从理论上探讨了提高高考效度与高考公平性的关系、与基础教育的关系、与高等学校自主权的关系等问题，在一定程度上起到了为高考研究的理论大厦添砖加瓦的作用。

（二）实践意义

相比于理论方面的价值，本研究在实践方面的价值可能更为具体易感。研究的首要目的是从实证的角度对高考的效度即高考为高等学校选择合适生源的状况作出一个相对完整的描述与判断，从而平息"高考是否为高等学校

[①] 刘海峰：《高考改革与素质教育》，《红旗文稿》2006年第17期，第10页。
[②] 刘海峰：《高考改革应稳步推进》，《中国高等教育》2007年第2期，第9~10页。

选择了合适生源"的争论①。从管理者的角度而言，有利于引导舆论客观评价高考；从研究者的角度而言，有利于在这一判断的基础上进行更深层次的探索；对于高考开发者而言，有利于明确下一步努力的方向；对于高等学校而言，有利于根据考生的高考成绩科学地开展高等教育阶段的教育教学。

在相当长的时期内，高等学校主要依据高考成绩来选择生源的局面不会有大的改变，人们主要经由高考接受高等教育实现向上的社会流动的状况也不会有大的改观。而随着整个教育规模的扩大与各利益群体"投入—产出"意识的增强，人们要求高考具有较高的服务质量。考生希望通过高考了解自己适合读什么大学、什么专业，国家希望高考能够鉴别出不同类型人才的"粗毛坯"，高等学校则希望高考能够为自己选择合适的生源。高考不再仅仅是一个简单的高等教育机会的分配机制，而是一个复杂的鉴别系统。它的权威性由安排考生未来道路的强制性逐渐转变为提供考生丰富的信息以备各利益主体使用的科学性。也就是说，在高等教育大众化阶段，高考要从单纯的选拔性考试转变为含义更为丰富的适应性考试②。高考效度的定量描述，有利于使用高考的各主体科学地把握高考所提供服务的"适应性"程度，进而从外部为高考效度的提高注入理性的动力。

高考效度的定量研究还有益于化解"倾斜的高考分数线"的争论。"倾斜的高考分数线"问题是一个关涉公平的敏感话题。质疑"倾斜的高考分数线"公平性的一方认为，分数线较高的生源大省遭受了不公平的对待③；而

---

① 由于能够替代高考的新生事物还没有出现，所以目前高考的存废之争似乎不再尖锐，然而这并不代表存废双方已达成一致的意见，时而出现的取消高考的言论也说明高考存废之争仍然存在。当然，随着争论的不断深入，争论双方或多或少地逐渐承认了对方观点中合理的一面，但是远未达到对另一方观点的认可的程度，因此双方的沉默可能只是暂时的"休战"。废高考一方的一个核心观点是"高考不能科学选才"。存高考一方的辩词理应是"高考能够科学选才"，然而这主要基于一种经验判断而缺乏坚实的证据支持，因此辩词的重点一般放在高考功能主要是社会功能的不可取代上。当然，取消高考一方认为"高考不能科学选才"的论点也主要是一种经验判断。这一争论的平息只能依赖关于高考效度充分的定量研究。

② 潘懋元、覃红霞：《高考：从选拔性考试到适应性考试》，《湖北招生考试》2003年第12期，第22页。

③ 饶嘉：《这难道公平吗》，《中国青年报》2000年2月24日，第1版。

维护"倾斜的高考分数线"的一方认为，不同地区分数的含金量不同[①]，分省命题更为维护"倾斜的高考分数线"的一方提供了一个重要的"理由"。不同省区的高考分数是否可比，关键是要找到一个共同的尺度，不同省区的不同分数的考生进入同一所大学、同一个班级学习，他们的大学学业成绩就是一个比较合理的尺度。而高考效度系数描述的就是高考成绩与大学学业成绩的相关状况，因此，对高考效度的定量研究有助于不同省区的高考分数是否可比、"倾斜的高考分数线"是否公平的问题的澄清。

[①] 藏铁军：《100分的差异是不是100分的含金量》，《中国青年报》2003年3月7日，第5版。

第一章 高考与效度的理论分析

高考效度研究在一定程度上被遮蔽的一个重要原因是对高考认识的不准确性，过多地把高考作为一种影响巨大的社会活动，较少地把高考作为鉴别个体素质差异的工具。这一方面使高考承载了过多不该承受的负担，另一方面也忽视了依据效度低下的考试作出录取决策公平性不足的事实。因此，有必要对高考进行深入的辨析，对考试的效度理论予以相应的介绍。

第一节 高考辨析

高考是教育界使用频率很高的一个词语，也是社会生活中广受关注的一个问题。仅有学生、家长、中小学教师的关注，高考的影响力尚可局限在一定的范围之内。不断见诸媒体的学者们对高考的议论与委员们在"两会"上频繁的高考提案则使高考成为名副其实的焦点话题。人们对于高考的争论很难达成一致的意见，既有存与废的争论，也有改革什么的争论，还有如何改革的争论，每一种观点似乎都可以自圆其说，然而却总是很难使对立观点的持有者完全信服。撇开利益之争暂且不论，以下几点或许是高考争论不休的原因所在：高考既是一个拥有相当技术含量的标准化测试，也是一个涉及教育学、社会学、伦理学、经济学、政治学、文化学等诸多学科领域的社会活动，随感而发的议论可能成为高考改革的导火索，但很难提供走出高考"迷宫"的路线图；高考是一个复杂的系统性问题，寻找某个子系统的答案容易而求解整个系统的最大值困难；任何改革的实质性进展都是理想、现实、局限条件互动的结果，然而目前对实然状态的切实把握和对局限条件的科学认识远弱于对应然理想方案的设计。本书的着力点是通过考察高考效度的状况来把握高考的实然状态。达到这个目的的一个基本前提是解决"高考是什么"这个似乎是不言而喻的问题,这个问题是人们全面深入地研究高考与理性、系统地改革高考的一个基本出发点,对高考效度的研究也难以例外。

一、考试辨析

对大多数人而言,高考的含义是比较明确的,它就是普通高等学校招生录取所依据的一种统一考试。然而仅仅把高考界定为为普通高等学校选择合适生源的统一考试,还不足以使"高考是什么"这一问题得到相对完满的答案。鉴于考试作为高考的上位概念并且这一上位概念自身也缺乏应有的明晰性,则对考试概念的辨析显得非常必要。对一个概念的辨析至少应涵盖概念的演变、概念的使用、内涵与外延的界定、相近概念的比较四个方面。

(一) 诸概念之区分

考试不仅在外延上包括许多的种类,而且在内涵上与诸多概念有着千丝万缕的关系。现选择与本书关系最为密切的测量、测验、评价三个概念与考试一同进行辨析。

1. 概念的产生与发展

考试活动出现在原始社会的晚期,主要包括部落成员的合格考试、帝王(部落首领)的甄选试用考试与在职官员的考核[1]。而"考试"一词则最早出现于西汉大儒董仲舒《春秋繁露》中的《考功名》篇,即"考试之法,合其爵禄,并其秩,积其日,陈其实,计功量罪,以多除少,以名定实,先内弟之"[2]。董仲舒所言"考试之法"就是要求根据德、勤、能、绩对官员论功行赏,量过治罪,升黜进退。随着人类教育活动的开展,考试便逐步被用来作为进行学生学业成绩评定、区别学识高下的手段,进而作为教学过程中一个独立的基本环节,成为教育的重要组成部分。数千年来,"考试"一词的双重含义始终并行不悖[3]。然而人们对考试的一般理解逐渐侧重于后一个

---

[1] 廖平胜:《论中国考试的起源》,《华中师范大学学报》(哲学社会科学版) 1991年第4期,第123页。廖平胜:《考试是一门科学》,华中师范大学出版社,2003年,第17页。

[2] 董仲舒:《春秋繁露》(中册),凌曙注,中华书局,1975年,第225页。

[3] 田建荣:《中国考试思想史》,商务印书馆,2004年,第2页。

含义。进入现代社会，考试在人事管理领域的应用也越来越广泛。

从远古时期起，人类就开始逐渐学会测量客体对象的长度、重量和经历时间的长短①。而今，物理量的测量范围不但远到遥远的星系，深入原子核内部，而且大力开展了心理物理量、心理量的测量和社会测量。物价指数、股票市场价格指数等，就是对社会经济现象的测量，这都已为普通百姓所关注②。与考试关系比较密切的是心理与教育测量，现代意义上的心理与教育测量产生于20世纪初。

测验也是直到近代才产生的一个概念。在西方，最早把测验当作术语使用的是美国心理学家卡特尔，他在1890年《心理》杂志上发表的《心理测验与测量》一文中最早提出这一术语③。1864年，英国教师费许编制了第一个客观测验的量表；1905年，法国心理学家比纳与其助手西蒙编制了第一个用于智力测验的量表；1909年，美国教育测量学家桑代克博士编制了第一个标准化的测验量表④。

评价是人们常见的一种社会活动，几乎每个人都经常地评价着社会上的各种现象，评价着他人，也评价着自身。可以说，自人类社会形成以来就有了评价活动。教育评价是从教育测量活动中逐步发展起来的。美国教育家泰勒认为对高级智慧技能的测量与对知识的测量不是一回事，如果高级智慧技能是教育目标的话，那么这些技能就必须直接加以测量。在这一基础上泰勒提出了以教育目标为核心的教育评价原理，并明确提出了"教育评价"（educational evaluation）的概念，从而把教育评价与教育测量区分开来。泰勒也因此被称为"教育评价之父"⑤。

2. 概念的学科归属

考试主要分为教育领域的考试与社会领域（主要是管理领域）的考试。教育领域的考试有普通高校入学考试、成人高校入学考试、研究生入学考

---

① 漆书青：《现代测量理论在考试中的应用》，华中师范大学出版社，2003年，第28页。

② 漆书青：《现代测量理论在考试中的应用》，华中师范大学出版社，2003年，第29页。

③ 戴海崎、张锋、陈雪枫：《心理与教育测量》，暨南大学出版社，1999年，第43页。

④ 廖平胜：《考试学原理》，华中师范大学出版社，2003年，第91～92页。

⑤ 陈玉琨：《教育评价学》，人民教育出版社，1999年，前言第1页。

试、高等教育自学考试、期中考试、学期考试、学年考试、毕业考试等；社会领域的考试有国家公务员考试、职业资格考试、计算机等级考试、企事业单位招聘考试等。尽管有的学者认为，考试具有区别于其他事物的特殊矛盾性，构成了建立考试学的依据①，然而，人们一般还是根据具体考试所属的领域而进行学科归类。如教育领域的考试一般归在教育学，招聘考试归在管理学或人才学。

对物理量的测量一般归属于物理学领域，如时间、长度、重量；对生理量的测量一般归属于生理学领域，如身高、体重、视力；社会测量一般归属于社会学、经济学等领域，如幸福指数、物价指数；对心理量（包括心理物理量）的测量一般归属于心理学领域，如智力、人格、职业兴趣、态度。当某些生理量、心理量成为教育训练所期望改变的量（被改变的部分即教育成就）时，对这些量的测量又常常被称为教育测量（心理测量主要关注量的现状而非变化状况）。

"测验"一词最早出现于心理学，也主要被应用于心理学。严格说来，测验就是指心理测验②，包括智力测验、人格测验、职业兴趣测验、态度测验等类型。为测量教育成就而编制的测验，被称为教育测验。按照测验目标，可以将教育测验分为成就测验、能力测验和能力倾向测验。随着测量学、统计学与计算机技术的发展，测验也逐渐被应用于社会学、政治学、法学、经济学、管理学等社会科学领域。此外，测验还被用在医学领域，如测验血糖等。当然，"测验"一词在非学术场合的使用也十分广泛。

评价广泛应用于诸多社会科学领域。仅教育评价涉及的方面也是非常广泛的，粗略地加以区分，就有学生评价、教师评价、教学评价、课程评价、学校与教育机构评价、教育政策与教育项目评价等。如果按教育层次加以区分，又可分为基础教育评价、高等教育评价等③。

3. 概念的内涵与外延

考试（examination）由于具有久远的历史和宽广的使用范围而拥有种

---

① 廖平胜：《考试是一门科学》，华中师范大学出版社，2003年，第153页。

② Lewis R. Aiken：《心理测验与考试——能力和行为表现的测量》，张厚粲译，中国轻工业出版社，2002年，第1页。

③ 陈玉琨：《教育评价学》，人民教育出版社，1999年，前言第2～3页。

类繁多的定义①，主要的区别在于把考试看作纯粹的工具还是一种社会活动，是仅仅局限在学校教育领域还是能够扩展到人事管理领域。笔者认为，考试的应用范围绝不是仅仅局限于学校教育领域；若研究考试内部诸因素的关系，则考试主要是作为一种工具；若研究考试与外部诸因素的关系，则考试主要是作为一种社会活动。因此，考试可以被定义为考试主体根据需要而采用的测度、甄别考生在知识、能力、技能等诸方面的素质差异的工具或活动。广义考试与狭义考试的区别主要在于后者具有严肃性与正规性。教育领域中的考试主要是基于教育的结果或教育目标的实现程度来测度、甄别人的身心素质的发展水平。社会领域中的考试则主要是基于社会的具体要求来测度、甄别人的身心素质的发展水平。

测量（measure）是按照一定规则给所考察对象在某种性质的量度系统或者说测量尺度上指定数字值的活动，亦即按照一定规则在所考察对象的领域和一定性质的数字系统间建立起同构映射的关系②。教育测量就是根据一定的法则用数字对教育效果或过程加以确定③。狭义教育测量的对象仅局限于学生受教育的结果，而广义教育测量的对象还包括教师的教学状况、学校的管理状况等。心理测量的对象是心理量（严格来说也包括心理物理量）。

正如物理测量需要借助于量尺、温度计、计时器等量具一样，测验（test）就是心理与教育测量的一种常用量具。测验由一组题目、问题或者能够引发个体特定反应的任务组成，这些反应与我们所要测量的个体心理特质、能力或成就有关④。如果心理特质、能力、成就等测量目标被作为教育

---

① 主要有以下几种：（1）考试是学校检查学生学业成绩和教学效果的一种方法。参见中国大百科全书总编辑委员会《教育》编辑委员会：《中国大百科全书》（教育），中国大百科全书出版社，1985年，第202页。（2）考试是对人的知识、智力和技能的一种测量。参见于信凤：《考试学引论》，辽宁人民出版社，1987年，第21页。（3）考试是一定组织中的考试主体根据考试目的的需要，选择运用有关资源，对考试客体某方面或诸方面的素质水平进行测度、甄别和评价的一种社会活动。参见廖平胜：《考试学原理》，华中师范大学出版社，2003年，第60页。

② 漆书青：《现代测量理论在考试中的应用》，华中师范大学出版社，2003年，第29页。

③ 张敏强：《教育测量学》，人民教育出版社，1998年，第1页。

④ Lewis R. Aiken：《心理测验与考试——能力和行为表现的测量》，张厚粲译，中国轻工业出版社，2002年，第1页。

成就，那么其测验也可被称为教育测验。

在我国的文字中，"评价"是评定价值的简称。在英语中，"evaluate"（评价）这个词，在词源学上的含义也就是引出和阐发价值。从本质上说，评价是一种价值判断的活动，是对客体满足主体需要程度的判断。教育评价是对教育活动满足社会与个体需要的程度作出判断的活动，是对教育活动现实的（已经取得的）或潜在的（还未取得但有可能取得的）价值作出判断，以期达到教育价值增值的过程[1]。狭义教育评价的对象是学生受教育的结果，而广义教育评价的对象则覆盖整个教育领域。

一般而言，如果不作特别说明，教育测量、教育测验、教育评价、教育考试均指其狭义。

（二）诸概念之关系

1. 测量、测验、教育测量、教育测验、心理测量、心理测验之关系

在心理与教育领域，测验与测量经常被笼统地当作同义词使用，然而，两者之间的区别也是不能忽视的。测验侧重指工具，它总是由一组题目组成，题目是构成测验的元素，而测量则侧重指一个过程，是人们使用测验对心理量进行赋值的过程。我们可以这样来区分：测验是测量的工具，测量是测验的具体实施。在词性上，测验（test）一般作为名词使用，而测量（measure）一般作为动词使用。当二者混用时，二者词性是相同的，在说英语的国家二者也常见混用的情况，有时进行词形变化，如 testing 与 measurement/measuring，有时直接用 test 表示测量。此外，对心理量进行测量时，其测量的量具常使用测验，但其他测量的量具则不然。

只有在把心理量作为教育影响的结果而进行测量时，心理测量才可被称为教育测量，所使用的心理测验才可被称为教育测验。而教育测量除了某些心理量是其测量对象外，生理量也是其测量对象，如身高、心率、肺活量等，当然，教育测量主要是指对一些心理量的测量。心理测量的对象是心理量（严格来说也包括心理物理量），然而它所测量的心理量的范围大大超过了教育测量所测量心理量的范围，心理测验的种类远多于教育测验的种类。教育测验主要有学业成就测验、能力测验和能力倾向测验（在中国大陆的教育实践中，主要是学业成就测验），而对智力测验、态度测验、人格测验、

---

[1] 陈玉琨：《教育评价学》，人民教育出版社，1999年，第73页。

职业兴趣与能力测验等重要的心理测验还涉及甚少或者根本没有涉及。其中的原因恐怕主要在于教育测量的对象主要是教育对人有明显影响的那一部分心理量。当然，随着教育测量学的发展，教育测量所测量的心理量会逐渐增加，但也永远只是心理量的一部分而已。

2. 教育考试、教育测量、教育测验之关系

教育领域中"考试"这一词语有三种指称：一是指一种行为，如"下午考（试）语文"；二是指一种活动，如"参加考试"、"举行考试"；三是指试卷，如"这次考试比较容易/难"、"考试不能超纲"。第一种指称作动词使用，与教育测量类似；第二、三种指称作名词使用，则与教育测验类似。同时，教育领域中考试作为动词和名词使用之间的关系也类似于教育测量与教育测验的关系，当然与教育测量、教育测验也有一定的区别。教育测量是采用教育测验对教育效果进行赋值的过程，所要达到的目的仅是相应的教育效果与数字形成映射。（教育）考试则强调其考试的内容是对总体的抽样，所以，（教育）考试意味着不仅要求建立数字与心理量之间的映射，还要求利用考生的考试分数去推测其欲测特质的状况。

作为试卷的教育考试与教育测验之间的区别主要体现在：严格意义上的测验必须是标准化的，即测验的编制、实施、记分、分数的解释都按照统一的标准和严格的规定进行，使所有被试的测验条件一致[①]。所以，在心理学领域，人们使用"测验"而非"考试"，如智力测验、人格测验不能被称为智力考试、人格考试。若不是严格地作为心理学术语使用，与之相反，在中国大陆习惯中考试带有隆重的色彩，被用于正式的场合，而测验则用于学校考查学生平时的学习成绩，一般不定期，也可以每周、每月进行，不如考试正规[②]。如毕业考试、普通高等学校招生统一考试（即高考）、高等教育自学考试不能被称为毕业测验、普通高等学校招生统一测验（或高测）、高等教育自学测验。而课堂测验、单元测验、小测验则比课堂考试、单元考试、小考试更为常用。两者在一定场合也可互为替代，如期中考试，就可以被称为期中测验。一般来说，严格意义上的测验必须是有常模的，按照这一标

---

① 王孝玲：《教育测量》（修订版），华东师范大学出版社，2005年，第12页。
② 佟慧君、梅立崇：《汉语同义词词典》，商务印书馆国际有限公司，2002年，第527～528页。

准，适合建立常模的就叫测验，而不适合建立常模的就仍叫考试。当然，由于适合不适合建立常模具有相对性，这种测验与考试的划分法本身也就具有相对性了①。

3. 教育考试、教育测量、教育评价之关系

教育考试包括两种，一种是学校（组织的）考试，另一种是非学校（组织的）考试，但均指向学校教育。前者主要是作为评价教育效果的常用手段，后者则不局限于此。

教育评价与教育测量、教育考试也是具有密切联系但又有明显区别的概念。教育评价大多是基于教育测量的结果进行判断，教育测量的结果是对学生进行学业成绩评价的数据与资料来源。在学校教育实践中，对学业成绩的测量一般指的就是考试，这个时候考试比测量更为常用。理论上，教育测量与教育考试的相同点是它们均作事实判断，教育评价是作价值判断。教育测量、教育考试是教育评价的事实依据，但不是唯一的事实依据，课堂提问、辅导答疑、批改作业的情况也常常被作为教育评价的事实依据。对学生学业成绩以外的教育影响结果的评价往往并不依赖或无法依赖考试所作出的事实判断，如道德品质、学习兴趣、学习动机等，这个时候使用教育测量相对比较合适。至于对生理量的度量，也常常使用教育测量而不使用"考试"一词。不过对生理量的测量一般仅限于事实判断，而很少在此基础上作价值判断。

二、如何理解高考

考试是高等学校招生常用的一种工具。一个现代意义上的国家，其高等学校进行招生离不开考试这个有效的工具②。这是因为考试是鉴别考生是否适合接受高等教育最为科学的手段，也是绝大多数公民最易接受的一种选择机制。当一个现代国家的高等教育达到一定的规模并且接受高等教育不再是某些人的特权的时候，一个统一的招生考试就成为政府、高等学校（尤其是高选拔性的一流大学）、民众的共同需要。"高考"是诞生于中国大陆的一个专用词语，是普通高等学校招生全国统一考试的简称。高考是一种特殊的考

---

① 漆书青：《现代测量理论在考试中的应用》，华中师范大学出版社，2003年，第27~28页。

② 指所有的现代国家，而不是指所有的高等学校。

试,挖掘高考的特殊性是深入认识高考的有效途径,高考最主要的特殊之处在于其职能的难以替代性。

(一) 如何理解高考的功能与职能

1. 功能与职能的辨析

功能与结构是系统论中的一对范畴。功能是事物的客观属性,是不以人的意志为转移的[1],是指某一事物在环境中所能发挥的作用和能力。因此,严格来说,功能不完全等同于作用。功能是对事物自身而言,作用是对他物、对人而言;功能是一种潜在的作用,作用则是一种表现出来的功能;但潜在的作用能否实现,还受作用对象的状态以及环境条件的影响,也就是说,功能的实现是有条件的[2]。但是在一般意义上人们不做也无必要做此严格的区分,一般所说的功能既可指潜在的,即某结构具有某功能,也可指已经发挥出来的,如某结构发挥了某功能。只是事实上某结构具有的功能未必总与发挥出来的功能完全一致而已。

无论是潜在的功能还是发挥出来的功能,都是不以人的意志为转移的,它取决于事物的结构、作用的对象、发生作用的环境条件。所以,功能既有正向的功能,也可能有负向的功能。功能是一个中性的概念,一般而言,一个结构既有促进作用,也可能有阻碍作用;既有积极影响,又可能有消极影响。功能并非主观意愿,它涵盖的并非主观企求的应当发挥的作用,而是客观呈现的实际产生的作用[3]。

职能即职责与功能。职能意味着应当完成的任务,功能是某一事物或活动对其他事物或活动的影响。职责与功能相互联系而又有所区别。职责的履行必然会产生某种性质的功能,而某种性质的功能不一定来源于职责的履行[4]。职能更多地倾向于期待效应,功能一般倾向于实际效应[5]。职能中含有经由人的主观意志而使事物的某些作用发生或多或少改变的成分[6]。对事物职能的评判更多的是人根据一定的标准去评判事物职责履行的情况如何,

---

[1] 陈敬朴:《教育的功能、目标及其特性》,《教育研究》1990年第10期,第8页。

[2] 唐晓杰:《社会、个人教育需求与学校教育功能》,《华东师范大学学报》(教科版)1993年第3期,第49页。

[3] 吴康宁:《教育的负向功能刍议》,《教育研究》1992年第6期,第70页。

[4] 文新华、唐思群:《社会主义社会中教育的政治职能》,《教育研究》1989年第11期,第4页。

[5] 蒋凯:《试论教育的负功能》,《江西教育科研》1994年第1期,第9页。

[6] 瞿葆奎:《教育基本理论之研究》,福建教育出版社,1998年,第284页。

掺入了人的主观意志。

职责的明晰来源于人们对实际需要的梳理，职责的完成需要人们去设计一个事物（或是一种制度，或是一种活动，或是一种工具），这个事物具有若干个要素并以某种形式组合成一种结构。人们期望这一事物拥有完成特定职责的能力，事物的职能即是事物被期望完成的职责或被期望发挥的功能。由于事物内部结构的不完全可控性、作用对象的状态的不确定性、作用发生的环境条件的可变性，事物功能的发挥可能会产生四种结果：（1）严格按照设计者的期望履行了职能而没有产生负功能；（2）完成职能的同时也产生了负功能；（3）没有履行职能，也没有产生负功能；（4）没有履行职能，却产生了负功能。人们根据事物实际的功能发挥状况，确定事物的结构是否需要调整，若需要调整，则应综合其他外部因素来判断能否调整，进而选择调整的策略即如何调整。简而言之，人们按照职责去设计事物，赋予事物相应的职能，然后根据事物职责履行与功能发挥的不同情况确定结构的调整，如此反复直至达到局限条件下的最佳结果。

2. 高考的功能与职能

结构与功能之间的关系并非经常是一一对应的，一构多功、同构异功、异构同功、多构一功的情况也是存在的。所谓一构多功，即同一结构具有不同的、处于平行状态的功能，彼此表现为互为补充和加强。同构异功，则表现为同一结构具有性质不同甚至相互对立的功能[1]。相反，完全不同或有差异的结构也可能产生相同或相近的功能，即异构同功。

当前理论界对高考的功能已经作了较为充分的探讨[2]，而对高考职能的探讨还相当不足。其中的原因可能有三：一是认为功能与职能或高考功能与

---

[1] 廖平胜：《考试学原理》，华中师范大学出版社，2003年，第135～136页。

[2] 刘海峰：《高考改革的教育与社会视角》，《高等教育研究》2002年第5期，第34～36页；巴根那：《试论高考的功能》，《前沿》2003年第11期，第152～154页；郑若玲：《论高考的教育功能》，《教育导刊》2005年第1期，第4～6页；彭拥军：《论高考的功能》，《湖北招生考试》（理论版）2006年第16期，第42～45页；郑若玲：《高考的社会功能》，《现代大学教育》2007年第3期，第31～34页；杨启华：《高考的社会控制功能——教育社会学视角分析》，《教育导刊》2007年第8期，第11～13页；王飞、冯用军：《中国文化是考出来的——兼谈"科举"和"高考"的文化功能》，《招生考试研究》2007年第3期，第57～62页；张宝昆：《大规模教育考试的社会控制功能研究》，云南大学出版社，1999年；廖同云：《高考导向功能异化现象研究》，华中师范大学硕士学位论文，2004年；颜莉冰：《高考制度评价研究》，厦门大学硕士学位论文，2006年，第81～83页。

高考职能大致相同；二是认为高考职能这一概念的含义显而易见，不必专门探讨；三是认为职能包括高考职能的设计是决策者的事情，而非研究者的任务。

前述辨析已经表明功能与职能之间的区别，高考功能与高考职能分别作为功能与职能的下位概念，其区别也是不言而喻的。至于高考职能的含义在理论上或许显而易见，但在实践中却并非如此，高考职能时常处于高考功能的阴影之下而难以凸显。高考改革的有效进展，离不开高考职能这一概念在理论上的明晰与在实践中的张扬，否则高考改革势必偏离其自身的职责而沦为他者的"嫁衣"。

设计之初，高考的职责主要有两个：一个是为普通高等学校选择高质量的生源，另一个是配合统一录取制度完成高等学校的招生计划。高等教育进入大众化阶段以后出现了新的特征。高等教育大众化的前提是高等教育的多样化，伴随着高等教育由单一向多样的转变，判断生源质量的标准必然也要从相对单一走向相对多样，生源质量标准的多样化要求高考进行相应的改革，但是高考为普通高等学校选择高质量的生源这一职责本身并没有发生根本性的变化。高考的另一个职责却由于普通高等学校统一招生录取制度现实基础的改变而逐步淡化，变化主要包括三个方面：一是新中国成立初期高质量生源缺乏的状况已经发生了逆转，大多数高等学校招生录取矛盾的主要方面从是否能够完成招生计划转变为如何从大量生源中选择更为合适的学生；二是大学毕业生就业体制改统包统分为双向选择，高等学校在"出口"上有了更多的责任和压力，必然需要争取在"入口"上有更大的获取合适生源的权力；三是计划经济体制向市场经济体制的过渡使得高等学校招生计划的完成不能再仅仅依赖于国家的行政力量，政府没有义务保证每一所高等学校在招生方面都能招到招足。

可以说，高考设计之初的第二个职责是特殊历史时期的权宜之计，而为普通高等学校选择高质量的生源则是高考的永恒职责，只是其外延会随外界条件的变化而变化，即从理论上说，高考的职能是为高等学校选择合适的生源。虽然高等教育大众化阶段生源质量标准的多元化与（统一）高考着重考查考生的共性特质有矛盾的一面，但是高等教育大众化阶段生源质量多元标准中对共性部分的要求（高等教育的多样化是在规模达到一定程度之上的多样化，大规模是高等教育大众化的首要特征，在中国这样一个人口大国更是如此）与（统一）高考的这一特点又有统一的一面，这统一的一面就是高考职能的应有之义。如果部分高等学校在具体的招生实践中需要在一定程度上解决两者之间的矛盾，实现的途径不是撇开（统一）高考而是在（统一）高考的基础上增加相应的招生标准。可以说，（统一）高考的职能是为普通高等学校选择合适的生源，但不排除其他工具也可以具有此项职能，只不过（统一）高考是担负这一职能的主体，其地位难以替代。教育部在《关于进一步深化普通高等学校招生考试制度改革的意见》中提出高考改革的指导思想把"有助于高等学校选拔人才"放在首位[1]，也是对高考职能的一种确认。

关于高考改革是否要唯"有助于中学实施素质教育"马首是瞻，这在理论上是缺乏依据的，只是在现实中两者的关系比较复杂而已。一是历史的影响。一千三百余年的科举史，强化了"考什么就学什么"的传统认识，但无论是科举时代还是高考时代，科举考试和高考都只是社会流动（主要是垂直流动）渠道过分单一的"替罪羊"，实行科举考试与高考只是局限条件不变的前提下人们所能作出的最好选择。二是中学教育资源的制约。实施素质教育一个重要的制约因素是教育资源，其中最主要的是师资状况，中学优质师资的缺乏以及分布的不均衡是造成素质教育难以有效推行的重要原因。三是教育管理体制的制约。中学素质教育顺利实施的另一个重要制约因素是教育行政部门尤其是基层教育行政部门的部门利益与管理者自身素质较低所导致的管理目标的功利性与管理方式的单一。

在当前的社会背景与教育形势下，取消高考就能做到素质教育的顺利实施吗？不知道哪一位经过认真思考与研究的学者可以从学理上作出令人信服的肯定回答。如果不是取消高考而是改革高考，那么怎样改革高考才能使素质教育顺利实施呢？恐怕肯定的答案也难以得出。其原因在于：当前对于大多数中学和中学生而言，制约素质教育顺利实施的"短板"并不是高考。相对有价值的命题是：对于一少部分的中学和中学生，高考确实已经成为素质教育实施的"短板"，在这一层面上确实应作出相应的高考改革；此外，我们也不能够等到高考成为制约大多数中学和中学生开展素质教育的"短板"的时候再思改革之道。

我们不能回避当前的高考在一定程度上制约着中学素质教育顺利实施的事实，但是决不能夸大这个事实。"高考改革要有助于中学实施素质教育"

---

[1] 杨学为：《高考文献》（下），高等教育出版社，2003年，第627页。

的侧重点是"高考不能成为素质教育实施的障碍"而非"高考改革要促进素质教育的实施",这可能是我们对于这一原则的正确解读。如果人们期望改革后的高考能够促进教师去实施素质教育,进而成为一种良性的教师筛选机制,并且能够保证不触及管理部门的利益和不增加管理的复杂程度,我想无论多么完美的高考在这方面的作用即使有也将是极其有限的。因此,"有助于中学实施素质教育"是矫正高考负功能的正当诉求而非增加高考职能。

"高考改革要有助于高等学校扩大自主权"(严格地说,这是高考招生的录取问题而非招生的考试问题,即不属于狭义的高考)是否意味着促进高校自主权的扩大也是高考的职能?毫无疑问,招生自主权是高校自主权的一项基本内容[①],高等学校的招生自主权主要体现在高等学校拥有制定招生标准的权力:一是既可以依据高考成绩进行招生,也可以不依据高考成绩进行招生;二是既可以把高考成绩作为招生录取的唯一标准,也可以把它作为招生录取的诸多标准之一;三是可以选择高考不同科目成绩的组合(乃至包括相应科目的单科成绩)作为录取的依据或者选择某一机构所举办的"高考"成绩作为录取的标准。其中仅有第三方面涉及高考改革。当然,通过改革来提高高考的科学性有助于扩大高等学校招生自主权,实现从形式层面向实质层面的转变。然而,高考改革只能为高等学校自主权的扩大提供必要条件而非充分条件,高等学校自主权的扩大主要依赖于教育管理体制的变革。

高考改革的决策者所面临的一个颇为尴尬的事实是:高考作为为普通高等学校选择合适生源的重要工具,高等学校并没有表现出应有的积极性,反而是与高考没有"直接关系"的中学常常提出这样那样的改革意向。高等学校对高考改革缺乏积极性的原因,一方面是高等教育主管部门与高等学校的关系还有待进一步理顺,高等学校需要获得真正意义上的招生自主权;另一方面是高等学校内部的行政权力与学术权力之间的关系需要理顺,使确定招生标准真正成为学术权力的重要内容。当前高等学校对高考改革的积极性不足,使得高考改革缺乏最根本的动力,换句话说,高等学校招生自主权的扩大反而有助于高考改革。与对"高考改革要有助于中学实施素质教育"的解读相类似,对"高考改革要有助于高等学校扩大自主权"的正确解读应当是

---

① 《中华人民共和国高等教育法》第三十二条规定:高等学校根据社会需求、办学条件和国家核定的办学规模,制定招生方案,自主调节系科招生比例。参见教育部研究室:《中华人民共和国现行高等教育法规汇编》,人民教育出版社,1999年,第25页。

"高考不能阻碍高等学校自主权的扩大"、"高考需要为高等学校自主权的扩大提供必要的条件",而不能解读为"高考改革要促进高等学校自主权的扩大"。相对于素质教育的顺利实施而言,高考更不是目前阻碍高校自主权扩大的那根"短板"。因此,促进高校自主权的扩大也不能作为高考的职能。

高考的职能是为普通高等学校选择合适的生源。高考的功能即高考发挥着的作用,主要包括社会功能和教育功能两个方面。社会功能主要体现在社会安定的功能、社会流动的功能等,教育功能主要体现在为高校选择合适生源保障高校生源质量、促进中小学生努力向学、提高民族文化素质、引导和规范中学的办学方向和教学方向即"指挥棒"功能等[①]。如果把高考为高等学校选择合适生源之外客观发挥的功能设计为高考的职能,也不能说绝对不可以,然而这些职能可以通过其他事物来履行,并且也应由其他事物来履行,至少这些职能的履行不能与为高等学校选择合适生源这一职能产生较大的冲突。当前,高考功能的发挥既有正向的也有负向的,这一特点在教育功能方面表现最为明显,负功能如基础教育"指挥棒"的偏离与异化、基础教育培养目标与培养规格的窄化、基础教育评价的扭曲等。不过,这种负功能出现的主要原因是作用对象(基础教育)与作用环境(过度激烈的竞争)的非常态。高考功能发挥的程度如何以及如何矫正负功能,是一个庞大的研究课题。现仅选取高考为普通高等学校选择合适生源这一功能的发挥状况,亦即高考职能的履行状况作为本书的研究内容。

(二) 高考是什么

高考作为考试的下位概念,同样既可以被理解为一种工具,也可以被理解为一项社会活动。鉴于本书主要研究高考内部诸因素的关系[②],所以侧重于把高考作为一种工具来研究。同时把高考定义为考试机构为普通高等学校选择合适生源而采用的测度、甄别考生在知识、能力、技能等诸方面素质差异的统一考试。高考是由政府(或由中介机构)而非学校组织的教育考试,

---

① 刘海峰:《高考改革的教育与社会视角》,《高等教育研究》2002年第5期,第34~36页。

② 杨学为先生认为,研究考试及考试内部诸因素的关系属于考试认识论的范畴,研究考试与其外部诸因素的关系属于考试社会学的范畴。进而指出,考试认识论的水平,决定了考试质量的高低,而考试社会学的是非,却决定着考试的存废。参见杨学为:《中国考试改革研究》,北京大学出版社,2001年,第125页。

属于狭义考试中的一类，本质上是高校招生所依赖的一种工具，在形式上是一种大规模的统一考试，具有高竞争性、高利害性、高风险性。

鉴于其较高的标准化程度，高考完全可以被称为测验。因其所测对象如知识、能力、技能均为心理量（不包括生理量），所以高考也是心理测验。至于高考是学业成就测验、能力测验还是能力倾向测验，如果按照目前的设计取向来判断，高考更倾向于是一个学业成就测验；如果按照高考的用途来判断，高考则更倾向于是一个能力倾向测验。既然高考可以被认为是一种心理测验，那么我们就可以依据测验理论来研究高考。在本书的行文中，"测验"或"高考"只是高考在不同的语境中的合适的表达。

第二节 效度概论

人们对心理与教育领域中各种测量问题进行研究的一个自然结果是测验理论[①]的形成。掌握测验理论的相关知识对于任何一个测验的开发者和评价者来说都是极其重要的。测验的使用者因为需要明智地选择优良的测验工具并进行令人满意的分数解释，所以掌握相关的测验理论知识同样必要。对高考这一测验的科学评价，同样依赖相应的测验理论作为支撑。一般而言，测验使用者最关心的问题是这个测验的有效性，即测验的效度。

一、测验与效度

只有在了解评价测验各指标的含义及其相互关系（尤其是与效度的关系）和理解效度的理论定义与操作定义的关系的基础上，我们才能够较为深刻地理解效度的特征、概念和效度对于测验的重要性。

（一）如何评价测验

评价测验质量的高低，通常用信度、效度、难度、区分度等指标来衡量，而效度是最重要的评价指标。

1. 信度（reliability）

一个有效的测验必须是可靠的，衡量测验可靠性的指标就是信度。凡测量都有误差，误差的存在使测验分数会对真分数有所偏离。如果在测量过程

---

① test theory，在有的文献中被翻译为测量理论，所指相同。

中对误差控制得好，对影响测量准确性的干扰因素对抗性强，测验分数所传达的有关真分数的信息就会准确而丰富，测验分数使用起来的可靠性就强，在测量实践中就体现为对同一被试反复施测的一致性高。所以，测验的信度就是同一个测验（或相等的两个、多个测验）对同一组被试施测两次或多次，所得结果的一致性程度[①]。一个测验的信度一般是以两次测验结果的相关系数（若是多次测验，则取各相关系数的平均数）来表示，这一相关系数称为信度系数。按照信度系数获得的方法来划分，有重测信度、复本信度、内在一致性信度（分半信度、同质性信度）和评分者信度。不同种类的系数所侧重考查的特质和误差来源是各有差异的，因此，在估计信度系数后，除了报告其数值外，还必须说明求取信度系数的方法与求得的信度系数的种类。以高考为例，分半信度可以考查其内部抽样的代表性，重测信度可以考查其稳定性，评分者信度可以考查其控制评分误差的情况。只有当一个测验具有一定的信度时，才具有作为客观性测量工具的价值。信度系数要达到多高才好，这取决于测验的使用目的。一般来说，信度系数应达到 0.90；如果是用来预测的话，最好能高于 0.95[②]。

2. 效度（validity）

好比制作尺子是为了测量长度，若要使用尺子去测量体重就不可能。人们之所以要编制和使用测验，就是为了要测量出相应的心理特质，如果不能达到这一目的，测验便失去了存在的价值。效度就是用来衡量测验对指定心理特质测量的有效性程度。信度和效度是评价测验质量的两个重要指标，信度用来评价测验的可靠性程度，效度用来评价测验的有效性程度。不可靠的测验当然不能说它能很好地测到欲测的东西，然而可靠的测验也未必能很好地测到欲测的东西。在随机抽样理论框架内，不论真分数理论还是概化理论，信度高只能说明观察分数确实立足在真分数之上；而真分数代表着什么，测验是否测到了欲测的东西，高信度是不能予以确保的。项目反应理论

[①] 王孝玲：《教育测量》（修订版），华东师范大学出版社，2005 年，第 23 页。

[②] 漆书青：《现代测量理论在考试中的应用》，华中师范大学出版社，2003 年，第 81 页。笔者目前很难找到关于高考信度的文献资料。广东省在实施标准化试验时，列出了各科的信度，以 1988 年为例：语文 0.82，数学（文科）0.85，数学（理科）0.87，物理 0.86，化学 0.89，英语 0.91。参见杨学为：《高考文献》（下），高等教育出版社，2003 年，第 376 页。

所估出的能力分数，从计量学角度看虽比前述真分数更为深刻，但它仍然是一个数学实体或者说是统计结构，并不能保证测验确实测到了要测的心理结构。因此，信度不能代替效度解决测验的有效性问题。一般来说，信度高只是效度高的必要条件而非充分条件。

3. 难度和区分度（difficulty and discrimination）

难度和区分度能够影响测验的信度与效度，例如，过易或过难的题目与区分度很低的题目会降低测验的信度与效度，因此，难度与区分度也常常作为评价测验质量的指标。

客观题的难度一般用正确回答试题的人数与参加测验的总人数的比值来表示，主观题的难度一般用考生在这道题目上的平均得分与题目满分的比值来表示，比值越大代表试题越容易[1]。当考生人数较多时，可以用极端分组法来代替上述方法求取试题的难度。难度是一个相对的概念，难度的高低与被试的水平直接相关。试题对这一组被试是高难度的，可能对另一组被试就是低难度的。也就是说，难度是由参与测量的被试群体的整体水平决定的[2]。整个测验的难度可以参考求取主观题难度的方法来确定。单纯就一个试题来说，中等难度的题目比较好，但整个测验中各个题目难度的分布则依赖于测验的性质与目的。

区分度是指试题对被试反应的区分程度和鉴别能力，一般用某题的得分与测验总分之间的相关系数来表示。二者的相关系数高，表明该题的区分度高[3]。难度中等的题目其区分度最好。如果粗略地认为总分的标准差可以大致反映测验的区分能力的话，那么通过增加试题的平均区分度来提高测验的区分能力要比改变试题难度的效果好得多[4]。一般而言，区分度在0.20以下的试题是应该淘汰的，在0.20至0.29之间的试题修改后尚可使用，达到0.30即为合格，达到0.40即为优良[5]。

---

[1] 胡中锋、李方：《教育测量与评价》，广东高等教育出版社，1999年，第51页。

[2] 胡中锋、李方：《教育测量与评价》，广东高等教育出版社，1999年，第50~51页。

[3] 王孝玲：《教育测量》（修订版），华东师范大学出版社，2005年，第114页。

[4] 漆书青：《现代测量理论在考试中的应用》，华中师范大学出版社，2003年，第102页。

[5] 漆书青、戴海琦、丁树良：《现代教育与心理测量学原理》，江西教育出版社，1998年，第17页。

（二）效度的理论定义与操作定义

1. 效度的理论定义[①]

效度在理论上可以定义为由所欲测量的属性引起的方差与测验分数总方差的比率。为了理解这个定义，要从测验分数总方差的分解谈起。一组测验分数的总方差包括三个部分：由所欲测量的属性引起的方差、与所欲测量的属性无关的特性引起的方差（其中包括系统误差）和由（随机）误差引起的方差。用公式可以表示为：

$$\sigma_t^2 = \sigma_c^2 + \sigma_s^2 + \sigma_e^2$$

其中：σ_t^2 表示一组测验分数的总方差，σ_c^2 表示由所欲测量的属性引起的方差，σ_s^2 表示与所欲测量的属性无关的特性引起的方差，σ_e^2 表示由误差引起的方差。

若将上式等号两边都除以 σ_t^2，则

$$\frac{\sigma_t^2}{\sigma_t^2} = \frac{\sigma_c^2}{\sigma_t^2} + \frac{\sigma_s^2}{\sigma_t^2} + \frac{\sigma_e^2}{\sigma_t^2} = 1.00$$

若以 Val 表示效度，则 $Val = \frac{\sigma_c^2}{\sigma_t^2}$。

如果仅把测验分数的总方差分解成真分数方差和误差方差两部分：

$$\sigma_t^2 = \sigma_\infty^2 + \sigma_e^2$$

则真分数方差当中包括所欲测量的属性引起的方差和与所欲测量的属性无关的特性引起的方差两部分：

$$\sigma_\infty^2 = \sigma_c^2 + \sigma_s^2$$

当误差方差减小时，真分数方差在总方差中所占的比重就增加，信度就会提高。信度的提高意味着效度可能会提高：如果真分数方差在总方差中所占比重的增加有所欲测量的属性引起方差的贡献，则信度与效度同时提高；反之，效度不会随着信度的提高而提高。

正如真分数引起的方差不可获得一样，由所欲测量的属性引起的方差也不可获得，所以，此效度定义也仅仅具有理论上的意义。

2. 效度的操作定义

直到 20 世纪 50 年代，关于效度的理论都是相当混乱的。在很长的时间

[①] 王孝玲：《教育测量》（修订版），华东师范大学出版社，2005 年，第 93～94 页。

里，许多人都是对照着某种外部变量来考查测验分数，这样来进行效度验证。测验效度单由预测的正确性来判定，整个效度理论极接近于预测理论。但是到后来，情况有所变化。人们日益注意到对效度本身作出描述和说明，关心发展效度验证的逻辑与方法，从而使效度理论逐渐跟预测理论相分离①。

1954年，美国心理协会的《心理测验和诊断技术的专业建议》为评估效度开发了一个非常简单的程序分类系统。这个专业建议认可四种界定效度的非常不同的方式：内容效度（content validity）、构念效度（construct validity）、预测效度（predictive validity）、同时效度（concurrent validity）。这四类有时候被称为"效度四面"。后来，人们认为，效度本身是一个单一性的概念，只有效度证据来源有多个种类，而不是效度本身有多个种类。"效度四面"只是代表了四种不同类型的策略，这些策略用来证实以测验分数而不是以四种不同类型的效度为基础的推论。所有的效度策略追求的是相同的目标——理解测验分数的意义和应用，而不是从根本上描述不同类型的效度②。

然而，这些验证测验有效性的界定与探索都是在对效度理论定义理解的基础上发展出来的实证效度。相应的界定均是效度的操作定义。

（三）如何理解效度

效度这个概念是相对的，而不是绝对的，其相对性的含义有两层。第一层含义是：一个测验的有效性，总是就其特殊的目的、功能和适用范围而言的，并不是就任何目的、功能和任何适用范围而言的。一个测验对于它的特殊目的、功能和适用范围是正确的、有效的，但对另一种目的、功能和适用范围可能就是不正确的、无效的。对于任何一种目的、功能和适用范围都有效的测验是不存在的。第二层含义是：按照特定目的精心编制的测验，其效度不是全有或全无的区别，而是程度上的不同。这是因为我们对某种属性的测量，是通过行为样本间接地推测而获得的，所以这种推测不可能完全正确有效。但是，测验又是根据特定的目的精心编制的，一般来说，效度不可能

---

① 漆书青、戴海琦、丁树良：《现代教育与心理测量学原理》，江西教育出版社，1998年，第350页。

② 凯温·R. 墨菲、查尔斯·O. 大卫夏弗：《心理测验》，张娜、杨艳苏、徐爱华译，上海社会科学院出版社，2006年，第138页。

全无①。

　　心理测验结果的干扰因素不仅来自施测环境、仪器质量、人工操作这些外部因素，还有心理特质与外部刺激之间关系的非确定性（即非一一对应性）特点这一内部因素。与对物理量的测量不同，对心理量的测量并不是靠高精度的仪器，而是要靠具有精神活动能力的人来认识，研究者对通过一定的外部刺激引出拟测查的心理现象进行观察并予以量化。测量物理量的量具如尺子、体重计、秒表可以拿到度量衡局与一个客观的标准进行比较，来评价其正确有效性；而要评价测量心理量的心理测验的有效性，我们却无法找到一个客观的标准进行比较，只能而且应该牢固地以经验为基础进行测量效度的判断。因此，建立一个具体测验的效度永远是部分主观的。也正是因为测验效度的部分主观性使测验效度的验证问题比物理测量更为重要，心理学家必须收集各种来源的证据以证实测验的有效性。

　　美国教育研究会、美国心理学协会、全美教育测量学会公布的1999年版《教育与心理测试标准》认为："效度指根据指定用途支持分数解释的那些事实和理论的有效程度。"② 这一定义主要是基于测验效度的部分主观性的客观事实，认为评价测验的有效性不能固守测验本身而应该从测验的具体使用入手，这种动态的视角无疑具有极大的实践价值和深刻的方法论意义。然而，我们不能因此认为只有分数解释与测验使用的有效性问题，而无测验本身的有效性问题，更不能认为测验使用状况的好坏与测验本身的好坏无关③。正如评价测验的有效性而引入了效度，对此问题深入而精确化的研究要求把测验与测验的使用分开来考虑。因此，对效度的科学理解应注重测验与测验使用的联系；具体研究时，在没有找到更好的方法之前，对二者的区分是可以而且必要的。

　　构念（construct）指一种测验所要测量的概念或特征④。例如幸福、智力、能力都可以被看作构念，它们代表了心理学家为了总结一组相关现象或

---

　　① 王孝玲：《教育测量》（修订版），华东师范大学出版社，2005年，第64页。
　　② 美国教育研究会、美国心理学协会、全美教育测量学会：《教育与心理测试标准》，燕娓琴、谢小庆译，沈阳出版社，2003年，第12页。
　　③ 漆书青：《现代测量理论在考试中的应用》，华中师范大学出版社，2003年，第407页。
　　④ 美国教育研究会、美国心理学协会、全美教育测量学会：《教育与心理测试标准》，燕娓琴、谢小庆译，沈阳出版社，2003年，第8页。

者课题而构造的观念。在主流教育与心理测量学界,今后已经不再存在构念效度这一概念。所谓效度,就是测验对构念进行测量的有效程度①。当人们谈到内容效度、预测效度、决策效度、效标关联效度等术语时,其所指并不是效度的类型,而是效度凭证的不同类型或在特定语境中的一种表达方式。各种效度凭证的收集就是为了从不同方面证明测验对构念测量的有效程度如何,在特定语境中所使用的不同表达方式是从具体的角度来阐释效度的概念。

构念本身是一种抽象的假设,我们不可能收集一磅幸福或者一把智力。所有的构念都有两个基本属性:它们本质上是对某些规律性进行抽象概括,而且它们与具体可观察的实体或事件存在相关性。重力是构念的一个非常好的例子:当苹果落到地面上时,重力这个构念可以用于解释和预测它们的行为。看到重力本身是不可能的,我们所能看到的就是下落的苹果。然而,测量重力和开发使用重力这个构念的理论是非常有意义的。它在处理我们称之为重力的抽象力量上,肯定比仅仅适用于苹果落地的理论和方法看上去更合理②。

因为构念本质上是抽象的,所以判定一个测验是否为一个特定的构念提供了充分测量的过程是很复杂的。心理测量是基于具体的、可观察行为的过程。为了判定一个测验是否为一个具体的构念提供了优秀的测量,我们必须将抽象的构念转变成具体的、行为的术语。对具体的行为和抽象构念之间的关系进行详细描述的过程被称为构念说明(construct explication),这是决定一个测验构念效度的关键③。

二、效度凭证的分类与效度的测算方法

当测验分数的用途不同时,所需要的效度验证的途径与方法也是不同的。在某些情况下有些凭证非常关键,而其他凭证则没那么重要。使用哪一方面的效度凭证,在可以获得的前提下主要看其是否有助于对测验分数的特

---

① 谢小庆:《对测验效度的一些新认识》,《考试研究》2002年第1期,第26页。
② 凯温·R. 墨菲、查尔斯·O. 大卫夏弗:《心理测验》,张娜、杨艳苏、徐爱华译,上海社会科学院出版社,2006年,第146页。
③ 凯温·R. 墨菲、查尔斯·O. 大卫夏弗:《心理测验》,张娜、杨艳苏、徐爱华译,上海社会科学院出版社,2006年,第146~147页。

定理解提供信息。效度测算的方法依赖于使用哪一方面的效度凭证,因此对效度凭证的分类与选择是进行效度测算的基本前提。因为高考的主要用途是作为普通高等学校选择合适生源的工具,从高考分数与大学学业成绩的关系入手比较适合,测算这种效度凭证的方法是求取两列变量的相关系数(correlation coefficient),此相关系数就被称为效度系数(validity coefficient)。

(一) 效度凭证的分类

对效度的解释指效度凭证的各种类型,而不是效度的不同类型。各种类型的凭证可以说明效度的不同方面,效度凭证不同方面的资料都将帮助人们理解测验分数所反映的构念的意义。因此,对于一个测验的效度验证而言,某一凭证的价值不会影响其他凭证的价值。根据效度凭证来源的不同,美国1999年版《教育和心理测试标准》把效度凭证分为基于测验内容的凭证、基于解题过程的凭证、基于内部结构的凭证、基于和其他变量关系的凭证、基于测试后果的凭证五种类型[1]。

1. 基于测验内容的凭证(evidence based on test content)

测验内容方面的凭证主要是判断测验内容是不是要考察的内容领域的合适样本,主要通过分析测验内容、测量目标及其行为特征获得。测验内容主要包括测验的题材、词语、项目、任务与问题的格式以及施测与评分的指导等。测验制作人员常常是从内容范畴的细则入手,内容细则对每个测验内容的每个细节都有周到的描述。基于测验内容的凭证可包括对合适性的逻辑分析和实证分析,看测验内容是否体现了学科范畴及其和测验分数之推荐性诠释的关联,一般而言对这一凭证的效度验证没有精确的统计测度。对于测验的制作者来说,这一方面的凭证是必须收集的证据。对这一效度凭证评价的标准可以通过与测验目标的逐项对比,也可以由相关专家进行定量或定性的评价。尽管这一凭证的收集对测验效度检验是基本的,然而往往也是初步的、不充分的,因为其主要关注的是测验本身而对测验分数缺乏必要的解释能力。

---

[1] 美国教育研究会、美国心理学协会、全美教育测量学会:《教育与心理测试标准》,燕娓琴、谢小庆译,沈阳出版社,2003年,第16~24页。

2. 基于解题过程的凭证（evidence based on response processes）

解题过程在理论和实证上的分析可提供构念和被试具体临场表现的相符性关系的凭证。基于解题过程的凭证一般来自对具体试题解答的分析。询问被试的演题策略或对具体考题的回答常可得到丰富构念定义的凭证。对于解题过程的研究不只限于被试。评估活动也常常依赖观察员和裁判来记录和鉴定被试的表现或成果。在这些情形下，相关的效度凭证包括评分员或考官的反应过程和对测验分数的推荐性解释相符合的程度。分析被试回答问题的思维过程是比较困难的事情，其主要方法有调查问卷分析、面谈记录分析、被试的应答分析、计算机模拟分析。对被试解题过程的分析，可以获得测题是否有效地引发被试表现出主试期望其表现的行为的信息，只有在肯定的情况下，测验使用者才能将测验结果解释为对被试相应知识、能力、技能等的测度，对测验结果的解释和使用才有较高的效度。

3. 基于内部结构的凭证（evidence based on internal structure）

对于测验内部结构的分析能够反映测验项目或成分间的关系跟作为分数解释基础结构间的一致性程度。测验构念框架可能意味着行为是单维的，也可能假定是多维的。若假定测验是单维的，要求有项目同质性的证据。基于内部结构的凭证主要有三个方面：不同行为变量（即行为目标）的相关关系、不同行为变量相关关系的因子分析和实验设计（对大规模考试而言，实验设计是不切合实际的，难以实施的）。不同行为变量测量的是同一测量目标的不同方面，它们之间既相互联系，又有区别，它们对测量被试在所考领域的知识、能力、技能等方面都可以作出贡献。因此，不同行为变量之间的相关系数不应太高，也不应太低[1]。因子分析的基本目的是要用少数不可观察的假设变量来代替可观察的多个行为变量，用少数的假设变量来解释可测量的行为变量之间的关系。这一方法使用的前提是考试是单维的。如果测试机构预先将测验设计成多维的，那么所有的计算都应该在同一维度内进行[2]。

---

[1] 雷新勇:《大规模教育考试：命题与评价》，华东师范大学出版社，2006 年，第 293 页。

[2] 雷新勇:《大规模教育考试：命题与评价》，华东师范大学出版社，2006 年，第 298~299 页。

4. 基于和其他变量关系的凭证（evidence based on relations to other variables）

分析测验分数和测验外在变量之间的关系是效度凭证的另一重要来源。潜在的外在变量包括对测验所期许的某些标准的测量以及和其他假设测量同样构念的测验的关系。基于和其他变量关系的凭证陈述了这些变量关系和测验的推荐性诠释之构念相一致的程度。那个外在变量称为效标（或准则，criterion）。根据效标资料获取时间的不同，可分为同时效标和预测效标。相应地，有两种验证策略：同时验证策略和预测验证策略。前者侧重研究两个测验在同一时间的关联，后者侧重研究眼下的测验分数能够多么准确地预测将来检测准则的分数。基于和其他变量关系的凭证，除了可以收集效标资料来验证外，有时还要收集收敛和判别凭证（convergent and discriminant evidence）、效度概化方面（validity generalization）的凭证。前者主要适合多特质或多维的考试或心理测量，后者主要适合测验应用于其他新的情境时①。

5. 基于测试后果的凭证（evidence based on consequences of testing）

近年来受到关注的一个问题是将有意的和无意的测验后果引进到效度概念中来。有关后果的凭证可影响效度决定。但重要的是，我们需将与效度直接相关的凭证和可能影响社会政策的决定但又在效度范畴之外的凭证区分开来。虽然有关测试后果的信息可能会影响测验用途，但后果本身并不有损于对原有测验诠释的效度。根据测试后果所作的有效度或无效度的判断反而依赖于对这些后果根源的进一步探索。例如，激烈竞争的升学考试，可能导致一些学生死记硬背知识性结论而忽视发展解决问题的能力。这类后果可能与考试的效度有关，需要通过改进考试的效度来解决。激烈竞争的考试还可能导致学生个性发展方面的问题。这类后果可能与考试效度的关系并不大，需要通过改进整个招生考试制度来解决②。因此，当后果凭证可以追溯到无效度（invalidity）根源（如构念代表性缺乏或构念无关因素方差）时，它可直接与效度挂钩。后果凭证不能追溯到无效度根源时，它对政策决定有关键作

---

① 雷新勇：《大规模教育考试：命题与评价》，华东师范大学出版社，2006年，第303页。

② 谢小庆：《对测验效度的一些新认识》，《考试研究》2002年第1期，第29页。

用,但超出了效度的技术评定范畴①。

(二) 效度的测算方法

依据基于解题过程的凭证、基于测试后果的凭证这两类凭证进行效度验证,一般诉诸定性的分析。基于测验内容凭证的效度验证既有定性分析也有定量分析,其定量分析一般采用比较平均数差异显著性的方法②。基于内部结构凭证的效度验证因测验的结构性质可采用不同的测算方法,若是单维的测验,可采用因素分析的方法;若是多维的测验,可采用多元特质—多元方法矩阵(multitrait-multimethod matrix)③ 的方法。此外,基于内部结构凭证的效度验证还可以通过求取不同行为变量的相关系数来完成④。基于与其他变量关系的凭证进行的效度验证的测算方式是求取两者的相关系数⑤,只是因测验分数与效标分数这两个变量类型的不同,其相关系数的计算方法有所不同。本书中高考的效度验证是基于与其他变量关系的效度凭证,因此采用求取两个变量相关系数的测算方法,主要有积差相关法和等级相关法。

1. 积差相关法

积差相关法是英国统计学家皮尔逊于 20 世纪初提出的一种计算方法,因而被称为皮尔逊积差相关,简称皮尔逊相关。积差相关法是一种最常用和最基本的计算相关系数的方法。一般来说,用于计算积差相关系数的数据资料,需要满足下面几个条件:(1) 要求成对的数据,即若干个体中每个个体都有两种不同的观测值,并且每对数据分数与其他对没有关系,相互独立。一般而言,计算相关的成对数据的数目不宜少于 30(对)。(2) 两列变量各自总体的分布都是正态的,即正态双变量,至少两个变量服从的分布应是接近正态的单峰分布,然而要计算相关系数的两样本的观测数据并不要求一定

---

① 美国教育研究会、美国心理学协会、全美教育测量学会:《教育与心理测试标准》,燕娓琴、谢小庆译,沈阳出版社,2003 年,第 24 页。构念代表性缺乏指一种测验抓不住构念要点的程度,构念无关因素方差指测验分数所考查构念以外的那些因素影响的程度,参见该书第 15 页。

② 王孝玲:《教育测量》(修订版),华东师范大学出版社,2005 年,第 78 页。

③ 王孝玲:《教育测量》(修订版),华东师范大学出版社,2005 年,第 83 页。

④ 雷新勇:《大规模教育考试:命题与评价》,华东师范大学出版社,2006 年,第 293 页。

⑤ 王孝玲:《教育测量》(修订版),华东师范大学出版社,2005 年,第 65 页。

为正态分布。(3) 两个相关变量是连续变量,即两列数据都是测量数据。(4) 两列变量之间的关系应是直线性的,如果是非线性的双列变量,不能计算线性相关[1]。

若使用原始观测值来计算相关系数,其计算公式如下:

$$r = \frac{N\sum XY - \sum X \sum Y}{\sqrt{N\sum X^2 - (\sum X)^2} \cdot \sqrt{N\sum Y^2 - (\sum Y)^2}}$$

若使用标准分数来计算相关系数,其计算公式如下:

$$r = \frac{1}{N}\sum Z_X Z_Y$$

其中:Z_X 为 X 变量的标准分,Z_Y 为 Y 变量的标准分,N 为成对数据的数目。

2. 等级相关法

有时搜集到的数据不是等距或等比的测量数据,而是具有等级顺序的测量数据;有时搜集到的数据是等距或等比的数据,但其总体分布不是正态甚至不是接近正态的单峰分布;有时其成对数据的对数较少,因而不满足求积差相关的要求。在这种情况下,欲求两列或两列以上变量的相关,就要用等级相关。这种相关方法对变量的总体分布不作要求,故又称这种相关法为非参数相关法。

斯皮尔曼等级相关法是等级相关法的一种,它是英国心理学家斯皮尔曼根据积差相关的概念推导出来的,适用于只有两列变量,而且属于等级变量性质具有线性关系的资料,主要用于解决顺序数据的相关问题。对于属于等距或等比性质的连续变量数据,若按其取值大小,赋以等级顺序,转换为顺序变量数据,亦可计算等级相关,此时不必考虑分数分布是否是正态的。可见,等级相关法比积差相关法适用的范围大。另外,当成对数据小于 30 对时,也可用斯皮尔曼等级相关法。然而,一组能计算积差相关的资料若改用等级相关计算,精确度要差于积差相关,因此,凡符合计算积差相关的资料,不用等级相关计算[2]。肯德尔等级相关法是一种既适合两列等级变量资

---

[1] 张厚粲、徐建平:《现代心理与教育统计学》,北京师范大学出版社,2004 年,第 113～114 页。应该说,此种方法得出的相关系数是把两变量看作线性相关来计算的,若两变量本身不是线性相关,则计算结果不能反映两变量相关的真实情况。

[2] 张厚粲、徐建平:《现代心理与教育统计学》,北京师范大学出版社,2004 年,第 124 页。

料（但功能与斯皮尔曼等级相关法相同），也适合多列等级变量资料的方法（略）[①]。

斯皮尔曼等级相关法计算公式如下：

$$r_R = 1 - \frac{6\sum D^2}{N(N^2-1)}$$

其中：N 为等级个数，D 指两列成对变量的等级差数。

3. 其他方法

当两个变量均为连续变量，而其中一个变量被人为地分为二分变量时，可使用二列相关法。当一个变量为连续变量，而另一个为真正的二分变量或双峰分布变量时，可使用点二列相关法。当两个变量均为二分变量或以二分变量表示时，可使用四分相关法及 Φ 相关法。当其中一个变量不止被分为两个类别时，可使用列联相关法[②]。本书根据实际情况分别采用皮尔逊积差相关法和斯皮尔曼等级相关法。

三、相关分析与效度的验证

任何事物的存在都不是孤立的，而是相互联系的，事物之间的这种联系反映在统计数据中就成为研究变量之间的关系。说明客观事物相互间关系的密切程度，并用适当的统计指标表示出来，这个过程就是相关分析。对测验分数与其他变量之间关系的研究就是一种相关分析。

（一）相关、相关分析与相关系数

事物之间的数量关系大致可以被分为两种：一种是确定性关系，或称函数关系；另一种是不确定性关系，即相关关系。值得注意的是，事物之间有相关，不一定是因果关系，也可能是伴随关系。但如果事物之间有因果关系，则两者必然相关。相关分析主要是针对连续性随机变量之间的关系进行分析的[③]。

在相关研究中，常用散点图表示两个变量之间的关系。在直角坐标系中，以 X，Y 两列变量中的一列变量（如 X 变量）为横坐标，以另一列变

---

① 张厚粲、徐建平：《现代心理与教育统计学》，北京师范大学出版社，2004年，第129页。

② 王孝玲：《教育测量》（修订版），华东师范大学出版社，2005年，第67～76页。

③ 米子川：《统计软件方法》，中国统计出版社，2002年，第122页。

量（如 Y 变量）为纵坐标，把每对数据 X_i，Y_i 当作同一个平面上的 N 个点 (X_i, Y_i)——描绘在 XOY 坐标系中，产生的图形就被称为散点图或相关图。散点图通过点的散布形状和疏密程度来显示两个变量的相关趋势和相关程度，能够对原始数据间的关系作出直观而有效的预测和解释。成对观测值越多，散点图提供的信息就越准确。因此，散点图是确定变量之间是否存在相关关系及其关系的紧密程度的简单而又直观的方法[1]。

然而，散点图给出的只是一个定性的结论，在有些情况下我们需要作更加深入的数量化分析。相关分析就是从数量的角度出发，精确地界定变量之间的关系，把变量之间关联的紧密程度用数量的方法予以反映。一般地，我们采用相关系数来表示变量之间的相关关系[2]。相关系数是两列变量间相关程度的数字表现形式，或者说是用来表示相关关系强度的指标。作为样本间相互关系程度的统计特征数，常用 r 来表示；作为总体参数，一般用 ρ 表示，并且是就线性相关而言的[3]。相关系数的取值范围为 $-1.00 \leqslant r \leqslant 1.00$。相关系数的"＋、－"（正、负）号表示双变量之间相关的方向，正值表示正相关，负值表示负相关。相关系数 $r=+1.00$ 时表示完全正相关，$r=-1.00$ 时表示完全负相关，这二者都是完全相关。$r=0$ 时表示完全独立，也就是零相关，即无任何相关性。相关系数取值的绝对值大小表示相关的强弱程度。如果相关系数的绝对值在 1.00 与 0 之间，则表示不同程度的相关。绝对值接近 1.00 一端，一般为相关程度密切；接近 0 一端，一般为关系不密切[4]。

然而，相关系数接近于 1 的程度也与样本容量 n 有关：当 n 较小时，相关系数的绝对值容易接近于 1；当 n 较大时，相关系数的绝对值容易偏小。特别是当 $n=2$ 时，相关系数的绝对值总为 1。因此，仅凭相关系数较大就说变量 X 和 Y 之间有密切的线性关系，则显得匆忙[5]。由于相关系数更多

---

[1] 张厚粲、徐建平：《现代心理与教育统计学》，北京师范大学出版社，2004 年，第 111 页。

[2] 米子川：《统计软件方法》，中国统计出版社，2002 年，第 127～128 页。

[3] 张厚粲、徐建平：《现代心理与教育统计学》，北京师范大学出版社，2004 年，第 109 页。

[4] 张厚粲、徐建平：《现代心理与教育统计学》，北京师范大学出版社，2004 年，第 110 页。

[5] 米红：《实用现代统计分析方法及 SPSS 应用》，当代中国出版社，2004 年，第 107 页。

地依赖于样本量,当样本量很大时,相关系数的临界值非常小,大样本的相关性贡献中,个体样本点的作用显著地减小了①。因此,在判定相关是否密切时,要把样本量大小与相关系数的取值大小综合起来考虑,一般要经过检验方能确定变量之间是否存在显著相关②。事实上,相关分析的基本思想就是假设检验思想,也就是说,两个变量是否相关要进行相应的假设检验,即对总体相关系数 ρ 是否等于 0 进行检验③。

当然,当两个变量之间的关系受到其他变量的影响时,两者之间的高强度相关可能是一种假象,即虚假相关(spurious relationship),或被称为伪相关。因此,有时候两列变量之间计算出的相关系数没有任何实际价值。如果研究表明某一变量确实对欲探讨的两个变量之间存在影响,则可以用协变量分析方法设法排除或控制那些变量的影响效应,找出要研究的变量之间真正的相关关系。如果两个变量是线性关系,则可以用偏相关和部分相关进行控制,表示两个变量间纯净的相关度④。

变量之间的相关不一定都是线性的。应用 SPSS 的曲线估计可完成有关曲线拟合的功能⑤。$r=0$ 并不意味着没有联系。实际上,它只意味着没有线性联系。因此,r 仅是线性关系的一种度量。

(二) 相关分析与回归分析

1. 回归分析的含义与分类

通过大量的观测数据,可以发现变量之间存在的统计规律性,并用一定的数学模型表示出来,这种用一定模型来表述变量关系的方法就是回归分析(analysis of regression)。一次函数是变量之间存在的各种各样的关系模型中最简单的形式。对于这种线性关系(linear relationship)的回归分析叫作线性回归(linear regression)。只有一个自变量的线性回归称作简单线性回

---

① 米子川:《统计软件方法》,中国统计出版社,2002 年,第 139 页。
② 张厚粲、徐建平:《现代心理与教育统计学》,北京师范大学出版社,2004 年,第 110 页。
③ 米红:《实用现代统计分析方法及 SPSS 应用》,当代中国出版社,2004 年,第 78 页。
④ 张厚粲、徐建平:《现代心理与教育统计学》,北京师范大学出版社,2004 年,第 149 页。
⑤ 米子川:《统计软件方法》,中国统计出版社,2002 年,第 149 页。

归(simple linear regression)①，两个或两个以上的自变量的线性回归称作多重线性回归(multiple linear regression)。多重线性回归与简单线性回归的基本原理与基本计算过程相同，但实用意义更大，只是计算量很大，一般在实际应用中要借助于计算机。除线性回归外，回归分析中还有曲线回归和Logistic回归②。简单来说，回归分析是分析一些变量对某个变量的影响并进行预测或控制的一种经典的统计分析方法。它采用最小二乘法等数学方法，精确地估计出变量之间的经验关系，把定性的分析升华到定量的经验公式上，对实际应用有很高的价值③。

2. 回归分析与相关分析的关系

回归分析和相关分析均为研究及度量两个或两个以上变量之间关系的方法，确定变量之间是否存在着关系，这是回归分析与相关分析的共同起点。回归分析是以数学方式表示变量间的关系，而相关分析则是检验或度量这些关系的密切程度，两者相辅相成。当旨在分析变量之间关系的密切程度时，一般使用相关系数，这个过程叫相关分析。倘若研究的目的是确定变量之间数量关系的可能形式，找出它们之间依存关系的数学模型，并用这个模型来表示这种关系形式，则叫回归分析④。

如果给定解释变量 X 的值，被解释变量 Y 的值就唯一确定了，那么 Y 与 X 的关系就是函数关系。函数关系可以用数学表达式十分准确地表示出来。如果给定了解释变量 X 的值，被解释变量 Y 的值不是唯一的，Y 与 X 的关系就是相关关系。例如，已知某人的身高 X，我们无法确切地推断出他的体重 Y，这是因为身高不是决定体重的唯一因素，因此身高与体重的关系就是相关关系。理论上，相关关系不能用一个确定的函数关系来精确描述，即不能由一些自变量去准确地测知因变量。在相关分析中我们可以使用相关系数给出变量间联系的密切程度的一种定量描述，但是对于不确定性的变量，如何通过自变量的值去估计和预测因变量的取值，这是相关分析所不能

---

① 张厚粲、徐建平：《现代心理与教育统计学》，北京师范大学出版社，2004 年，第 364 页。

② 张厚粲、徐建平：《现代心理与教育统计学》，北京师范大学出版社，2004 年，第 396～397 页。

③ 米子川：《统计软件方法》，中国统计出版社，2002 年，第 158 页。

④ 张厚粲、徐建平：《现代心理与教育统计学》，北京师范大学出版社，2004 年，第 365 页。

解决的问题，它必须由回归分析来完成。

在教育与心理现象中，严格的函数关系并不多见，变量间的关系通常是相关关系。统计学中的回归分析是借助于数学模型对变量间的不确定性关系（即相关关系）给出一种数量化的描述，它是确定相关变量之间存在的数量关系的可能形式并进行统计推断的一种方法。其目的在于为不确定性现象的研究提供更为科学、精细的手段，以便对相关随机变量进行估计、预测和控制①。在研究变量之间的相关关系时，把其中的一些因素作为可控制的变量（自变量），另一些随机变量作为它们的因变量，就是进行回归分析。

需要指出的是，在社会科学研究领域，相关关系和函数关系也是有联系的，它们在一定的条件下是可以相互转化的。当存在观察误差时，其函数关系往往以相关的形式表现出来。而具有相关关系的变量之间的联系，如果我们对它们有了深刻的规律性认识，并且能够把影响因变量变动的因素全部纳入方程，这时的相关关系也可能转化为函数关系。另外，相关关系也具有某种变动规律性，所以，相关关系经常可以用一定的函数形式去近似地描述②。完全相关是指双变量之间的关系是一一对应的、完全确定的相关关系，这时双变量各点在一条直线上，这实际上就是函数关系。在教育现象中，完全相关的变量并不多见③。所以，也可以宽泛地说广义上相关分析包括回归分析④。

如果通过相关分析显示出变量间的关系非常密切，若实践需要则可以通过所求得的回归模型获得比较准确的推算值。如果变量之间的相关程度过低，建立回归模型就没有很大的意义。

（三）效度系数与效度验证

基于获得高测验分数的个体比获得低测验分数的个体更有可能获得成功

---

① 胡咏梅：《教育统计学与 SPSS 软件应用》，北京师范大学出版社，2002 年，第 131 页。

② 米红：《实用现代统计分析方法及 SPSS 应用》，当代中国出版社，2004 年，第 92 页。

③ 胡咏梅：《教育统计学与 SPSS 软件应用》，北京师范大学出版社，2002 年，第 32~33 页。

④ 张厚粲、徐建平：《现代心理与教育统计学》，北京师范大学出版社，2004 年，第 365 页。

的推论，在没有其他依据或由于种种原因不能依赖其他依据时，人们往往根据测验的分数作出录取与否的决策，这是测验的一个常见用途，高考即是大学作出录取与否的决策所依据的测验。如果一个测验可以用于制定正确或者科学决策的话，那么它是有效的。在这里，评估决策的有效性与进行测验的效度验证是同一种含义。如果不把决策效度当作一种效度类型而只是作为效度凭证的一个方面，我们就可以使用决策效度这一术语来对测验的效度进行验证。测算高考的决策效度就是计算高考分数与预测效标分数之间的相关系数，这个相关系数就被称为效度系数。

这种相关分析就是测验在预测方面的一个实践性的应用。我们依据高考作出录取与否的决策就是以预测为基础的，只不过这种预测仅是一种粗略的预测、一种定性的预测。依据高考成绩只是预测大学所录取的学生是最有可能成功的学生，至于其成功的程度如何则无法预测，所谓线性回归的技术才能精确地完成这个任务①。即当我们获得回归模型的经验公式时，我们就可以依据其高考分数来精确预测其大学的学业成绩。

然而，目前对高考进行回归分析的前提并不充分：第一，提供效标分数的大学学业测验的信度水平无法保证；第二，不同高校、不同专业之间的效标分数缺乏应有的可比性；第三，影响效标分数的因素很难进行控制。因此，尽管从理论上回归分析可以为高考的效度验证提供更精确的凭证支持，但是至少目前我们还无法对高考进行回归分析②。此外，以往研究得出两者之间的相关系数并不高（本研究也得出类似的结论，两者基本无法达到强相关，详见第二、三章）。可见，回归方程的建立没有太大的应用价值。

---

① 凯温·R.墨菲、查尔斯·O.大卫夏弗：《心理测验》，张娜、杨艳苏、徐爱华译，上海社会科学院出版社，2006年，第73页。
② 指无法对高考总分和大学学业成绩进行回归分析。

第二章 高考效度的定量研究（上）

第二章与第三章基于原始数据进行高考效度的定量研究。第二章首先介绍研究的设计，包括对样本选择、数据处理和效标选择的探讨，接着考查高考总分的效标关联效度。第三章则对高考效标关联效度研究中的一些重要的具体问题进行更为深入的分析，包括不同群体的高考效度、高考各科目的"效度"[①]、高考英语的效度和高考数学的效度、负相关问题和不同录取标准的科学性问题等。

第一节 定量研究说明

定量探讨高考的效度，需要根据研究目的选择样本，科学地采集、处理大量的原始数据，选取合适的效标并使用合适的计算公式。本节主要对定量研究的整体状况作一个必要的说明。

一、样本选择与数据处理

因为本研究选取的样本涉及了七所院校，数目比较大，且涉及学生信息权，大多数院校要求研究成果不得出现学校名称和学生姓名。将七所院校按学科专业划为七个类别，研究选择的大多数院校是所在省份对应类别的唯一一所院校，因此，所选取院校的名称及所在省份名称均用相应的字母指代。本部分也对研究数据的处理方式进行必要的探讨。

（一）样本的选择

1. 年份的选择

研究选取 2002 年、1993 年、1984 年三年的高考进行分析[②]。选取 2002

---

① 加引号表示其不是严格意义上的效度。
② 对应的效标就是 2002 级、1993 级、1984 级学生的大学学业成绩。

年的原因有三：一是2002年我国的高等学校毛入学率达到15%①，高等教育进入通常被认为的大众化阶段②，对大众化阶段高考的效度状况进行研究是非常有必要的；二是2002年高考科目改革告一段落，普及了"3+X"模式③，分省命题还没有大面积推行④，各省区之间分数具有人们认可的可比性；三是通过2002年高考录取学生四年的大学学业成绩是可以获取的数据。选取1993年则综合了以下两个因素，即高考标准化改革试验自1985年开始持续到1989年，以及1994年全国范围内开始实施会考基础上的"3+2"模式。选取1984年的原因是自1977年恢复高考后一直到1985年才正式开始进行高考改革。简单地说，三个年份的高考分别代表大众化阶段的高考、标准化的高考、改革前的高考。

2. 院校的选择

结合样本的代表性（可比性）与调研的可行性，研究选取了X省A，B，C，D，E，F，G七所高等院校。X省的招生数与录取分数在全国均属中等，具有一定的代表性。七所院校按照学历层次划分，A，B，C，D，E五校是本科院校，F，G两校是专科院校；按照学科专业类别划分，五所本科院校依次为综合类、理工类、师范类、农业类、医药类⑤，两所专科院校

---

① 教育部发展规划司：《中国教育统计年鉴（2002）》，人民教育出版社，2003年，第17页。

② 马丁·特罗：《从精英向大众高等教育转变中的问题》，王香丽译，《外国高等教育资料》1999年第1期，第3页。

③ 2002年全国各省（自治区、直辖市）均进行高考"3+X"科目设置改革。参见中国教育年鉴编辑部：《中国教育年鉴（2003）》，人民教育出版社，2003年，第224页。2002年普通高考共命题五套：全国现行课程"3+文综/理综"，新课程"3+文综/理综"，广东、广西"3+文理综合（150分）+1"，河南、江苏"3+文理综合（300分）+1"，辽宁新、旧课程混合"3+文综/理综"。参见中华人民共和国教育部考试中心、中华人民共和国教育部自学考试中心、全国高等教育自学考试指导委员会办公室：《中国教育考试年鉴（2003）》，北京广播学院出版社，2004年，第29页。

④ 当时仅有上海市和北京市实施分省命题。

⑤ 《中国教育统计年鉴（2002）》把本科院校分为综合大学、理工院校、农业院校、林业院校、医药院校、师范院校、语文院校、财经院校、政法院校、体育院校、艺术院校、民族院校十二类。参见教育部发展规划司：《中国教育统计年鉴（2002）》，人民教育出版社，2003年，第22页。

中 F 校是传统的专科院校，G 校是 20 世纪 80 年代初创办的高职类院校；A 校隶属教育部，面向全国招生，B, C, D, E 四校隶属 X 省，主要在 X 省内招生，F, G 两校为地区院校，主要面向地区内招生。七所院校种类比较齐全，可代表 X 省高等院校总体状况。

联合国教科文组织颁布的《国际教育标准分类法》，按照人才培养类型对院校进行划分，实施高等教育的院校为 5 级，5A 类院校培养理论型人才，5B 类院校培养实用技术型人才①。5A 类院校又分为 5A1 和 5A2，前者侧重于基础理论学科，为研究作准备；后者侧重于应用的工、农、师等学科，主要面向应用②。因为这种分类符合高等教育最本质、最根本的特征，而且具有广泛的普适性③，所以人们逐渐采用这种分类方法。然而在国内对这三类高校的称谓还不统一，本研究把对应于 5A1、5A2、5B 的三类院校分别称为研究型院校、应用型院校、实用型院校④。前两类（即 5A 类）院校被统称为本科院校，第三类（即 5B 类）院校被称为高职高专院校。所选取的七所高等院校中，A 为研究型院校，B, C, D, E 为应用型院校，F, G 为实用型院校。

3. 专业的选择

专业的选择应具有科学性、全面性、均衡性。在七所高等院校开设的并且可以获得相关资料的前提下，选择布点数较多的专业（本科专业见附录一），院校开设时间较长且实力较强、学生数较多的专业。

本科院校的专业选择即依据普通高等学校本科专业目录来选择。我国的本科专业目录的一次调整是在 1998 年，调整后的普通高等学校本科专业目

---

① 教育部教育信息管理中心：《国际教育标准分类法》，《教育参考资料》1998 年第 18 期，第 24~30 页。

② 潘懋元、吴玫：《高等学校分类与定位问题》，《复旦教育论坛》2003 年第 3 期，第 7 页。

③ 陈厚丰：《中国高等学校分类与定位问题研究》，湖南大学出版社，2004 年，第 153 页。

④ 若依人才培养类型命名高等学校类型，杨学为先生将其分为研究型、学术型、技能型三类，参见杨学为：《关于高考考能力的问题》，《教育研究》2005 年第 3 期，第 34 页；潘懋元先生将其分为研究型、专业型、职业型三类，参见潘懋元、覃红霞：《高考：从选拔性考试到适应性考试》，《湖北招生考试》2003 年第 12 期，第 22 页。

录被划分为 11 个大类、71 个二级类、249 种专业①。根据 2002 年招生情况（见附录二），除招生数最少的哲学、历史学 2 个大类各选取 1 个专业外，其他 9 个大类各选取 2 个专业；对于 1993 年、1984 年仅招生数量最大的工学、文学、理学、管理学 4 个大类②仍选择原来的 2 个专业，其余 7 个大类均保留其中的 1 个专业（见表 2-1-1 和表 2-1-2）。

表 2-1-1　研究型院校（A 校）所选专业一览表

专业代码	专业名称	专业代码	专业名称
010101*	哲学	060101*	历史学
020101	经济学	070101	数学与应用数学
020102	国际经济与贸易	070301	化学
030101*	法学	080301	机械设计制造及其自动化
030302	社会工作	080605*	计算机科学与技术
050101	汉语言文学	110201*	工商管理
050201*	英语	110203*	会计学

注：带 * 的表示对于 1993 级、1984 级选择的专业，表 2-1-2、表 2-1-3 同。

表 2-1-2　应用型院校（B，C，D，E 校）所选专业一览表

	专业代码	专业名称		专业代码	专业名称
B 校	020101	经济学	C 校	040101*	教育学
	020102	国际经济与贸易		040104	教育技术学
	030101	法学		050101	汉语言文学
	070101	数学与应用数学		050201*	英语
	070301	化学		060101	历史学
	080301*	机械设计制造及其自动化	D 校	090101	农学
	080605*	计算机科学与技术		090102	园艺
	110201	工商管理	E 校	100301*	临床医学
	110203	会计学		100701	护理学

目前无法获得高职高专类院校各专业在全国范围内具体的布点情况，因此，选择 F 和 G 两校中开设时间较长、实力较强、学生数较多的专业（见表 2-1-3）。对比本科专业目录，这些专业分属于工学、文学、理学、管理学四大学科门类，也是 2002 年专科招生数最多的四个门类（见附录二）。

---

① 中华人民共和国教育部高等教育司：《中国普通高等学校本科专业设置大全》（2003 年），高等教育出版社，2003 年，前言。
② 仍依据 2002 年的招生情况。

表 2-1-3　实用型院校（F，G 校）所选专业一览表

	专业代码	专业名称		专业代码	专业名称
F 校	070001*	数学教育	G 校	080001*	房屋建筑工程
	080004	计算机应用		080002*	计算机辅助机械设计
	050003*	汉语言文学教育		080003	计算机应用与维护
	050004*	英语教育		050001*	秘书
				050002*	英语
				110001	市场策划
				110002*	企业管理

注：专业代码是笔者为方便行文并根据本科专业目录专业代码编排的。

对于 2002 级共选择 43 个专业，覆盖 11 个大类，16 个二级类，其中 25 个专业（即带 * 的专业）与 1993 级和 1984 级相同，由于 1993 级 C 校无教育学专业，1984 级 A 校无工商管理专业，实际上 1993 级和 1984 级分别有 24 个专业。对于 1993 级、1984 级选择的专业在名称上与 2002 级略有不同，具体对应情况见附录三。

4. 课程与学生的选择

（1）课程的选择

在必修考试课程的范围内，剔除体育课程①、非英语专业第四学期的英语课程②、以等级分数表达成绩的课程③和实验课程、技能课程、实习课程④。

（2）学生的选择

本研究采用的是整群抽样⑤，只是在所选择的上述专业的全体学生中，剔除高考非英语语种的学生、学业成绩不全的学生（包括留级、转专业、退学的学生），剔除保送生，剔除高考成绩用标准分表示的学生、没有记录各

---

① 因为其与高考性质的明显差异不宜作为效标，且身体有障碍学生与其他学生的成绩缺乏可比性，部分院校相关年份的体育成绩使用等级分数。

② 有的学校、有的专业记录的是国家英语四级成绩，有的学校、有的专业记录的是第四学期学校的英语四级成绩，有的学校、有的专业将两个成绩均记录。

③ 只有少数专业的少数课程如此；D 校 1993 级、1984 级专业因为所有课程均为等级分数，故例外。

④ 与高考性质有明显差异，多为等级分数表达，且评分主观性较大。

⑤ 整群抽样的优点在于实施便利、易于组织、省时省力，因而它适合于大规模的调查研究。一般要求各群体之间的变异较小，而每一个群体内个体的变异较大，此时，每一个群体就可以看作总体的一个缩影。参见胡咏梅：《教育统计学与 SPSS 软件应用》，北京师范大学出版社，2002 年，第 58 页。

科目高考成绩的学生、与 X 省高考科目不同的省区的学生，最后，高考总分未在正负三个标准差之内（以专业为单位）的学生（仅有少量）作为坏值剔除，即获得有效样本。

5. 样本总量与样本分布

在七所高等院校中共选取有效样本的样本容量为 5 780。按年份划分，2002 级为 2 954，1993 级为 1 352，1984 级为 1 474；按学校类型划分，研究型院校为 1 778，应用型院校为 2 692，实用型院校为 1 310；按科类划分，理工类为 3 245，文史类为 2 535（具体见附录四）。

（二）数据处理过程

第一步：分年份、院校、专业，录入有效样本：各必修考试课程的课程成绩、课程学分①、课程性质②与所开设的学期。

第二步：对于补考或缓考通过的课程成绩均记为 60 分③。

第三步：以专业为单位，每门课程成绩进行标准化，标准化成绩分别乘以相应的学分④，获得各课程的加权分数。按学年、公共课、专业课、英语课程⑤、数学类课程把相应课程的加权分数进行相加，获得相应专业的各学年成绩、公共课成绩、专业课成绩、英语课程成绩、数学类课程成绩，公共课成绩与专业课成绩之和即为学业总成绩（也可以说是各学年成绩之和）。

第四步：应用 SPSS 软件求取高考的效标关联效度。样本容量大于 30 的专业，其效度系数使用皮尔逊积差相关法获得⑥；样本容量小于 30 的专业，其效度系数则使用斯皮尔曼等级相关法获得。

---

① 若无学分则以学时代替。

② 只作公共课与专业课的区分。

③ 因为不同年份、院校、专业对于不及格课程的成绩分为三种情况记录：正常考试成绩与各次补考成绩全部如实记录，如实记录补考分数并注明是补考，凡补考通过者均记为 60 分。

④ 若无学分则以学时代替。

⑤ 非英语专业的前三个学期英语课程的成绩。

⑥ 使用皮尔逊积差相关法要求两变量所属总体为正态分布或接近正态分布的单峰分布。一般情况下，因为影响学生成绩的诸因素（基础、学风、勤奋、心理、猜题等）全具备或完全不具备的学生人数少，而部分具备的人数多，故标准的考生成绩应呈正态分布。高考作为标准化程度很高的大规模的考试，其考生成绩在分布上满足使用皮尔逊积差相关法的条件。参见谷振宇：《基于模糊关联规则的高考数据分析》，清华大学硕士学位论文，2004 年，第 14 页。

在纯理论研究中，即使相关系数很小，如果通过显著性水平检验，则说明两变量之间的关系是显著相关的[1]。检验显著性水平的 α 值取 0.01，0.05 还是 0.10，取决于研究本身所要求的置信度（精度）[2]，并没有明确的规定，不过 α 值一般不高于 0.10。若通过上述显著性水平检验，分别代表两变量显著相关的可信度是 99%，95%，90%。按此标准可把各相关系数进行如下分类：若效度系数通过 0.01，0.05，0.10 显著性水平检验且为正值，分别记为 A，B，C，为负值则分别记为 A′，B′，C′；若效度系数没有通过显著性水平检验，非负值记为 D，负值记为 D′。

二、效标选择

一个测验可能会有不同的效标，因此，必须注意效标的选择[3]。测算效标关联效度首要的问题是确定合适的效标。目前，进行高考效标关联效度的测算大多选取第一学年的学业成绩作为效标，对其合理性好像还缺少必要的研究。有学者认为，由于我国大学一年级的课程多为公共课和基础课，不能很好地表示出专业的特点，因此，第一年的学习成绩不足以作为选拔人才准确有效的效标。若改用高年级的学习成绩或大学各年级学习的平均成绩作为效标，可能会使分析更有意义[4]。由于效标选择的重要性，笔者认为有必要结合实证材料进行更为深入的探讨。

（一）第一学年学业成绩作为效标的合理性分析

1. 实证材料

选取第一学年的学业成绩作为效标可能基于一种考虑：高考要选择适合高校学习的学生，大学学业成绩可以适当反映这一要求，然而，随着时间的推移，学生的心理结构会发生变化[5]，因此，选取大学第一学年的学业成绩

---

[1] 米子川：《统计软件方法》，中国统计出版社，2002 年，第 128 页。
[2] 钱雪亚：《关注另一类统计误差——实证分析中的若干偏误现象》，《统计研究》2005 年第 3 期，第 61 页。
[3] 张敏强：《教育测量学》，人民教育出版社，1998 年，第 122 页。
[4] 北京师范大学心理系高考研究组：《改革高考，更加准确有效地选拔人才》，《教育研究》1985 年第 6 期，第 57 页。
[5] 雷新勇：《大规模教育考试：命题与评价》，华东师范大学出版社，2006 年，第 302 页。

作为效标则兼顾了上述两个因素。与此种考虑密切相关的一个潜在命题是，随着时间的推移，各学年学业成绩与高考分数之间的相关系数即效度系数是依次减小的。所以，探讨第一学年学业成绩作为效标的合理性有必要寻找相关材料予以验证，验证第一学年学业成绩为效标时的效度系数是否普遍高于其他学年学业成绩为效标时的效度系数。

鉴于第四学年的课程较少（必修的考试课程更少甚至没有）而前三学年的考试课程（必修）分布相对均衡，并且专科的学制一般为三年，因此，仅比较前三个学年的学业成绩分别作为效标时高考的效度系数。三个效度系数按学年顺序排列，共有甲、乙、丙、丁、戊、己六种类型（效度系数最大用"1"表示，最小用"3"表示，处于中间用"2"表示；按年级顺序依次排列有123、132、213、231、312、321六种类型，依次以甲、乙、丙、丁、戊、己表示）。2002级、1993级、1984级各专业属于不同类型的具体情况分别见表2-1-4、表2-1-5、表2-1-6。

表2-1-4　2002级各专业前三个学年效度系数排列类型表① （单位：个）

		甲	乙	丙	丁	戊	己	专业数
总　计	理工	10	2	5	0	1	0	18
	文史	3	0	3	1	2	2	11
	兼理	2.5	0.5	0.5	0.5	1.5	1.5	7
	兼文	1	0.5	2.5	2	0.5	0.5	7
研究型	理工	3	0	1	0	0	0	4
	文史	1	0	0	0	1	1	3
	兼理	1.5	0.5	0	0	1	0.5	3.5
	兼文	1	0.5	1	0.5	0.5	0	3.5
应用型	理工	6	0	2	0	1	0	9
	文史	1	0	2	0	1	0	4
	兼理	1	0	0.5	0	0.5	0.5	2.5
	兼文	0	0	1.5	0.5	0	0.5	2.5
实用型	理工	1	2	2	0	0	0	5
	文史	1	0	1	1	0	1	4
	兼理	0	0	0	0.5	0	0.5	1
	兼文	0	0	0	1	0	0	1

① 将文理兼招的专业理工类考生和文史类考生分开测算，专业数各记为0.5，下同。

表 2-1-5　1993 级各专业前三个学年效度系数排列类型表① （单位：个）

		甲	乙	丙	丁	戊	己	专业数
总　计	理工	3	2	1	1	1	1	9
	文史	4	0	2	2	0	0	8
	兼理	0.5	0.5	0.5	0.5	0	0	2
	兼文	0.5	0	1	0.5	0	0	2
研究型	理工	1	1	0	0	0	1	3
	文史	1	0	2	2	0	0	5
	兼理	0.5	0.5	0.5	0	0	0	1.5
	兼文	0.5	0	1	0	0	0	1.5
应用型	理工	1	1	0	1	1	0	4
	文史	1	0	0	0	0	0	1
实用型	理工	1	0	1	0	0	0	2
	文史	2	0	0	0	0	0	2
	兼理	0	0	0	0.5	0	0	0.5
	兼文	0	0	0	0.5	0	0	0.5

表 2-1-6　1984 级各专业前三个学年效度系数排列类型表② （单位：个）

		甲	乙	丙	丁	戊	己	专业数
总　计	理工	5	1	1	1	2	0	10
	文史	2	2	3	1	0	3	11
	兼理	0	0.5	0	0	0	0	0.5
	兼文	0	0	0	0	0.5	0	0.5
研究型	理工	1	0	0	0	2	0	3
	文史	1	2	3	0	0	1	7
应用型	理工	2	1	1	0	0	0	4
	文史	0	0	0	1	0	1	2
实用型	理工	2	0	0	1	0	0	3
	文史	1	0	0	0	0	0	2
	兼理	0	0.5	0	0	0	0	0.5
	兼文	0	0	0	0	0.5	0	0.5

---

①　1993 级实用型院校 1 个理工类专业、2 个文史类专业为两年制，理工类专业第一学年学业成绩为效标时的效度系数高，文史类专业第二学年学业成绩为效标时的效度系数高。

②　1984 级实用型院校 2 个文史类专业为两年制，一个专业第一学年学业成绩为效标时的效度系数高，一个专业第二学年学业成绩为效标时的效度系数高。

2. 实证材料特征描述

（1）总体特征

①理论上可能出现的六种类型在三个年份悉数出现。

②效度系数随时间推移依次减小的专业[①]所占比例平均为36.81%，是六种类型中比例最高的一类，但也仅仅略高于1/3，并且三个年份之间的波动很小，具体见图2-1-1。

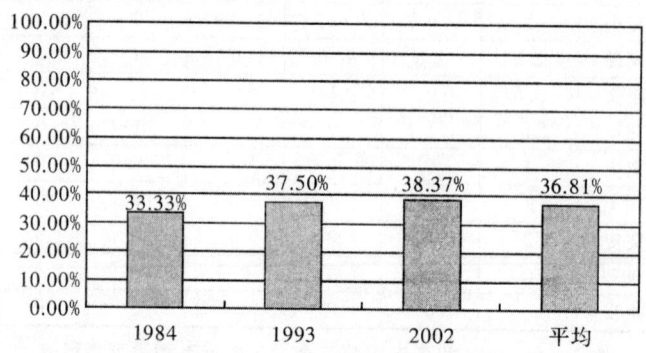

图2-1-1　各学年效度系数随时间推移依次减小的专业所占比例图

③第一学年学业成绩为效标时效度系数最大的专业数[②]所占的比例平均为46.70%，第二学年学业成绩为效标时效度系数最大的专业数[③]所占的比例平均为33.52%，第三学年学业成绩为效标时效度系数最大的专业数[④]所占的比例平均为19.78%，三个年份之间的波动也不大，具体见图2-1-2。

（2）按院校类型划分

①仅有实用型院校没有出现戊类型的专业。

②效度系数随时间推移依次减小的专业所占比例，研究型院校为32.86%，应用型院校为41.38%，实用型院校为37.04%，不同类型院校之间的差别不大，见图2-1-3。但是，若再加入年份变量，则差异明显变大，见图2-1-4。

---

① 即甲类型专业和第一学年学业成绩为效标时效度系数大的两年制专业，在下面第（2）、（3）部分描述时与此相同。

② 包括甲、乙类型专业和第一学年学业成绩为效标时效度系数大的两年制专业。

③ 包括丙、戊类型专业和第二学年学业成绩为效标时效度系数大的两年制专业。

④ 包括丁和己两种类型。

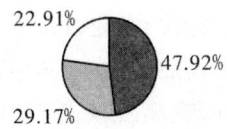

图 2-1-2a 各学年效度系数最高专业比例图（1984）

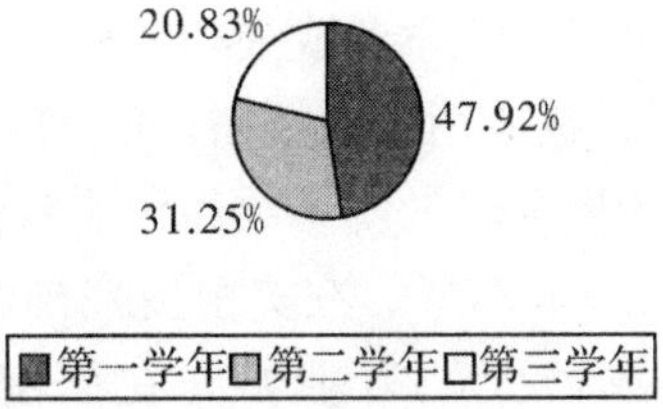

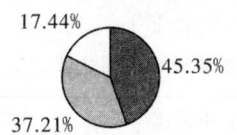

图 2-1-2c 各学年效度系数最高专业比例图（2002）

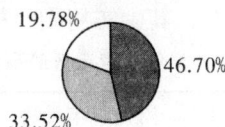

图 2-1-2b 各学年效度系数最高专业比例图（1993）

图 2-1-2d 各学年效度系数最高专业比例图（平均）

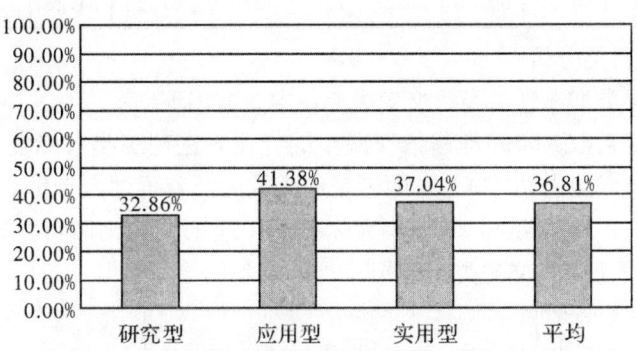

图 2-1-3 各学年效度系数依次减小的专业所占比例图

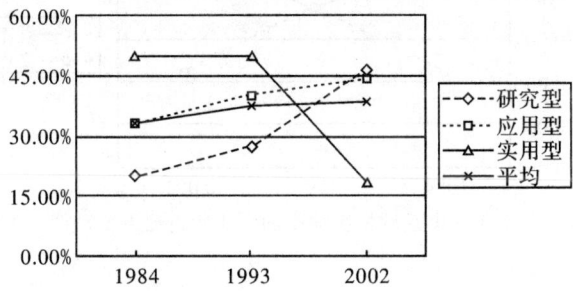

图 2-1-4 各学年效度系数依次减小的专业所占比例变动图（不同院校类型）

③第一学年学业成绩为效标时效度系数最大的专业数,在研究型院校占45.72%,在应用型院校占48.27%,在实用型院校占46.30%;第二学年学业成绩为效标时效度系数最大的专业数,在研究型院校占37.14%,在应用型院校占36.21%,在实用型院校占25.92%;第三学年学业成绩为效标时效度系数最大的专业数,在研究型院校占17.14%,在应用型院校占15.52%,在实用型院校占27.78%。研究型院校与应用型院校呈现出基本相同的特点,而实用型院校则存在较大的不同。若再加入年份变量,则差异同样明显增大,其中实用型院校更为明显,见表2-1-7。

表2-1-7　各学年效度系数最高专业所占比例变动表(不同院校类型)　　(%)

	第一学年最高			第二学年最高			第三学年最高		
	1984	1993	2002	1984	1993	2002	1984	1993	2002
研究型院校	40.00	40.91	53.57	50.00	31.82	32.14	10.00	27.27	14.29
应用型院校	50.00	60.00	44.44	16.67	20.00	47.23	33.33	20.00	8.33
实用型院校	56.25	50.00	36.36	12.50	37.50	27.28	31.25	12.50	36.36

(3)按科类分析①

①六种类型在理工类、文史类专业中悉数出现。

②效度系数随时间推移依次减小的专业,在理工类各专业占46.32%,在文史类各专业占26.44%,两者差别比较大。若再加入年份变量,则体现了一种特征:1984年与2002年大体相同,理工类的比例明显高于文史类;而1993年理工类与文史类比例相同,见图2-1-5。

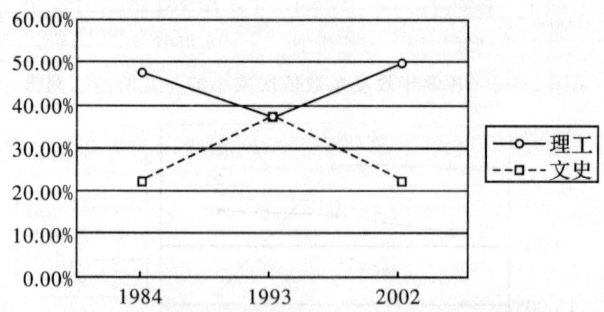

图2-1-5　各学年效度系数依次减小的专业所占比例变动图(不同科类)

---

① 将文理兼招专业分别归入理工类专业和文史类专业处理。

③第一学年学业成绩为效标时效度系数最大的专业数,在理工类各专业占60.00%,在文史类各专业占32.18%;第二学年学业成绩为效标时效度系数最大的专业数,在理工类各专业占28.42%,在文史类各专业占39.08%;第三学年学业成绩为效标时效度系数最大的专业数,在理工类各专业占11.58%,在文史类各专业占28.74%,两者的区别依然非常明显。若再加入年份变量,则1993年与另外两个年份有着不同的特点,见表2-1-8。

表2-1-8　各学年效度系数最高专业所占比例变动表（不同科类）　　　（%）

	第一学年最高			第二学年最高			第三学年最高		
	1984	1993	2002	1984	1993	2002	1984	1993	2002
理工类专业	61.91	58.34	60.00	28.57	20.83	32.00	9.52	20.83	8.00
文史类专业	37.04	37.50	25.00	29.63	41.67	44.44	33.33	20.83	30.56

3. 结论

随着时间的推移,各学年学业成绩与高考分数之间的相关系数依次减小的专业比例略高于1/3。不同年份、不同类型院校之间差别不大;不同科类之间有明显差异,理工类专业接近1/2,而文史类专业略高于1/4。若将上述三个因素结合起来考虑,就会发现不同专业之间的差异明显变大,在实用型院校的各专业表现则更为明显。分别以三个学年的学业成绩测算的三个效度系数的大小关系,在各专业之间也有较大的差异,这种差异在理工类专业与文史类专业之间尤为明显,第一学年学业成绩为效标时效度系数最高的专业,理工类占3/5,文史类仅接近1/3。原有的假设过分夸大了其他因素对大学生学业成绩变异的影响,事实上,大学生作为成年人,其心理结构已具有相当程度的稳定性。因此,无法得出"随着时间的推移,各学年学业成绩与高考分数之间的相关系数依次减小"的结论。

比较而言,若使用大学学业总成绩作为效标则更为全面、稳定,因而也更为科学。当然上述资料也表明,以第一学年学业成绩为效标比以其他学年的学业成绩为效标更具合理性。与大学学业总成绩相比,第一学年学业成绩的收集更为便利。但是研究的基础不能仅仅考虑到便利而过分忽视其理论基础和实践中的合理程度。总体而言,选择大学学业总成绩作为效标更为科学,而选择第一学年学业成绩作为效标更为便利。但是,我们还需要运用实证资料来对比两者分别作为效标时效度系数之间有无区别,区别在哪里,区别究竟有多大,才能最终证明选择大学学业总成绩作为效标的合理性。

（二）第一学年学业成绩与学业总成绩分别作为效标的对比研究

1. 通过显著性检验的数量的比较

2002级、1993级、1984级两种效标测算的效度系数通过显著性检验的对比如表2-1-9、表2-1-10、表2-1-11所示。

表2-1-9　2002级通过显著性检验情况对照表① （单位：个）

		第一学年成绩		学业总成绩		专业总数	
总　计	理工	10	19	10	20	18	43
	文史	4		5		11	
	兼理	2		1.5		7	
	兼文	3		3.5		7	
研究型	理工	3	7	3	6.5	4	14
	文史	1		1		3	
	兼理	1.5		0.5		3.5	
	兼文	1.5		2		3.5	
应用型	理工	6	8.5	6	9	9	18
	文史	2		2		4	
	兼理	0		0.5		2.5	
	兼文	0.5		0.5		2.5	
实用型	理工		3.5		4.5	5	11
	文史	1		2		4	
	兼理	0.5		0.5		1	
	兼文	1		1		1	

表2-1-10　1993级通过显著性检验情况对照表② （单位：个）

		第一学年成绩		学业总成绩		专业总数	
总　计	理工	5	7.5	5	9	10	24
	文史	1		2		10	
	兼理	0.5		0.5		2	
	兼文	1		1.5		2	

---

① 表中的显著相关的统计数字指正的显著相关（实际上，仅有以第一学年学业成绩为效标时，研究型院校的070101专业是0.10水平的负显著相关），下表同。

② 实用型院校的070001专业、110002专业理工类，以学业总成绩为效标时的效度系数为负显著相关，没有计算在内。

续表

		第一学年成绩		学业总成绩		专业总数	
研究型	理工	2	4.5	2	6	3	11
	文史	1		2		5	
	兼理	0.5		0.5		1.5	
	兼文	1		1.5		1.5	
应用型	理工	1	1	1	1	4	5
	文史	0		0		1	
实用型	理工	2	2	2	2	3	8
	文史	0		0		4	
	兼理	0		0		0.5	
	兼文	0		0		0.5	

表 2-1-11 1984 级通过显著性检验情况对照表　　　　（单位：个）

		第一学年成绩		学业总成绩		专业总数	
总　计	理工	6	15	5	12	10	24
	文史	9		7		13	
	兼理	0		0		0.5	
	兼文	0		0		0.5	
研究型	理工	2	9	2	9	3	10
	文史	7		7		7	
应用型	理工	3	3	2	2	4	6
	文史	0		0		2	
实用型	理工	1	3	1	1	3	8
	文史	2		0		4	
	兼理	0		0		0.5	
	兼文	0		0		0.5	

从表 2-1-9、表 2-1-10、表 2-1-11 中可以发现，两种效标度量高考的效标关联效度，其效度系数通过显著性检验的专业总数区别不大。

2. 通过显著性检验专业的分布比较与效度系数的大小比较

虽然两者通过显著性检验的专业总数区别不大，但这只是一个总体的判断。如果实施更进一步的考察，哪些专业的两个效度系数均通过显著性检验？哪些专业的两个效度系数均没有通过显著性检验？哪些专业只有一个效度系数通过显著性检验？用不同的效标度量高考，哪种效标的效度系数高，哪种效标的效度系数低？具体到不同类型高校、不同科类的专业其区别又如何呢？

(1) 实证材料

2002 级、1993 级、1984 级两种效标测算效标关联效度时其效度系数的对比如表 2-1-12、表 2-1-13、表 2-1-14 所示。其中"子"代表学业总成绩为效标时效度系数大的专业数,"丑"代表第一学年学业成绩为效标时效度系数大的专业数,"寅"代表学业总成绩为效标时效度系数通过显著性检验而第一学年学业成绩为效标时效度系数未通过显著性检验的专业数,"卯"代表第一学年学业成绩为效标时效度系数通过显著性检验而学业总成绩为效标时效度系数未通过显著性检验的专业数。

表 2-1-12 2002 级效度系数对照表①　　　　　　　　　　(单位:个)

		子		丑		寅		卯		专业总数	
总　计	理工*	6	21	12	22	1	4	1	3	18	43
	文史	7		4		2		1		11	
	兼理	3.5		3.5		0.5		1		7	
	兼文	4.5		2.5		0.5		0		7	
研究型	理工*	1	6	3	8	0	1.5	0	2	4	14
	文史	2		1		1		1		3	
	兼理	1.5		2		0		1		3.5	
	兼文	1.5		2		0.5		0		3.5	
应用型	理工	3	9	6	9	0	0.5	0	0	9	18
	文史	3		1		0		0		4	
	兼理	1		1.5		0.5		0		2.5	
	兼文	2		0.5		0		0		2.5	
实用型	理工	2	6	3	5	1	2	1	1	5	11
	文史	2		2		1		0		4	
	兼理	1		0		0		0		1	
	兼文	1		0		0		0		1	

---

① 研究型院校的 070101 专业,以第一学年学业成绩为效标时效度系数为负值但不显著,以学业总成绩为效标时为负显著相关,未计算在内。

表 2-1-13　1993 级效度系数对照表① （单位：个）

		子		丑		寅		卯		专业总数
总　计	理工*	4	9	6	15	0	1.5	0	0	10	24
	文史	4		6		1		0		10	
	兼理	0		2		0		0		2	
	兼文	1		1		0.5		0		2	
研究型	理工*	0	2	3	9	0	1.5	0	0	3	11
	文史	1		4		1		0		5	
	兼理	0		1.5		0		0		1.5	
	兼文	1		0.5		0.5		0		1.5	
应用型	理工	3	4	1	1	0	0	0	0	4	5
	文史	1		0		0		0		1	
实用型	理工	1	3	2	5	0	0	0	0	3	8
	文史	2		2		0		0		4	
	兼理	0		0.5		0		0		0.5	
	兼文	0		0.5		0		0		0.5	

表 2-1-14　1984 级效度系数对照表 （单位：个）

		子		丑		寅		卯		专业总数
总　计	理工*	3	11.5	7	12.5	0	0	1	3	10	24
	文史	8		5		0		2		13	
	兼理	0		0.5		0		0		0.5	
	兼文	0.5		0		0		0		0.5	
研究型	理工	2	6	1	4	0	0	0	0	3	10
	文史	4		3		0		0		7	
应用型	理工	0	2	4	4	0	0	0	1	4	6
	文史	2		0		0		1		2	
实用型	理工	1	3.5	2	4.5	0	0	0	2	3	8
	文史	2		2		0		2		4	
	兼理	0		0.5		0		0		0.5	
	兼文	0.5		0		0		0		0.5	

(2) 数据特征

①有 12.64％（11.5/91）的专业只有一个效度系数通过显著性检验，

---

① 实用型院校的 070001 专业、110002 专业理工类，学业总成绩为效标时的效度系数为负显著相关，没有计算在内。

即这些专业的效度系数是否通过显著性检验受效标选择的影响；两个效度系数均通过显著性检验的专业仅占39.01%（35.5/91）；至少一个效度系数通过显著性检验的专业占51.65%（47/91）。

②45.60%的专业以学业总成绩为效标时效度系数大，而54.40%的专业以第一学年学业成绩为效标时效度系数大；不同年份均呈现出以第一学年学业成绩为效标时效度系数大的专业略多的特征。

③理工类34.74%的专业以学业总成绩为效标时效度系数大，65.26%的专业以第一学年学业成绩为效标时效度系数大；文史类57.47%的专业以学业总成绩为效标时效度系数大，42.53%的专业以第一学年学业成绩为效标时效度系数大。

④依据①得出：在判断某专业的效度系数是否通过显著性检验时，所有专业中约1/8的专业因效标选择的不同而出现不同的结果，这一比例不能算低。

⑤依据②得出：在实践中很难判断使用第一学年学业成绩作为效标测得的效度系数是高估还是低估了以学业总成绩为效标测得的效度系数。

⑥依据③得出：使用第一学年学业成绩测算的效度系数很难在理工与文史类专业之间进行比较。

3. 结论

从统计的角度分析，两种效标在测算效标关联效度时在总体上没有明显的区别，然而对不同科类的专业而言差异还是较大的；从教育的角度分析，选取学业总成绩比选取第一学年学业成绩作为效标是更为科学的。实践中一个必须考虑的事实是，不同专业在第一学年的课程比重与构成有差别，有的专业在第一学年课程少，有的专业在第一学年课程多（见附录五），更为重要的是有的专业在第一学年公共课多，有的专业在第一学年专业课多，有的专业两者相当（见附录六）；此外，同一专业在不同年份第一学年的公共课与专业课的比例变化也很大，并且不同类型院校呈现的特征又不尽相同（见附录五和附录六）。那么，选取学业总成绩作为效标可以使效度系数进行专业间的横向比较、同一专业不同时期（年份）的纵向比较更为科学合理。

以学业总成绩作为效标来测算高考的效标关联效度是对高考进行总体评价的一个基本方法。然而若要对高考进行深入的评价，有时也需要借助于其他的效标来度量，因为选取效标的依据是测验的用途和评价的角度，例如高等教育作为一种专业教育，以专业课学业成绩为效标测算效度系数具有独特的实践意义。本研究在不强调纵向比较与专业间的横向比较时，若有必要也选取专业课成绩作为效标。此外，以大学英语成绩和大学数学类课程成绩作为效标可以具体评价高考英语和高考数学的效度情况。

第二节 以大学学业总成绩为效标度量高考的效度

本节以大学学业总成绩为效标来测算高考（总分）的效标关联效度，以通过显著性检验的状况为标准来评价高考的效度，这只是一种纯理论的探讨。

一、2002年高考的效度分析

在列举2002年各类型院校各专业效度系数的基础上，对各效度系数所属等级进行归类并计算出每个等级所占百分比，整理成表格，最后梳理出数据特征。

（一）各类型院校效度系数

1. 研究型院校

表2-2-1 2002年研究型院校各专业效度系数表

专业	效度系数	专业	效度系数	专业	效度系数
030302	0.228/0.285	010101 理	-0.059/0.881	010101 文	0.267/0.337
050101	0.025/0.871	020101 理	0.047/0.795	020101 文	0.033/0.839
060101	0.365/0.079	020102 理	0.327*/0.022	020102 文	0.071/0.666
070101	-0.309/0.152	030101 理	0.238/0.135	030101 文	0.486**/0.000
070301	0.255*/0.024	050201 理	0.079/0.829	050201 文	0.384/0.070
080301	0.428*/0.013	110201 理	0.285/0.268	110201 文	0.375/0.078
080605	0.327**/0.001	110203 理	0.191/0.150	110203 文	0.341*/0.029

通过显著性检验的专业有6.5个，其中0.01水平1.5个，0.05水平3个，0.10水平2个，共占专业总数的46.43%（6.5/14）。

理工类通过显著性检验的专业有3个，占75.00%；文史类通过显著性检验的专业有1个，占33.33%；文理兼招类通过显著性检验的专业有2.5个，占35.71%。理工类专业通过显著性检验的比例远高于另外两个类别的专业。

2. 应用型院校

表 2-2-2 2002 年应用型院校各专业效度系数表

专业	效度系数	专业	效度系数	专业	效度系数
070101	0.357*/0.024	040104	0.434**/0.005	050101	0.237**/0.002
070301	0.132/0.411	040101	−0.062/0.700	050201	0.528**/0.000
080301	0.207*/0.028	060101	0.124/0.317	—	—
080605	0.415**/0.000	020101 理	−0.217/0.373	020101 文	−0.214/0.610
090101	−0.084/0.502	020102 理	−0.001/0.997	020102 文	0.075/0.567
090102	0.205*/0.039	030101 理	0.350/0.169	030101 文	0.320*/0.013
100301	0.110/0.070	110201 理	0.393/0.087	110201 文	−0.002/0.992
100701	0.026/0.854	110203 理	0.222/0.188	110203 文	0.113/0.512

通过显著性检验的专业有 9 个，其中 0.01 水平 4 个，0.05 水平 3.5 个，0.10 水平 1.5 个，共占专业总数的 50.00%（9/18）。

理工类通过显著性检验的专业有 6 个，占 66.67%；文史类通过显著性检验的专业有 2 个，占 50.00%；文理兼招类通过显著性检验的专业有 1 个，占 20.00%。文理兼招专业通过显著性检验的比例较低。

3. 实用型院校

表 2-2-3 2002 年实用型院校各专业效度系数表

专业	效度系数	专业	效度系数	专业	效度系数
080001	0.225/0.137	050001	0.145/0.332	050003	0.279/0.070
080002	0.258/0.083	110001	0.305/0.053	050004	0.229/0.167
080003	0.012/0.939	050002 理	0.176/0.547	050002 文	0.601**/0.000
070001	0.125/0.408	110002 理	0.408/0.054	110002 文	0.218/0.065
080004	0.261/0.119	—	—	—	—

通过显著性检验的专业有 4.5 个，其中 0.01 水平 0.5 个，0.05 水平 0 个，0.10 水平 4 个，共占专业总数的 40.91%（4.5/11）。

理工类通过显著性检验的专业有 1 个，占 20.00%；文史类通过显著性检验的专业有 2 个，占 50.00%；文理兼招类通过显著性检验的专业有 1.5 个，占 75.00%。文理兼招专业通过显著性检验的比例较高。

（二）各类型院校效度系数分等级汇总

表 2-2-4 2002 年各类型院校效度系数所属等级汇总表① （单位：个）

		A	B	C	D	D′	专业总数
总　计	理工	3	5	2	6	2	18
	文史	2	0	3	5	1	11
	兼理	0	0.5	1	4	1.5	7
	兼文	1	1	1.5	2.5	1	7
研究型	理工	1	2	0	0	1	4
	文史	0	0	1	2	0	3
	兼理	0	0.5	0	2.5	0.5	3.5
	兼文	0.5	0.5	1	1.5	0	3.5
应用型	理工	2	3	1	2	1	9
	文史	2	0	0	1	1	4
	兼理	0	0	0.5	1	1	2.5
	兼文	0	0.5	0	1	1	2.5
实用型	理工	0	0	1	4	0	5
	文史	0	0	2	2	0	4
	兼理	0	0	0.5	0.5	0	1
	兼文	0.5	0	0.5	0	0	1

表 2-2-5 2002 年各类型院校效度系数各等级所占比例状况表 （%）

		A	B	C	D	D′	专业总数
总　计	理工	16.67	27.78	11.11	33.33	11.11	18
	文史	18.18	0	27.28	45.46	18.18	11
	兼理	0	7.14	14.29	57.14	21.43	7
	兼文	14.29	14.29	21.43	35.70	14.29	7
研究型	理工	25.00	50.00	0	0	25.00	4
	文史	0	0	33.33	66.67	0	3
	兼理	0	14.29	0	71.42	14.29	3.5
	兼文	14.29	14.29	28.57	42.85	0	3.5

---

① A，B，C 分别代表效度系数为正值且分别通过 0.01，0.05，0.10 水平显著性检验的专业数，D 代表未通过显著性检验但效度系数为非负值的专业数，D′代表未通过显著性检验但效度系数为负值的专业数，下表同。

续表

		A	B	C	D	D'	专业总数
应用型	理工	22.22	33.34	11.11	22.22	11.11	9
	文史	50.00	0	0	25.00	25.00	4
	兼理	0	0	20.00	40.00	40.00	2.5
	兼文	0	20.00	0	40.00	40.00	2.5
实用型	理工	0	0	20.00	80.00	0	5
	文史	0	0	50.00	50.00	0	4
	兼理	0	0	50.00	50.00	0	1
	兼文	50.00	0	50.00	0	0	1

（三）数据特征

三种类型院校43个专业，通过显著性检验的专业有20个，其中0.01水平6个，0.05水平6.5个，0.10水平7.5个，占专业总数的46.51%（20/43），研究型院校、应用型院校、实用型院校依次为46.43%，50.00%，40.91%。

深入分析其显著性水平，研究型院校、应用型院校、实用型院校在0.01，0.05，0.10水平上的比例分别为：23.08%，46.15%，30.77%；44.44%，38.89%，16.67%；11.11%，0，88.89%。应用型院校0.01水平显著比例更高，实用型院校0.10水平显著比例更高，而研究型院校则0.05水平显著比例更高。

理工类、文史类、文理兼招类通过显著性检验的专业在各自专业总数中所占比例分别为55.56%，45.45%，35.71%，依次明显降低；具体到院校类型，本科院校和高职高专院校的理工类、文史类、文理兼招类专业状况分别为69.23%，42.86%，29.17%和20.00%，50.00%，75.00%，体现了相反的变化趋势。

依据前两条结论，应用型院校通过显著性检验的比例最高，只是与另外两类院校之间的差异并不明显；然而深入到显著性水平的差别，0.01显著水平应用型院校通过的比例则分别是研究型院校、实用型院校的（约）2倍、4倍，差异明显。因此，2002年高考为应用型院校选才的有效性最好且较为明显。同理，为本科院校选才的有效性也明显好于高职高专类院校。

二、1993 年高考的效度分析

在列举 1993 年各类型院校各专业效度系数的基础上，对各效度系数所属等级进行归类并计算出每个等级所占百分比，整理成表格，最后梳理出数据特征。

（一）各类型院校效度系数

1. 研究型院校

表 2-2-6　1993 年研究型院校各专业效度系数表①

专业	效度系数	专业	效度系数	专业	效度系数
010101	−0.310/0.456	070101	−0.015/—	070301	0.297*/0.016
030101	0.169/0.304	080605	0.373*/0.039	—	—
050101	0.332/0.055	020102 理	0.615**/0.000	020102 文	0.743**/0.000
050201	0.345*/0.018	110201 理	0.172/0.412	110201 文	0.441/0.052
060101	−0.199/0.460	110203 理	0.349/0.185	110203 文	0.406/0.061

通过显著性检验的专业有 6 个，其中 0.01 水平 1 个，0.05 水平 3 个，0.10 水平 2 个，共占专业总数的 54.55%（6/11）。

理工类通过显著性检验的专业有 2 个，占 66.67%；文史类通过显著性检验的专业有 2 个，占 40.00%；文理兼招类通过显著性检验的专业有 2 个，占 66.67%。文史类专业通过显著性检验的比例远低于另外两个类别的专业。

2. 应用型院校

表 2-2-7　1993 年应用型院校各专业效度系数表

专业	效度系数	专业	效度系数	专业	效度系数
080301	0.010/0.936	080605	0.116/0.581	090101	0.039/0.831
100301	0.525**/0.000	050201	0.215/0.137		

通过显著性检验的专业有 1 个，为 0.01 水平显著，共占专业总数的 20.00%（1/5）。

理工类通过显著性检验的专业有 1 个，占 25.00%。

---

① 070101 数学（10 人）：−0.189/0.601；应用数学（15 人）：0.088/0.756；合成系数：−0.015/—；合成系数无 P 值。

3. 实用型院校

表 2-2-8 1993年实用型院校各专业效度系数表

专 业	效度系数	专 业	效度系数	专 业	效度系数
080001	0.283/0.094	050001	0.209/0.195	050003	0.108/0.266
080002	0.342*/0.033	050002	0.154/0.424	050004	0.079/0.437
070001	−0.186/0.094	110002 理	−0.384/0.095	11002 文	0.278/0.249

通过显著性检验的专业有2个，其中0.05水平1个，0.10水平1个，共占专业总数的25.00%（2/8）。理工类通过显著性检验的专业有2个，占66.67%（2/3）。

070001数学教育专业和110002经济管理专业（理工类）为0.10水平负显著相关。

（二）各类型院校效度系数分等级汇总

表 2-2-9 1993年各类型院校效度系数所属等级汇总表①　　（单位：个）

		A	B	C	D	D'	专业总数
总　计	理工	1	3	1	3	1	10 (9+1C')
	文史	0	1	1	6	2	10
	兼理	0.5	0	0	1	0	2 (1.5+0.5C')
	兼文	0.5	0	1	0.5	0	2
研究型	理工	0	2	0	0	1	3
	文史	0	1	1	1	2	5
	兼理	0.5	0	0	1	0	1.5
	兼文	0.5	0	1	0	0	1.5
应用型	理工	1	0	0	3	0	4
	文史	0	0	0	1	0	1
实用型	理工	0	1	1	0	0	3 (2+1C')
	文史	0	0	0	4	0	4
	兼理	0	0	0	0	0	0.5 (0+0.5C')
	兼文	0	0	0	0.5	0	0.5

① C'代表效度系数为负值且通过0.10水平显著性检验，下表同。

表 2-2-10　1993年各类型院校效度系数各等级所占比例状况表　　　　(%)

		A	B	C	D	D'	专业总数
总　计	理工	10.00	30.00	10.00	30.00	10.00	10 (9+1C')
	文史	0	10.00	10.00	60.00	20.00	10
	兼理	25.00	0	0	50.00	0	2 (1.5+0.5C')
	兼文	25.00	0	50.00	25.00	0	2
研究型	理工	0	66.67	0	0	33.33	3
	文史	0	20.00	20.00	20.00	40.00	5
	兼理	33.33	0	0	66.67	0	1.5
	兼文	33.33	0	66.67	0	0	1.5
应用型	理工	25.00	0	0	75.00	0	4
	文史	0	0	0	100.00	0	1
实用型	理工	0	33.33	33.33	0	0	3 (2+1C')
	文史	0	0	0	100.00	0	4
	兼理	0	0	0	0	0	0.5 (0+0.5C')
	兼文	0	0	0	100.00	0	0.5

（三）数据特征

三种类型院校24个专业，通过显著性检验的专业有9个，其中0.01水平2个，0.05水平4个，0.10水平3个，共占专业总数的37.50%（9/24），研究型院校、应用型院校、实用型院校依次为54.55%，20.00%，25.00%，研究型院校比例明显高于应用型院校和实用型院校。

理工类、文史类、文理兼招类通过显著性检验的专业在各自专业总数中所占比例分别为50.00%，20.00%，50.00%，文史类专业明显较低；具体到院校类型，文史类通过显著性检验的2个专业均属于研究型院校。

实用型院校1.5个专业为负显著相关。

若按通过显著性检验专业的比例，研究型院校明显高于应用型院校、实用型院校，从显著性的水平上看也是前者明显好于后者。0.01，0.05，0.10水平的比例，研究型院校分别为16.67%，50.00%，33.33%，实用型院校分别为0，50.00%，50.00%，应用型院校仅有100301专业通过显著性检验且水平为 0.01。因此 1993 年高考为研究型院校选才的有效性明显好于另外两种类型院校。

三、1984 年高考的效度分析

在列举 1984 年各类型院校各专业效度系数的基础上，对各效度系数所属等级进行归类并计算出每个等级所占百分比，整理成表格，最后梳理出数据特征。

（一）各类型院校效度系数

1. 研究型院校

表 2-2-11　1984 年研究型院校各专业效度系数表

专业	效度系数	专业	效度系数	专业	效度系数
010101	0.613**/0.000	050201	0.399**/0.000	080605	0.616**/0.000
020102	0.419**/0.000	060101	0.258/0.059	110203	0.321*/0.011
030101	0.248*/0.010	070101	0.516**/0.000	—	
050101	0.283*/0.014	070301	0.066/0.738		

通过显著性检验的专业有 9 个，其中 0.01 水平 5 个，0.05 水平 3 个，0.10 水平 1 个，共占专业总数的 90.00%（9/10）。

理工类通过显著性检验的专业有 2 个，占 66.67%；文史类通过显著性检验的专业有 7 个，占 100.00%。

2. 应用型院校

表 2-2-12　1984 年应用型院校各专业效度系数表

专业	效度系数	专业	效度系数	专业	效度系数
080301	0.119/0.260	090101	0.205/0.094	040101	0.216/0.186
080605	−0.279/0.176	100301	0.131*/0.018	050201	0.083/0.423

通过显著性检验的专业有 2 个，其中 0.05 水平 1 个，0.10 水平 1 个，共占专业总数的 33.33%（2/6）。

理工类通过显著性检验的专业有 2 个，占 66.67%；文史类通过显著性检验的专业为 0 个。

3. 实用型院校

表 2-2-13　1984 年实用型院校各专业效度系数表

专　业	效度系数	专　业	效度系数	专　业	效度系数
080001	0.162/0.360	050001	0.320/0.157	050003	0.237/0.152
080002	0.359*/0.034	050002	0.412/0.162	050004	−0.005/0.970
070001	0.065/0.677	110002 理	0.056/0.791	110002 文	0.212/0.487

通过显著性检验的专业有 1 个，为 0.05 水平，共占专业总数的 12.50%（1/8）。

理工类通过显著性检验的专业有 1 个，占 33.33%；文史类通过显著性检验的专业为 0 个。

（二）各类型院校效度系数分等级汇总

表 2-2-14　1984 年各类型院校效度系数所属等级汇总表　（单位：个）

		A	B	C	D	D′	专业总数
总　计	理工	2	2	1	4	1	10
	文史	3	3	1	5	1	13
	兼理	0	0	0	0.5	0	0.5
	兼文	0	0	0	0.5	0	0.5
研究型	理工	2	0	0	1	0	3
	文史	3	3	1	0	0	7
应用型	理工	0	1	1	1	1	4
	文史	0	0	0	2	0	2
实用型	理工	0	1	0	2	0	3
	文史	0	0	0	3	0	4
	兼理	0	0	0	0.5	0	0.5
	兼文	0	0	0	0.5	0	0.5

表 2-2-15　1984 年各类型院校效度系数各等级所占比例状况表　　　　（％）

		A	B	C	D	D′	专业总数
总　计	理工	20.00	20.00	10.00	40.00	10.00	10
	文史	23.08	23.08	7.69	38.46	7.69	13
	兼理	0	0	0	100.00	0	0.5
	兼文	0	0	0	100.00	0	0.5
研究型	理工	66.67	0	0	33.33		3
	文史	42.86	42.86	14.28	0	0	7
应用型	理工	0	25.00	25.00	25.00	25.00	4
	文史	0	0	0	100.00		2
实用型	理工	0	33.33	0	66.67	0	3
	文史	0	0	0	75.00	25.00	4
	兼理	0	0	0	100.00	0	0.5
	兼文	0	0	0	100.00	0	0.5

（三）数据特征

三种类型院校 24 个专业，通过显著性检验的专业有 12 个，其中 0.01 水平 5 个，0.05 水平 5 个，0.10 水平 2 个，共占专业总数的 50.00％（12/24），研究型院校、应用型院校、实用型院校依次为 90.00％，33.33％，12.50％，研究型院校的比例明显高于应用型院校和实用型院校。

理工类、文史类、文理兼招类通过显著性检验的专业在各自专业总数中所占比例分别为 50.00％，53.85％，0；具体到院校类型，文史类通过显著性检验的 7 个专业均属于研究型院校，应用型院校和实用型院校分别有 2 个和 1 个理工类专业通过显著性检验。

研究型院校通过显著性检验的专业在比例上非常明显地高于另外两类院校，在显著性水平上的差异更为明显，5 个通过 0.01 水平显著性检验的专业均在研究型院校。因此 1984 年高考为研究型院校选才的有效性明显好于另外两种类型的院校。

四、比较研究

本部分首先比较包括所有专业在内，高考为各类型院校选才的有效性在三个年份的状况，然后纵向比较各类型院校三个年份共同专业的状况，接着分析原有专业与新增专业的异同，最后得出结论。

（一）所有专业总体比较

2002年、1993年、1984年高考的效度状况可以通过表2-2-16和图2-2-1、图2-2-2来表示。

表 2-2-16　高考效度系数显著率状况表① 　　　　　　　　　（%）

	1984	1993	2002
总　况	50.00	37.50	46.51
研究型	90.00	54.55	46.43
应用型	33.33	20.00	50.00
实用型	12.50	25.00	40.91

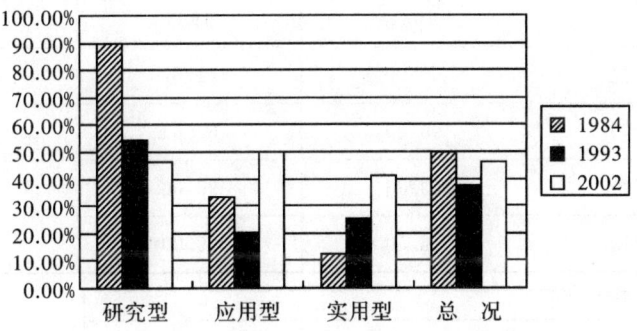

图 2-2-1　效度系数显著率示意图（所有专业）

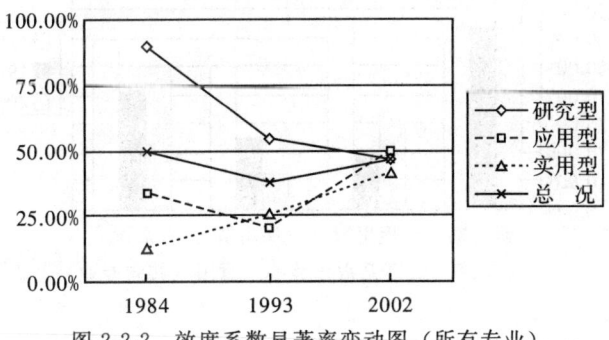

图 2-2-2　效度系数显著率变动图（所有专业）

---

① 显著率表示效度系数为正值且通过显著性检验的专业所占的比例，本书中所有显著率均指此含义。

（二）三个年份共同专业的比较

如果评价侧重于客观反映高考为高等学校选择合适生源的情况，应把所有专业包括在内；如果评价侧重于纵向的比较则应考虑可比性，即只考虑三个年份相同的专业。1993年、1984年选取的专业是2002年的一部分，而且在不同时期某些专业的招生科类有所不同，即在1984年部分仅招收文史类考生的专业到后来改变为文理兼招①。在纵向比较时，选取三个年份共同拥有的25个专业②，招生科类在不同年份有变化的专业以1984年为标准，均取文史类，且不再以0.5个专业计算而分别以1个专业计算。

那么，2002年、1993年、1984年高考的效度状况进行纵向比较的结果，可以通过表2-2-17和图2-2-3、图2-2-4来表示。

表 2-2-17　高考效度系数显著率纵向比较表　　　　　　（%）

	1984	1993	2002
总　况	50.00	41.67	60.00
研究型	90.00	63.64	63.64
应用型	33.33	20.00	66.67
实用型	12.50	25.00	50.00

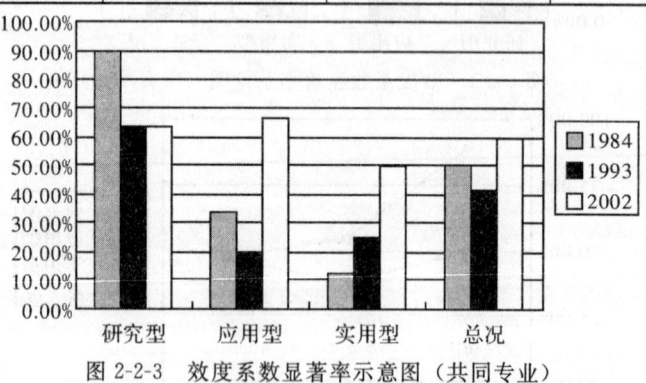

图 2-2-3　效度系数显著率示意图（共同专业）

---

① 1993年包括研究型院校的020102，110201，110203三个专业，到2002年范围扩大到010101，030101，050201等更多的专业。

② 由于1993年缺少040101专业，1984年缺少110201专业，实际上1984年和1993年均为24个专业。

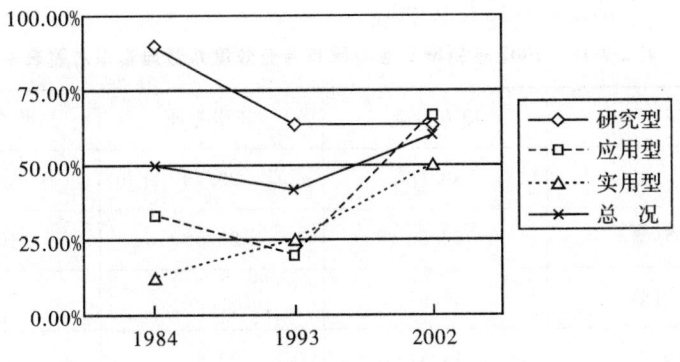

图 2-2-4　效度系数显著率变动图（共同专业）

比较三个年份的所有专业和比较三个年份的共同专业，从图 2-2-5 可以看出 1993 年两者几乎没有区别①，而 2002 年两者则发生了较为明显的变化，原因可能是 2002 年扩招的新专业起了作用。下面，我们对 2002 年原有专业与新增专业进行比较，确认这一推断是否正确。

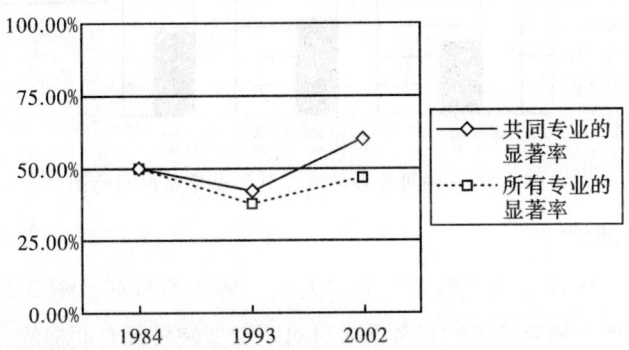

图 2-2-5　所有专业与共同专业效度系数显著率对比图

（三）2002 年原有专业与新增专业的比较

2002 年原有专业与新增专业的效度系数状况如表 2-2-18 和图 2-2-6 所示。显著率有着明显的差别，原有专业的显著率明显高于新增专业的显著

---

① 以 1984 年为基准，故两者重合；1993 年与 1984 年相比，部分专业由仅招收文史类考生改变为文理兼招，两者所包括的专业数（每一科类记为 0.5，原有科类为共同专业）发生了变化。

率,说明前一部分的推论是正确的①。

表 2-2-18　2002年新增专业与原有专业效度系数显著率对照表②　　　(%)

	原有专业	新增专业	所有专业
总　况	59.18	29.73	46.51
研究型	62.50	25.00	46.43
应用型	66.67	33.33	50.00
实用型	46.67	28.57	40.91

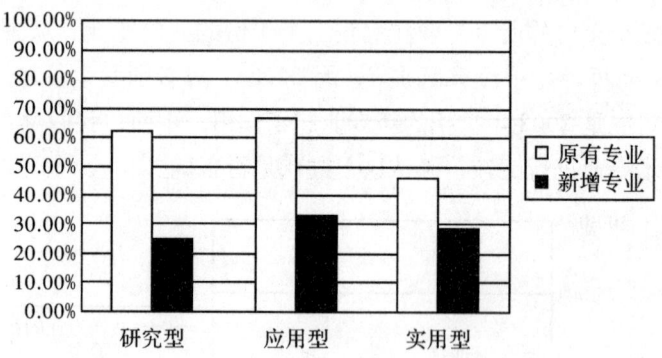

图 2-2-6　两种专业效度系数显著率状况对比图

(四) 结论

高考选才体现了由"精英"向"大众"转变的特征。图 2-2-2 和图 2-2-4 均清晰地表明:精英阶段的高考选才只对研究型院校具有明显的有效性,而在大众化阶段为三种类型院校选才的有效性明显接近。以所有专业为准,1984 年研究型院校显著率高达 90.00%,而应用型院校和实用型院校分别为 33.33% 和 12.50%;2002 年三者显著率分别为 46.43%,50.00%,40.91%。

1993 年与 1984 年相比,高考选才有效性的降低主要是对研究型院校产

---

① 在这里要注意的是,在理论探讨中,通过显著性检验的效度系数才具有统计学的意义,因此,在理论探讨时,我们以显著率为主要指标。

② 应用型院校 050101,060101,090102 三个专业 1993 年、1984 年的数据没有获取,但其实已经开设,故仍记为原有专业。

生了明显的影响,显著率从90.00%降低到54.55%;2002年与1993年相比,高考选才有效性的提高主要是对应用型院校和实用型院校产生了明显的影响,显著率分别从20.00%和25.00%升高到50.00%和40.91%。

原有专业的显著率明显高于新增专业。研究型院校、应用型院校、实用型院校的原有专业的显著率分别为新增专业的2.50倍、2.00倍、1.63倍。

可以说,高考的命题质量在2002年已经有了较大程度的提高。以三年的共同专业为准,显著率从1984年的50.00%和1993年的41.67%升高到2002年的60.00%[①]。然而对类型不同的院校而言,其不适应性仍然比较明显,显著率平均为60.00%,实用型院校最低为50.00%,应用型院校最高为66.67%。

第三节 以三种学业成绩分别为效标时高考效度的比较

本节主要把大学学业总成绩分为公共课成绩与专业课成绩来分别度量高考的效标关联效度,进而对三种效标测算的高考效度进行简单的比较。从考试内容的角度观察,高考的考试内容与大学公共课的内容更为一致,然而从用途的角度观察,高考应倾向于预测专业课的学业成绩。公共课在整个课程体系中所占的比重自恢复高考算起,其变化是相当大的[②]。这一探讨不仅有助于我们对高考效度有更深层次的把握,也使高考效度的纵向比较更有意义。

一、以专业课成绩为效标时高考的效度状况

按照高考年份与院校类型分别测算以专业课成绩为效标时高考的效度系数并归纳相应的数据特征,可以考查高考成绩与大学专业课成绩的相关程度。

---

① 若以所有专业计,2002年的显著率状况与1993年、1984年相比则没有明显提高,甚至比1984年还低。但这不能说明命题质量没有提高,因为新增专业的效度系数通过显著性检验的数目较低不是高考本身的问题,而应是大学学业成绩信度较低所致。

② 见图2-3-6和附录七的表7-1、表7-2、表7-3。

（一）2002年的状况

1. 2002年的实证材料

表2-3-1　2002年以专业课成绩为效标时效度系数等级状况表　（单位：个）

		A	B	C	D	D′	专业总数
总　计	理工	3	3	3	6	3	18
	文史	2	0	2	5	2	11
	兼理	0	1	0.5	4	1.5	7
	兼文	1	0.5	1	3.5	1	7
研究型	理工	1	1	1	0	1	4
	文史	0	0	0	2	1	3
	兼理	0	0.5	0	2.5	0.5	3.5
	兼文	0.5	0	0.5	2	0.5	3.5
应用型	理工	2	2	1	2	2	9
	文史	2	0	0	1	1	4
	兼理	0	0	0.5	1	1	2.5
	兼文	0	0.5	0	1.5	0.5	2.5
实用型	理工	0	0	1	4	0	5
	文史	0	0	2	2	0	4
	兼理	0	0.5	0	0.5	0	1
	兼文	0.5	0	0.5	0	0	1

2. 数据特征

（1）三种类型院校的43个专业，通过显著性检验的专业有17个，其中0.01水平6个，0.05水平4.5个，0.10水平6.5个，共占专业总数的39.53%（17/43），研究型院校、应用型院校、实用型院校依次为32.14%，44.44%，40.91%，研究型院校略低。

（2）深入分析其显著性水平，研究型院校、应用型院校、实用型院校通过0.01，0.05，0.10水平显著性检验的比例分别为：33.33%，33.33%，33.33%；50.00%，31.25%，18.75%；11.11%，11.11%，77.78%。应用型院校通过0.01水平显著性检验的比例更高，实用型院校通过0.10水平显著性检验的比例更高,而研究型院校则很平均。

(3) 理工类、文史类、文理兼招类通过显著性检验的专业在各自专业总数中所占比例分别为 50.00%、36.36%、28.57%,依次明显降低;具体到院校类型,本科院校和高职高专院校的理工类、文史类、文理兼招类专业状况分别为 61.54%、28.57%、20.83% 和 20.00%、50.00%、75.00%,两种类型院校体现了相反的变化趋势。

(二) 1993 年的状况

1. 1993 年的实证材料

表 2-3-2 1993 年以专业课成绩为效标时效度系数等级状况表① (单位:个)

		A	B	C	D	D′	专业总数
总　计	理工	1	2	1	4	1	10 (9+1C′)
	文史	0	1	0	7	2	10
	兼理	0.5	0	0	1	0	2 (1.5+0.5B′)
	兼文	0.5	0.5	0	1	0	2
研究型	理工	0	2	0	1	0	3
	文史	0	1	0	2	2	5
	兼理	0.5	0	0	1	0	1.5
	兼文	0.5	0.5	0	0.5	0	1.5
应用型	理工	1	0	0	2	1	4
	文史	0	0	0	1	0	1
实用型	理工	0	0	1	1	0	3 (2+1C′)
	文史	0	0	0	4	0	4
	兼理	0	0	0	0	0	0.5 (0+0.5B′)
	兼文	0	0	0	0.5	0	0.5

2. 数据特征

(1) 三种类型院校的 24 个专业,通过显著性检验的专业有 6.5 个,其中 0.01 水平 2 个,0.05 水平 3.5 个,0.10 水平 1 个,共占专业总数的 27.08% (6.5/24),研究型院校、应用型院校、实用型院校依次为 40.91%、20.00%、12.50%,研究型院校明显高于应用型院校和实用型院校。

---

① 实用型院校 070001 专业(理工类)效度系数为 $-0.206/0.063$,C';110002 专业(理工类)效度系数为 $-0.458^*/0.042$,B',分别为通过 0.10 和 0.05 水平显著性检验的负相关。

(2) 理工类、文史类、文理兼招类通过显著性检验的专业在各自专业总数中所占比例分别为 40.00%，10.00%，37.50%，文史类明显较低。

(3) 实用型院校 1.5 个专业为负显著相关。

（三）1984 年的状况

1. 1984 年的实证材料

表 2-3-3　1984 年以专业课成绩为效标时效度系数等级状况表　（单位：个）

		A	B	C	D	D′	专业总数
总　计	理工	2	1	1	5	1	10
	文史	4	1	2	5	1	13
	兼理	0	0	0	0.5	0	0.5
	兼文	0	0	0	0.5	0	0.5
研究型	理工	2	0	0	1	0	3
	文史	4	1	1	1	0	7
应用型	理工	0	1	0	2	1	4
	文史	0	0	0	2	0	2
实用型	理工	0	0	1	2	0	3
	文史	0	0	1	2	1	4
	兼理	0	0	0	0.5	0	0.5
	兼文	0	0	0	0.5	0	0.5

2. 数据特征

(1) 三种类型院校的 24 个专业，通过显著性检验的专业有 11 个，其中 0.01 水平 6 个，0.05 水平 2 个，0.10 水平 3 个，共占专业总数的 45.83%（11/24），研究型院校、应用型院校、实用型院校依次为 80.00%，16.67%，25.00%，研究型院校远远高于应用型院校和实用型院校。

(2) 理工类、文史类、文理兼招类通过显著性检验的专业在各自专业总数中所占比例分别为 40.00%，53.85%，0，理工类低于文史类；具体到院校类型，文史类通过显著性检验的 7 个专业有 6 个属于研究型院校，应用型院校和实用型院校各有 1 个理工类专业通过显著性检验。

二、以公共课成绩为效标时高考的效度状况

按照高考年份与院校类型分别测算以公共课成绩为效标时高考的效度系数并归纳相应的数据特征，可以考查高考成绩与大学公共课成绩的相关程度。

(一) 2002年的状况

1. 2002年的实证材料

表2-3-4　2002年以公共课成绩为效标时效度系数等级状况表　（单位：个）

		A	B	C	D	D'	专业总数
总　计	理工	5	4	2	4	3	18
	文史	1	2	2	5	1	11
	兼理	0	0.5	1	4.5	1	7
	兼文	1	2	0.5	2.5	1	7
研究型	理工	2	1	0	1	0	4
	文史	0	0	2	1	0	3
	兼理	0	0.5	0.5	2	0.5	3.5
	兼文	1	1	0	1.5	0	3.5
应用型	理工	3	2	1	2	1	9
	文史	1	2	0	1	0	4
	兼理	0	0	0	2	0.5	2.5
	兼文	0	0.5	0	1	1	2.5
实用型	理工	0	1	1	1	2	5
	文史	0	0	0	3	1	4
	兼理	0	0	0.5	0.5	0	1
	兼文	0	0.5	0.5	0	0	1

2. 数据特征

(1) 三种类型院校的43个专业，通过显著性检验的专业有21个，其中0.01水平7个，0.05水平8.5个，0.10水平5.5个，共占专业总数的48.84%(21/43)，研究型院校、应用型院校、实用型院校依次为57.14%，47.22%，40.91%，依次较为明显地降低。

(2) 深入分析其显著性水平，研究型院校、应用型院校、实用型院校通过0.01，0.05，0.10水平显著性检验的比例分别为37.50%，31.25%，31.25%；47.06%，41.18%，11.76%；0，55.56%，44.44%。应用型院校通过0.01，0.05水平显著性检验的比例更高，实用型院校通过0.05，

0.10水平显著性检验的比例更高，而研究型院校则较为平均。

（3）理工类、文史类、文理兼招类通过显著性检验的专业在各自专业总数中所占比例分别为61.11％，45.45％，35.71％，依次明显降低；具体到院校类型，本科院校和高职高专院校的理工类、文史类、文理兼招类专业状况分别为69.23％，57.14％，29.17％和40.00％，25.00％，75.00％，两类型院校也体现了相反的特点，本科院校理工、文史类专业比例较高，高职高专院校文理兼招专业比例较高。

（二）1993年的状况

1. 1993年的实证材料

表2-3-5　1993年以公共课成绩为效标时效度系数等级状况表　（单位：个）

		A	B	C	D	D′	专业总数
总　计	理工	4	0	0	3	3	10
	文史	0	2	2	3	3	10
	兼理	0.5	0	0	1	0.5	2
	兼文	0.5	0.5	0	1	0	2
研究型	理工	1	0	0	1	1	3
	文史	0	1	0	2	2	5
	兼理	0.5	0	0	1	0	1.5
	兼文	0.5	0.5	0	0.5	0	1.5
应用型	理工	1	0	0	2	1	4
	文史	0	0	1	0	0	1
实用型	理工	2	0	0	0	1	3
	文史	0	1	1	1	1	4
	兼理	0	0	0	0	0.5	0.5
	兼文	0	0	0	0.5	0	0.5

2. 数据特征

（1）三种类型院校的24个专业，通过显著性检验的专业有9.5个，其中0.01水平5个，0.05水平2.5个，0.10水平2个，共占专业总数的39.58％（9.5/24），研究型院校、应用型院校、实用型院校依次为

31.82%,40.00%,50.00%,依次明显升高。

（2）理工类、文史类、文理兼招类通过显著性检验的专业在各自专业总数中所占比例分别为40.00%,40.00%,37.50%,三者较为平均。然而深入分析其显著性水平，理工类、文史类、文理兼招类通过0.01,0.05,0.10水平显著性检验的比例分别为100.00%,0,0；0,50.00%,50.00%；66.67%,33.33%,0。理工类均为0.01水平显著，文史类为0.05,0.10水平显著比例各半，而文理兼招类则介于二者之间。

（三）1984年的状况

1. 1984年的实证材料

表2-3-6　1984年以公共课成绩为效标时效度系数等级状况表　（单位：个）

		A	B	C	D	D′	专业总数
总　计	理工	3	2	0	3	2	10
	文史	4	1	2	5	1	13
	兼理	0	0	0	0.5	0	0.5
	兼文	0	0	0	0.5	0	0.5
研究型	理工	2	0	0	1	0	3
	文史	4	1	2	0	0	7
应用型	理工	1	1	0	1	1	4
	文史	0	0	0	2	0	2
实用型	理工	0	1	0	1	1	3
	文史	0	0	0	3	1	4
	兼理	0	0	0	0.5	0	0.5
	兼文	0	0	0	0.5	0	0.5

2. 数据特征

（1）三种类型院校的24个专业，通过显著性检验的专业有12个，其中0.01水平7个，0.05水平3个，0.10水平2个，共占专业总数的50.00%（12/24），研究型院校、应用型院校、实用型院校依次为90.00%,33.33%,12.50%,研究型院校远远高于应用型院校和实用型院校。

（2）理工类、文史类、文理兼招类通过显著性检验的专业在各自专业总数中所占比例分别为 40.00%，53.85%，0，理工类低于文史类；具体到院校类型，文史类通过显著性检验的 7 个专业均属于研究型院校，应用型院校和实用型院校分别有 2 个和 1 个理工类专业通过显著性检验。

三、三种效标度量高考效度的一致性分析

通过比较三种效标度量的高考效度系数，可以更全面深入地考查高考的效度状况。

（一）所有专业的状况

三种效标分别度量高考的效度，其效度系数显著率状况见表 2-3-7、表 2-3-8、表 2-2-16 和图 2-3-1、图 2-3-2、图 2-3-4。

表 2-3-7　以专业课成绩为效标时高考效度系数显著率状况表　　（%）

	1984	1993	2002
总　况	45.83	27.08	39.53
研究型	80.00	40.91	32.14
应用型	16.67	20.00	44.44
实用型	25.00	12.50	40.91

表 2-3-8　以公共课成绩为效标时高考效度系数显著率状况表　　（%）

	1984	1993	2002
总　况	50.00	39.58	48.84
研究型	90.00	31.82	57.14
应用型	33.33	40.00	47.22
实用型	12.50	50.00	40.91

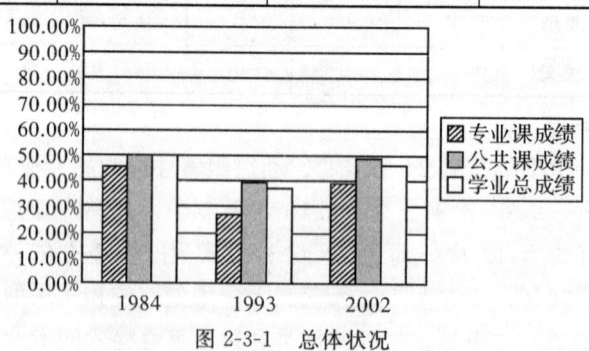

图 2-3-1　总体状况

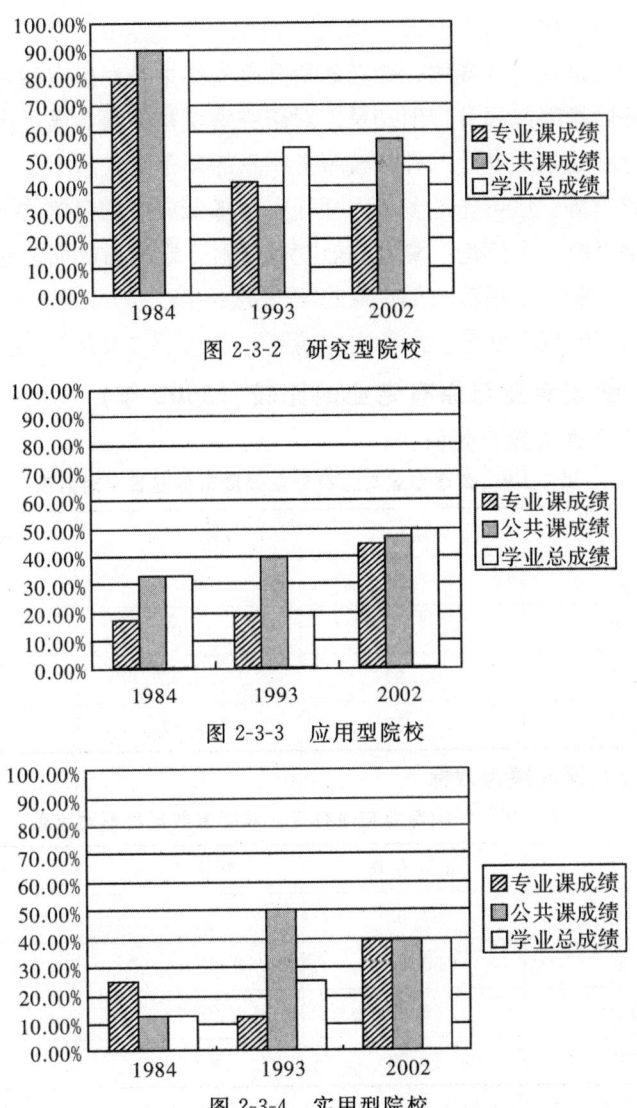

图 2-3-2 研究型院校

图 2-3-3 应用型院校

图 2-3-4 实用型院校

基于三种不同效标的分析，结论不尽相同。其中一致的结论主要有两点：（1）1984年高考选才有效性对研究型院校而言非常明显，而对其他两类院校则非常之低；（2）大众化时期高考选才的有效性对应用型院校而言是最好的。

若考虑到高考的用途，则以公共课成绩作为高考的效标是不太恰当的。

我们基于学业总成绩与专业课成绩还可得出一个重要的结论：从理论上讲，高考命题质量是逐步升高的，命题质量升高的结果是对应用型院校和实用型院校的服务质量得以提升，但却是以对研究型院校的服务质量严重降低为代价的，其直观的效果是为三种院校服务质量的差距大大缩小了，甚至还有走向另一面的趋势。这可能是多年来呼吁高考降低难度的自然结果，但却陷入教育测量学上的一个悖论：测验的效度是针对一定的目的而言的，对于任何一种目的、功能、使用范围都有效的测验是不存在的[①]。用一句话来概括高考多年来改革的特点就是：高考由"精英"走向了"大众"（见图2-2-4）。

（二）新增专业与原有专业的比较（2002年）

1. 以专业课成绩为效标

表2-3-9　新增专业与原有专业效度系数显著率对照表　　　　（%）

	原有专业	新增专业	所有专业
总　况	46.94	29.73	39.53
研究型	37.50	25.00	32.14
应用型	55.56	33.33	44.44
实用型	46.67	28.57	40.91

2. 以公共课成绩为效标

表2-3-10　新增专业与原有专业效度系数显著率对照表　　　（%）

	原有专业	新增专业	所有专业
总　况	51.02	45.95	48.84
研究型	50.00	66.67	57.14
应用型	66.67	27.78	47.22
实用型	33.33	57.14	40.91

综合而论，无论以学业总成绩还是以专业课成绩为效标来度量高考的效度，原有专业的显著率均明显高于新增专业，而以公共课成绩为效标度量高考效度，则原有专业与新增专业几乎没有区别（见图2-3-5），研究型院校和实用型院校新增专业的显著率反而更高（见表2-3-10）。

---

① 王孝玲：《教育测量》（修订版），华东师范大学出版社，2005年，第64页。

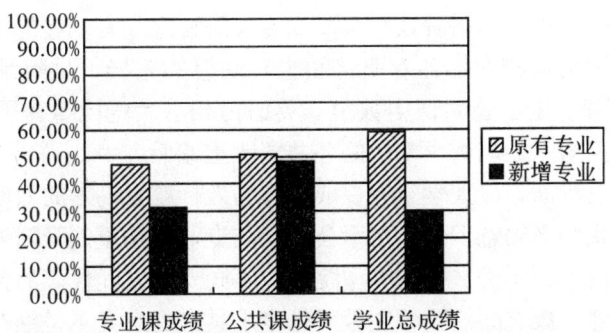

图 2-3-5　原有专业与新增专业效度系数显著率比较图

由此可见，公共课程和公共课程的师资在全校较为统一，各公共课程成绩的信度也较为一致；而专业课程建设与相应师资的培育则非一朝一夕之功，由此导致各专业课程成绩信度的低下，进而影响其高考的效标关联效度则几乎不可避免。这一结论也是效标分数的信度影响效标关联效度系数命题的一个例证。同时也说明，扩招专业效度系数的降低主要不是高考本身的问题，而是大学学业成绩主要是专业课成绩的信度降低所致。

四、公共课与专业课在课程体系中的比重

随着时间的推移，一方面是公共课的门数在变化，另一方面是公共课中作为考试课程的门数也在变化，因此，本研究中公共课所占比重的增加是两者综合的结果。

1984 年、1993 年、2002 年本科院校公共课所占的比重平均大约以 5 个百分点的幅度依次升高。具体到各个专业，除应用型院校的 040101 专业外，均是逐渐升高，只是幅度略有不同而已；实用型院校体现了相反的趋势，即平均比重依次递减，然而各专业之间却有升有降，见图 2-3-6 和附录七的表 7-1、表 7-2、表 7-3。

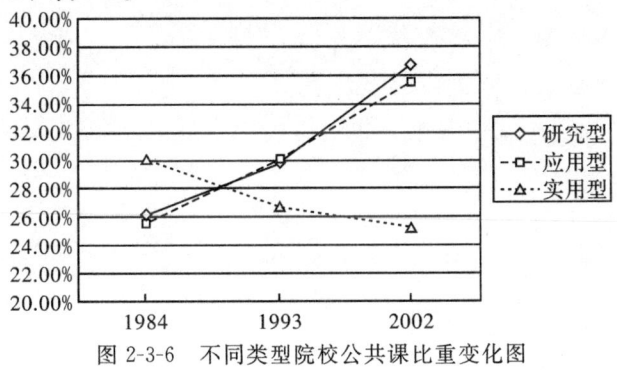

图 2-3-6　不同类型院校公共课比重变化图

公共课的比重在本科院校与高职高专类院校之间有明显的不同，在应用型院校和实用型院校内部各专业之间也有明显的差异，见附录七的图 7-1、图 7-2、图 7-3。由于公共课中数学、英语占相当大的比重，因此，除 F 校外，各高校英语专业与数学专业的公共课比重偏低。

基于以上特征，以大学学业总成绩作为效标度量高考的效度有明显的优势。同时，我们必须意识到，由于公共课与专业课比重的升降变化，其相同的效度系数在不同年份、不同类型院校、不同专业之间代表的含义是不尽相同的，其效度系数之间的比较在教育维度上具有的意义不是绝对的，更多地是相对的。

第三章 高考效度的定量研究（下）

在上一章中，首先以大学学业总成绩为效标度量高考的效度，然后比较了分别采用学业总成绩、公共课成绩、专业课成绩作为效标时高考总分的效度系数，主要是从总体上对以高考总分为依据选择合适生源的有效性进行分析。这一章则集中对几个重要的具体问题进行探讨：一是不同群体的效度状况，二是高考各科目的"效度"[①]情况，三是高考数学、高考英语的效度状况，四是高考总分效度系数为负值与高考科目相关系数为负值且通过显著性检验各专业情况和依据不同高考成绩进行录取的科学性差异。

第一节 不同群体的高考效度

上一章主要按照三个年份研究了高考总分的效度，根据需要比较了原有专业与新增专业的效度状况，归纳出高考效度的总体特征。本节主要比较不同学科门类的专业、不同类型院校的同类专业和同一专业不同科类考生的效度状况。

一、各学科门类的比较

综合性大学 A 主要学科应包括理学、文学、历史学、哲学，理工类院校 B 主要学科应包括工学，师范类院校 C 主要学科包括教育学，农业类院校 D 主要学科包括农学，医药类院校 E 主要学科包括医学。然而由于 X 省没有专门的财经政法类大学，而 A 校的经济学、管理学、法学有着悠久的办学历史和较强的办学实力，因此，从 A 校选取的学科门类还包括经济学、

---

① 不宜将大学学业成绩与高考各科目成绩的相关系数称为效度系数，带引号仅表示形式上类似。

管理学、法学。在相应各院校中均选取每一学科门类的一个代表性专业作一简单的对比。

（一）本科院校十一个学科门类之间的比较

1. 各专业的效度系数

表 3-1-1 本科各学科门类代表性专业的效度系数情况表①

	1984		1993		2002	
	样本容量	效度系数	样本容量	效度系数	样本容量	效度系数
010101	55	0.613**/0.000	8	-0.310/0.456	13	0.267/0.337
020102	46	0.419**/0.004	33	0.743**/0.000	39	0.071/0.666
030101	106	0.248*/0.010	39	0.169/0.304	73	0.486**/0.000
040101	39	0.216/0.186	—	—	41	-0.062/0.700
050101	74	0.283*/0.014	34	0.332/0.055	46	0.025/0.871
060101	54	0.258/0.059	16	-0.199/0.460	24	0.365/0.079
070301	28	0.066/0.738	65	0.297*/0.016	78	0.255*/0.024
080301	92	0.119/0.260	69	0.010/0.936	112	0.207*/0.028
090101	68	0.205/0.094	33	0.039/0.831	66	-0.084/0.502
100301	324	0.131*/0.018	284	0.525**/0.000	275	0.110/0.070
110203	62	0.321*/0.011	22	0.406/0.061	41	0.341*/0.029

2. 结论

本部分所选专业为各校代表性的学科门类与专业，其效度系数状况却没有呈现出明显的规律，由此可见效度系数的影响因素殊为复杂，依此而笼统地得出高考在理论上能为哪些学科很好地选才是不够科学的，我们只能对其进行探索性的分析以获取较为可靠的信息。统计学属于方法学的范畴，不是实质性的学科，对教育统计结论的解释需要凭借有关教育理论和教育学的知识并结合教育实践来回答。在十一个学科门类的代表性专业中：

（1）只有 100301（临床医学）、110203（会计学）三个年份的效度系数均通过显著性检验，其选才有效性较好且较为稳定。

（2）考虑到 1993 年高考的命题和样本容量的因素，单考虑 1984 年、2002 年，高考为 030101（法学）、060101（历史学）选才的有效性也能得到认可。

---

① 文理兼招专业以 1984 年为标准均取文史类，至于兼招专业文史类与理工类的比较则放在"文理兼招专业的比较"部分，下表同。

(3) 高考为 090101（农学）和 040101（教育学）选才的有效性有较为明显的降低趋势，其最有可能的原因是：学生对专业的认可程度较低，多属于被调剂的考生，严重影响到效标分数的信度。这一情况在 20 世纪 90 年代以后随着改革开放的深入则更为明显。

(4) 010101（哲学）的变化情况，除可归结于样本容量的因素外，专业认可程度降低导致的效标分数信度下降也不容忽视。

(5) 若 070301（化学）在 1984 年效度系数偏低尚可用样本容量较小来解释的话，那么 050101（汉语言文学）和 020102（国际经济与贸易）的 2002 年效度系数的偏低则尚难以找出明确的原因。

(6) 080301（机械设计制造及其自动化）的状况也难以作出合理的解释。

(7) 一个最可信赖的结论是：我们通过测算高考的效标关联效度来判断高考为不同学科选才的有效性，只能依据对多个专业的状况进行统计分析来作出判断，若想依据某个专业的效度系数就作出准确的判断至少在目前是不太现实的。

（二）高职高专类院校理、工、文、管四科类之间的比较

1. 各专业的效度系数

表 3-1-2　高职高专类院校各学科门类代表性专业的效度系数情况表

	1984		1993		2002	
	样本容量	效度系数	样本容量	效度系数	样本容量	效度系数
070001	44	0.065/0.677	82	−0.186/0.094	46	0.125/0.408
080001	34	0.162/0.360	36	0.283/0.094	45	0.225/0.137
050001	21	0.320/0.157	40	0.209/0.195	47	0.145/0.332
110002	13	0.212/0.487	19	0.278/0.249	72	0.218/0.065

2. 结论

(1) 070001（数学教育）效度系数较低，1993 年甚至为 0.10 水平负显著相关。

(2) 其他各专业则大体相似，基本为 0.20 左右的弱相关，2 个通过显著性检验的效度系数也在 0.10 的较低水平。

(3) 依据表 3-1-2，可以说，高考为高职高专类院校几个主要专业选才的有效性较为一般。

二、同类专业的校际比较

计算机类专业和英语类专业是布点数最多的两个专业[①]，它们与经济管理类专业在三种类型的院校均有开设；汉语言文学专业、数学与应用数学专业、机械设计制造及其自动化专业作为传统专业在各类院校也多有开设；化学、历史学专业也分别是 A 校、B 校与 A 校、C 校的优势学科。本部分选取这些专业的效度系数进行校际比较。

（一）计算机类专业

1. 2002 年 A，B，F，G 四校的比较

（1）高考总分的效度系数

表 3-1-3　2002 年计算机类专业高考总分的效度系数表

	A 校	B 校	F 校	G 校
公共课成绩	0.377**/0.000	0.397**/0.000	0.290/0.082	−0.022/0.888
专业课成绩	0.287**/0.003	0.403**/0.000	0.241/0.151	0.025/0.874
学业总成绩	0.327**/0.001	0.415**/0.000	0.261/0.119	0.012/0.939

（2）高考各科目成绩与大学学业成绩的相关系数

表 3-1-4　A 校计算机类专业高考各科目成绩与大学学业成绩的相关系数表

	语文	数学	英语	理综
公共课成绩	0.257**/0.009	0.001/0.993	0.385**/0.000	0.117/0.240
专业课成绩	0.191/0.053	0.128/0.198	0.121/0.222	0.141/0.155
学业总成绩	0.220*/0.026	0.100/0.317	0.201*/0.042	0.142/0.153

表 3-1-5　B 校计算机类专业高考各科目成绩与大学学业成绩的相关系数表

	语文	数学	英语	理综
公共课成绩	0.085/0.295	−0.084/0.304	0.421**/0.000	0.060/0.463
专业课成绩	0.047/0.561	−0.099/0.222	0.334**/0.000	0.164*/0.043
学业总成绩	0.066/0.417	−0.096/0.239	0.385**/0.000	0.123/0.131

---

① 仅指本科专业，没有准确的高职高专专业的统计数据作为依据。

表 3-1-6　F 校计算机类专业高考各科目成绩与大学学业成绩的相关系数表

	语文	数学	英语	理综
公共课成绩	0.097/0.567	0.309/0.062	0.001/0.993	0.028/0.868
专业课成绩	0.068/0.689	0.256/0.125	0.283/0.089	−0.129/0.447
学业总成绩	0.077/0.649	0.278/0.095	0.225/0.181	−0.095/0.576

表 3-1-7　G 校计算机类专业高考各科目成绩与大学学业成绩的相关系数表

	语文	数学	英语	理综
公共课成绩	0.161/0.303	−0.242/0.118	0.222/0.152	−0.072/0.647
专业课成绩	0.095/0.542	−0.124/0.428	0.005/0.975	0.051/0.745
学业总成绩	0.118/0.449	−0.164/0.294	0.069/0.660	0.017/0.915

（3）结论

本科院校计算机类专业高考（总分）效度系数均为 0.01 水平显著相关，2002 年高考为其选才的有效性很高；高职高专类院校的效度系数除 F 校以公共课成绩为效标所测得的效度系数外，均未通过显著性检验，高考为其选才的有效性较差。

A 校除数学科目的相关系数偏低外，其他各科目均较高；B 校则主要是英语和理科综合科目的相关系数较高，其中英语的相关系数尤高；F 校主要是数学和英语科目的相关系数较高；G 校则各科目相关系数均较低。

2. A，B 两校的全面比较[①]

表 3-1-8　A，B 两校计算机类专业高考总分的效度系数比较表

		1984	1993	2002
公共课成绩	A 校	0.617**/0.003	0.220/0.235	0.377**/0.000
	B 校	−0.214/0.304	0.095/0.552	0.397**/0.000
专业课成绩	A 校	0.569**/0.007	0.391*/0.030	0.287**/0.003
	B 校	−0.264/0.201	0.197/0.346	0.403**/0.000
学业总成绩	A 校	0.616**/0.003	0.373*/0.039	0.327**/0.001
	B 校	−0.279/0.176	0.116/0.581	0.415**/0.000

从时间的维度看，高考为计算机类专业选才的有效性仍体现了由"精英"向"大众"转变的特征。

---

① F 校和 G 校在 1984 年和 1993 年还未开设计算机类专业。

（二）英语类专业[①]

1. 2002 年 A，C，F，G 四校的比较

（1）高考总分的效度系数

表 3-1-9　2002 年英语类专业高考总分的效度系数表

	A 校	C 校	F 校	G 校
公共课成绩	0.489*/0.018	0.446**/0.000	0.104/0.536	0.260*/0.031
专业课成绩	0.319/0.138	0.498**/0.000	0.232/0.162	0.594**/0.000
学业总成绩	0.384/0.070	0.528**/0.000	0.229/0.167	0.601**/0.000

（2）高考各科目成绩与大学学业成绩的相关系数

表 3-1-10　A 校英语类专业高考各科目成绩与大学学业成绩的相关系数表

	语文	数学	英语	文综
公共课成绩	−0.009/0.966	0.320/0.136	−0.018/0.934	0.005/0.980
专业课成绩	−0.057/0.798	0.068/0.757	0.395/0.062	−0.174/0.427
学业总成绩	−0.058/0.794	0.156/0.478	0.299/0.165	−0.134/0.542

表 3-1-11　C 校英语类专业高考各科目成绩与大学学业成绩的相关系数表

	语文	数学	英语	文综
公共课成绩	0.226*/0.021	0.212*/0.030	0.152/0.122	0.350**/0.000
专业课成绩	0.178/0.070	0.259**/0.008	0.447**/0.000	0.236*/0.015
学业总成绩	0.205*/0.036	0.270**/0.005	0.413**/0.000	0.284**/0.003

表 3-1-12　F 校英语类专业高考各科目成绩与大学学业成绩的相关系数表

	语文	数学	英语	文综
公共课成绩	0.329*/0.043	0.021/0.899	0.141/0.397	−0.282/0.086
专业课成绩	0.188/0.257	0.194/0.243	0.397*/0.014	−0.364*/0.025
学业总成绩	0.230/0.164	0.180/0.279	0.385*/0.017	−0.381*/0.018

表 3-1-13　G 校英语类专业高考各科目成绩与大学学业成绩的相关系数表

	语文	数学	英语	文综
公共课成绩	−0.186/0.127	0.358**/0.003	−0.157/0.198	0.169/0.166
专业课成绩	0.008/0.945	0.248*/0.040	0.472**/0.000	0.330**/0.006
学业总成绩	−0.020/0.872	0.288*/0.016	0.423**/0.000	0.337**/0.005

---

① 除 2002 年 A 校和 G 校英语类专业文理兼招外，均只招收文史类考生，故仅考查文史类高考的情况。

（3）结论

2002年高考（文史类）为各校英语类专业选才的有效性很高，除F校外均通过显著性检验，且F校的效度系数也较高。

2002年高考英语科目为英语专业选才的有效性很高，以专业课成绩为效标测算的效度系数均通过显著性检验；高考语文科目的有效性在C校和F校较高，数学、文科综合两科的有效性则在C校和G校较高，这三个科目的有效性不尽一致。

2. 1993年A，C，F，G四校的比较

（1）高考总分的效度系数

表3-1-14　1993年英语类专业高考总分的效度系数表

	A校	C校	F校	G校
公共课成绩	0.226/0.126	0.241/0.095	0.078/0.447	0.389*/0.037
专业课成绩	0.344*/0.018	0.196/0.177	0.070/0.491	0.136/0.481
学业总成绩	0.345*/0.018	0.215/0.137	0.079/0.437	0.154/0.424

（2）高考英语成绩与大学学业成绩的相关系数

表3-1-15　1993年英语类专业高考英语成绩与大学学业成绩的相关系数表

	A校	C校	F校	G校
公共课成绩	-0.056/0.711	0.259/0.072	-0.005/0.960	0.158/0.412
专业课成绩	0.370*/0.011	0.249/0.085	0.309**/0.002	0.119/0.540
学业总成绩	0.312*/0.033	0.266/0.065	0.269**/0.007	0.095/0.626

（3）结论

1993年高考为本科院校尤其是研究型院校英语类专业选才的有效性较高，A校以专业课成绩、学业总成绩为效标的效度系数均通过了显著性检验；高考为高职高专类院校英语类专业选才的有效性较差。

除G校外，高考英语成绩与大学学业总成绩、专业课成绩的相关系数均通过显著性检验，高考英语为各校英语类专业选才的有效性较高。

3. 1984 年 A, C, F, G 四校的比较

（1）高考总分的效度系数

表 3-1-16   1984 年英语类专业高考总分的效度系数表

	A 校	C 校	F 校	G 校
公共课成绩	0.222/0.050	0.113/0.274	−0.010/0.945	0.126/0.681
专业课成绩	0.400**/0.000	0.075/0.469	−0.003/0.984	0.390/0.188
学业总成绩	0.399**/0.000	0.083/0.423	−0.005/0.970	0.412/0.162

（2）高考英语成绩与大学学业成绩的相关系数

表 3-1-17   1984 年英语类专业高考英语成绩与大学学业成绩的相关系数表

	A 校	C 校	F 校	G 校
公共课成绩	0.027/0.817	−0.059/0.568	−0.106/0.461	−0.161/0.600
专业课成绩	0.437**/0.000	0.202*/0.050	0.134/0.349	0.092/0.766
学业总成绩	0.398**/0.000	0.194/0.060	0.081/0.573	0.092/0.766

（3）结论

1984 年高考仅为研究型院校英语类专业选才的有效性较高，为其他院校英语类专业选才的有效性较差。

专业课成绩、学业总成绩与高考英语成绩的相关系数中，本科院校的相关系数均通过显著性检验，其中 A 校相关系数为 0.01 水平显著相关，C 校相关系数分别为 0.05 和 0.10 水平显著相关，高考英语为本科院校英语类专业选才的有效性很高；而高职高专类院校的相关系数均未通过显著性检验，高考英语为高职高专类院校英语类专业选才的有效性较差。

4. 总体状况

高考为英语类专业选才的有效性同样体现了由"精英"向"大众"转变的特征。具体到科目而言，高考英语与专业课成绩之间的相关系数通过显著性检验的状况，随着时间的推移，覆盖面由本科院校逐渐扩展到所有院校，说明高考英语的命题质量在逐步提高。

（三）经济管理类专业

1. 2002 年 A, B 两校的比较

（1）经济学类专业的比较

表 3-1-18　A，B 两校经济学类专业高考总分的效度系数比较表

	020101　A 校		020101　B 校	
	理工类	文史类	理工类	文史类
公共课成绩	0.083/0.644	0.126/0.433	-0.228/0.348	-0.143/0.736
专业课成绩	0.030/0.866	-0.020/0.902	-0.232/0.340	-0.548/0.160
学业总成绩	0.047/0.795	0.033/0.839	-0.217/0.373	-0.214/0.610
	020102　A 校		020102　B 校	
	理工类	文史类	理工类	文史类
公共课成绩	0.300*/0.036	0.083/0.615	0.041/0.787	0.049/0.709
专业课成绩	0.317*/0.027	0.058/0.724	-0.026/0.863	0.086/0.509
学业总成绩	0.327*/0.022	0.071/0.666	-0.001/0.997	0.075/0.567

（2）管理学类专业的比较

表 3-1-19　A，B 两校管理学类专业高考总分的效度系数比较表

	110201　A 校		110201　B 校	
	理工类	文史类	理工类	文史类
公共课成绩	0.281/0.275	0.446*/0.033	0.326/0.161	-0.120/0.575
专业课成绩	0.302/0.239	0.311/0.149	0.398/0.082	0.072/0.738
学业总成绩	0.285/0.268	0.375/0.078	0.393/0.087	-0.002/0.992
	110203　A 校		110203　B 校	
	理工类	文史类	理工类	文史类
公共课成绩	0.166/0.214	0.414**/0.007	0.205/0.223	0.073/0.673
专业课成绩	0.192/0.149	0.286/0.070	0.222/0.187	0.131/0.448
学业总成绩	0.191/0.150	0.341*/0.029	0.222/0.188	0.113/0.512

（3）结论

2002 年高考为 A 校经济管理类专业选才的有效性明显比为 B 校经济管理类专业选才的有效性高。A 校的 24 个效度系数中有 23 个正值，其中 8 个通过显著性检验；而 B 校的 24 个效度系数中仅有 14 个为正值，其中 2 个通过显著性检验。经济管理类专业作为 B 校的新增专业与作为 A 校的传统专

业相比，其效度系数明显偏小。此外，若以专业课成绩为效标测算效标关联效度，8对数据中的6对数据是A校好于B校（以P值为标准）。关于A、B两校经济管理类专业的比较又一次印证了新增专业因效标分数信度较低对高考效标关联效度测算具有明显的负面影响。

2. A，G两校工商管理类专业的全面比较

表 3-1-20　A，G两校工商管理类专业高考总分的效度系数比较表

	2002年 A校		2002年 G校	
	理工类	文史类	理工类	文史类
公共课成绩	0.281/0.275	0.446*/0.033	0.386/0.069	0.216/0.069
专业课成绩	0.302/0.239	0.311/0.149	0.415*/0.049	0.205/0.085
学业总成绩	0.285/0.268	0.375/0.078	0.408/0.054	0.218/0.065
	1993年 A校		1993年 G校	
	理工类	文史类	理工类	文史类
公共课成绩	0.235/0.257	0.548*/0.012	−0.146/0.538	0.210/0.388
专业课成绩	0.140/0.506	0.371/0.107	−0.458*/0.042	0.249/0.304
学业总成绩	0.172/0.412	0.441/0.052	−0.384/0.095	0.278/0.249
	1984年 A校		1984年 G校	
	理工类	文史类	理工类	文史类
公共课成绩	—	—	0.099/0.636	0.058/0.851
专业课成绩	—	—	0.010/0.962	0.460/0.114
学业总成绩	—	—	0.056/0.791	0.212/0.487

从时间的维度看，高考为工商管理类专业选才的有效性同样体现了由"精英"向"大众"转变的特征。在高等教育进入大众化阶段以前，高考选才的有效性是A校高于G校，且G校工商管理类专业相关的12个效度系数均没有达到正的显著相关，甚至1993年有2个效度系数为负的显著相关；而高等教育大众化实现的2002年，G校的6个效度系数均为正的显著相关，且高考为其选才的有效性状况明显好于A校。

（四）文史法类专业

1. A，C 两校 2002 年汉语言文学专业、历史学专业的比较

（1）2002 年高考总分效度分析

表 3-1-21　A，C 两校汉语言文学专业、历史学专业高考总分的效度系数比较表

	050101		060101	
	A校	C校	A校	C校
公共课成绩	0.080/0.598	0.186*/0.015	0.374/0.072	0.189/0.126
专业课成绩	−0.007/0.961	0.245**/0.001	0.319/0.129	0.069/0.577
学业总成绩	0.025/0.871	0.237**/0.002	0.365/0.079	0.124/0.317

（2）2002 年高考各科目成绩与大学学业成绩的相关系数

表 3-1-22　A 校汉语言文学专业高考各科目成绩与大学学业成绩的相关系数表

	语文	数学	英语	文综
公共课成绩	−0.102/0.499	−0.113/0.457	0.216/0.150	0.082/0.586
专业课成绩	0.031/0.836	−0.186/0.217	0.137/0.364	0.032/0.832
学业总成绩	−0.016/0.916	−0.174/0.248	0.178/0.237	0.054/0.723

表 3-1-23　C 校汉语言文学专业高考各科目成绩与大学学业成绩的相关系数表

	语文	数学	英语	文综
公共课成绩	−0.064/0.410	0.195*/0.011	0.297**/0.000	−0.176*/0.022
专业课成绩	0.057/0.458	0.133/0.085	0.239**/0.002	−0.065/0.401
学业总成绩	0.012/0.882	0.167*/0.030	0.279**/0.000	−0.115/0.136

表 3-1-24　A 校历史学专业高考各科目成绩与大学学业成绩的相关系数表

	语文	数学	英语	文综
公共课成绩	−0.023/0.916	0.322/0.125	0.033/0.880	0.102/0.634
专业课成绩	−0.041/0.848	0.403/0.051	−0.030/0.889	−0.025/0.907
学业总成绩	−0.027/0.899	0.447*/0.029	0.051/0.815	−0.040/0.851

表 3-1-25 C校历史学专业高考各科目成绩与大学学业成绩的相关系数表

	语文	数学	英语	文综
公共课成绩	−0.082/0.509	0.052/0.674	0.227/0.065	−0.039/0.753
专业课成绩	0.117/0.345	−0.076/0.543	0.087/0.486	−0.013/0.914
学业总成绩	0.043/0.730	−0.028/0.822	0.151/0.222	−0.025/0.841

（3）结论

汉语言文学（050101）、历史学（060101）均为A，C两校的传统专业，汉语言文学的情况是C校远好于A校，而历史学的情况则相反，是A校好于C校。

对于汉语言文学和历史学这两个传统的文史类专业而言，2002年的高考语文、文科综合两个科目对其选择生源的有效性较低，在24个相关系数中有15个为负值，9个正值中也仅有2个略大于0.10，这是一个值得关注的问题。

2. A，B两校2002年法学类专业的比较

表 3-1-26 A，B两校法学类专业高考总分的效度系数表

	030101 A校		030101 B校	
	理工类	文史类	理工类	文史类
公共课成绩	0.302/0.055	0.444**/0.000	0.404/0.108	0.268*/0.040
专业课成绩	0.174/0.275	0.472**/0.000	0.293/0.253	0.315*/0.015
学业总成绩	0.238/0.135	0.486**/0.000	0.350/0.169	0.320*/0.013

应当说，2002年高考为法学类专业选才的有效性较好；同时，法学类专业分别作为传统专业与新增专业，A校的情况仍好于B校（以P值为标准），文史类仍好于理工类。

（五）理工类专业

1. 2002年A，B两校理学类专业的比较

（1）2002年高考总分的效度系数

表 3-1-27 A，B两校理学类专业高考总分的效度系数表

	070101		070301	
	A校	B校	A校	B校
公共课成绩	0.009/0.966	0.420**/0.007	0.273*/0.016	0.169/0.292
专业课成绩	−0.347/0.104	0.287/0.072	0.219/0.054	0.079/0.623
学业总成绩	−0.309/0.152	0.357*/0.024	0.255*/0.024	0.132/0.411

(2) 2002 年高考各科目成绩与大学学业成绩的相关系数

表 3-1-28　A 校 070101 专业高考各科目成绩与大学学业成绩的相关系数表

	语文	数学	英语	理综
公共课成绩	0.297/0.169	−0.177/0.420	0.040/0.855	−0.106/0.631
专业课成绩	−0.149/0.497	−0.265/0.221	−0.156/0.478	0.026/0.905
学业总成绩	−0.024/0.914	−0.278/0.199	−0.070/0.751	−0.089/0.688

表 3-1-29　A 校 070301 专业高考各科目成绩与大学学业成绩的相关系数表

	语文	数学	英语	理综
公共课成绩	0.294**/0.009	−0.016/0.888	0.482**/0.000	−0.166/0.145
专业课成绩	0.056/0.629	0.131/0.255	0.219/0.054	−0.018/0.879
学业总成绩	0.162/0.155	0.074/0.517	0.346**/0.002	−0.083/0.469

表 3-1-30　B 校 070101 专业高考各科目成绩与大学学业成绩的相关系数表

	语文	数学	英语	文综
公共课成绩	0.169/0.298	−0.088/0.590	0.483**/0.002	−0.126/0.437
专业课成绩	0.001/0.995	−0.005/0.976	0.283/0.077	0.006/0.970
学业总成绩	0.067/0.682	−0.038/0.817	0.379*/0.016	−0.045/0.781

表 3-1-31　B 校 070301 专业高考各科目成绩与大学学业成绩的相关系数表

	语文	数学	英语	文综
公共课成绩	0.118/0.464	0.043/0.787	0.327*/0.037	−0.234/0.140
专业课成绩	0.231/0.147	0.135/0.400	0.218/0.172	−0.363*/0.020
学业总成绩	0.176/0.272	0.089/0.582	0.287/0.069	−0.304/0.053

(3) 结论

与 A, C 两校两个文史类专业的结论类似，在 A, B 两校两个理学类专业的比较中，高考为数学与应用数学（070101）专业选才的有效性是 B 校明显好于 A 校，而化学（070301）专业则是 A 校明显好于 B 校。

同样是与 A, C 两校两个文史类专业的结论类似，对于数学与应用数学和化学这两个传统的理学类专业而言，2002 年的高考数学、理科综合两个科目对其选择生源的有效性较低，在 24 个相关系数中有 17 个为负值，7 个正值中也仅有 2 个略大于 0.10，这同样是一个值得关注的类似问题。

2. 2002年A，B，G三校机械类专业的比较

表 3-1-32　A，B，G三校机械类专业高考总分的效度系数表

	A校	B校	G校
公共课成绩	0.483**/0.004	0.194*/0.041	0.213/0.154
专业课成绩	0.368*/0.035	0.199*/0.036	0.264/0.076
学业总成绩	0.428*/0.013	0.207*/0.028	0.258/0.083

应该说，2002年高考为机械类专业选择生源的有效性是较好的，仅有G校以公共课成绩为效标时的效度系数未通过显著性检验，但也达到弱的正相关。但同样的情况是：与A，B，F，G四校的计算机类专业一起，作为2个传统的工学专业，2002年高考数学、理科综合两个科目为其选才的有效性同样较低，在42个效度系数中仍有14个负值，28个正值中有16个大于0.10，仅有3个通过显著性检验（1个0.05水平显著相关，2个0.10水平显著相关，表略）。

三、文理兼招专业不同科类的比较

在本研究所涉及的各文理兼招专业中，B校的五个专业是高等教育大众化阶段新开设的，故不作分析。下述文理兼招专业中050002（英语）、110002（企业管理）为G校开设的专业，其他均为A校开设的专业。

（一）高考总分的效度分析

1. 实证材料

表 3-1-33　文理兼招专业理工类与文史类效度系数对照表

	1984		1993		2002	
	理工类	文史类	理工类	文史类	理工类	文史类
010101	—	0.613**/0.000	—	—0.310/0.456	—0.059/0.881	0.267/0.337
020102	—	0.419**/0.004	0.615**/0.000	0.743**/0.000	0.327*/0.022	0.071/0.666
030101	—	0.248*/0.010	—	0.169/0.304	0.238/0.135	0.486**/0.000
050201	—	0.399**/0.000	—	0.345*/0.018	0.079/0.829	0.384/0.070
110201	—	—	0.172/0.412	0.441/0.052	0.285/0.268	0.375/0.078
110203	—	0.321*/0.011	0.349/0.185	0.406/0.061	0.191/0.150	0.341*/0.029
050002	—	0.412/0.162	—	0.154/0.424	0.176/0.547	0.601**/0.000
110002	0.056/0.791	0.212/0.487	—0.384/0.095	0.278/0.249	0.408/0.054	0.218/0.065

2. 结论

在13对文史类、理工类效度系数的比较中，我们可以清晰地看到，除2002年020102（国际经济与贸易）专业是一个特例外，110002（企业管理）专业两者基本相当①，其余11对数据均是文史类的有效性明显高于理工类的有效性，其中2对是正负的差别，7对是是否通过显著性检验的差别，另外2对是程度的明显差异。我们可以说，这些专业增加理工类考生的意图可能具有明显的意义，但在通过高考选择合适生源的有效性上还远远不够。

（二）高考数学、综合科目的分析

为了进一步评价高考为文理兼招专业选择生源的有效性在理工类考生与文史类考生间的差异，可以再对高考科目与大学学业总成绩的相关状况进行深入的分析。理工类与文史类考生在高考中的区别体现在数学和综合两个科目上，故只比较这两个科目（以2002年为例），见表3-1-34。

表3-1-34 文理兼招专业理工类和文史类高考数学成绩、综合成绩与大学学业总成绩的相关系数对照表

	数学		综合	
	理工类	文史类	理工类	文史类
010101	−0.050/0.898	0.304/0.313	−0.167/0.668	0.093/0.762
020102	0.114/0.436	−0.041/0.805	−0.211/0.146	−0.063/0.705
030101	0.094/0.557	0.012/0.918	−0.054/0.737	0.220/0.062
050201	−0.055/0.881	0.156/0.478	0.079/0.829	−0.134/0.542
110201	0.141/0.589	0.096/0.661	0.366/0.148	0.216/0.322
110203	−0.074/0.582	0.043/0.791	0.048/0.720	0.089/0.578
050002	−0.189/0.517	0.288*/0.016	0.207/0.477	0.337**/0.005
110002	0.166/0.449	0.202/0.088	0.020/0.927	−0.223/0.059

在16对数据的比较中，10对数据是文史类的相关系数高于理工类的相

---

① 参见凌云：《考试统计学》，华中师范大学出版社，2002年，第98～99页。相关系数是根据样本数据求得的，因此难免受到抽样误差的影响。是否通过显著性检验则受样本容量影响，而是否通过显著性检验表示是否可以推断总体有无相关，显著性水平表示推断发生错误的概率。相关系数表示两者相关密切程度的高低。因此，若着眼于总体的状况，比较P值更为科学，效度系数对应的P值越小表明对总体而言有效性越高，0.065略大于0.054但均通过0.10水平的显著性检验，可以认为两者有效性大体相当。

关系数；通过显著性检验的情况为文史类4个相关系数通过显著性检验，理工类各相关系数均未通过显著性检验；相关系数为负值的数目是理工类7个，文史类4个。一个与此相关的背景是：2002年仅招理工类考生的专业与仅招文史类考生的专业相比，前者通过显著性检验的比率为55.56%，高于后者的45.45%，差别并不明显。所以，如何提高高考为这些专业选择理工类生源的有效性是一个值得探究的问题。

四、小结

本节的内容比较庞杂琐碎，有必要作一个小结以归纳总结本节所得出的结论或验证的论点：

（一）由于影响效度系数大小的因素多，影响机理复杂，当数据较少时所得出的结论仅具有相对意义，只有同类数据较多时所得出的结论才较为可靠。

（二）对于由单纯招收文史类考生发展到文理兼招的专业而言，文史类考生的效度状况总体上明显好于理工类考生的效度状况。

（三）传统专业与新增专业相比，传统专业的效度情况总体上明显好于新增专业。

（四）在计算机类、英语类、经济管理类专业的总体比较中，三类专业从时间维度上均支持高考由"精英"向"大众"转变的论点。

（五）在对理工类、文史类传统专业的2002年效度的比较中发现，同一专业在不同类型院校之间的有效性高低有明显的偶然性。

（六）在对理工类、文史类传统专业的2002年效度的比较中还发现，高考数学和理科综合为理工类专业选择生源的有效性较差，而高考语文和文科综合为文史类专业选择生源的有效性较差。

第二节 高考各科目成绩与大学学业成绩的相关分析

深入探讨高考各科目成绩与大学学业成绩的相关情况，不仅可以为制定科学合理的招生标准奠定基础，它本身也是提高高考效度的基础性工作。本节分年份求取公共课成绩、专业课成绩、学业总成绩与高考各科目成绩的相关系数，以期对高考各科目的"效度"情况作出一个较为全面的评价。

一、2002 年的分析

本部分分别计算 2002 年理工类、文史类高考各科目成绩与大学学业成绩的相关系数，按照各相关系数所属等级整理成表，通过分析得出相应结论。

（一）理工类高考（专业数：25）

1. 语文

表 3-2-1　高考语文相关系数等级分布表　　　　　　　　（%）

	A	B	C	D	D$'$	C$'$+B$'$
公共课成绩	20.00	0	14.00	54.00	12.00	0
专业课成绩	4.00	6.00	16.00	48.00	22.00	4.00
学业总成绩	4.00	12.00	10.00	60.00	10.00	4.00

2. 数学

表 3-2-2　高考数学相关系数等级分布表　　　　　　　　（%）

	A	B	C	D	D$'$	C$'$+B$'$
公共课成绩	0	4.00	4.00	38.00	52.00	2.00
专业课成绩	0	0	0	60.00	40.00	0
学业总成绩	0	0	8.00	50.00	42.00	0

3. 英语

表 3-2-3　高考英语相关系数等级分布表　　　　　　　　（%）

	A	B	C	D	D$'$	C$'$+B$'$
公共课成绩	40.00	20.00	0	38.00	2.00	0
专业课成绩	4.00	6.00	20.00	46.00	24.00	0
学业总成绩	10.00	30.00	10.00	40.00	10.00	0

4. 理科综合

表 3-2-4　高考理科综合相关系数等级分布表　　　　　　（%）

	A	B	C	D	D$'$	C$'$+B$'$
公共课成绩	0	0	2.00	24.00	62.00	12.00
专业课成绩	0	4.00	0	50.00	42.00	4.00
学业总成绩	0	0	0	46.00	50.00	4.00

（二）文史类高考（专业数：18）

1. 语文

表 3-2-5　高考语文相关系数等级分布表　　　　　　　　　　（%）

	A	B	C	D	D′	C′+B′
公共课成绩	0	11.11	2.78	50.00	36.11	0
专业课成绩	0	19.44	2.78	66.67	11.11	0
学业总成绩	0	13.89	5.56	52.78	27.77	0

2. 数学

表 3-2-6　高考数学相关系数等级分布表　　　　　　　　　　（%）

	A	B	C	D	D′	C′+B′
公共课成绩	8.33	11.11	2.78	47.22	30.56	0
专业课成绩	5.56	8.33	13.89	41.66	25.00	5.56
学业总成绩	11.11	13.89	2.78	36.10	30.56	5.56

3. 英语

表 3-2-7　高考英语相关系数等级分布表　　　　　　　　　　（%）

	A	B	C	D	D′	C′+B′
公共课成绩	19.44	13.89	8.33	41.67	16.67	0
专业课成绩	22.22	11.11	8.34	36.11	22.22	0
学业总成绩	22.22	16.67	0	47.22	13.89	0

4. 文科综合

表 3-2-8　高考文科综合相关系数等级分布表　　　　　　　　（%）

	A	B	C	D	D′	C′+B′
公共课成绩	5.56	0	2.78	33.33	38.89	19.44
专业课成绩	2.78	5.56	2.78	22.22	50.00	16.66
学业总成绩	8.34	0	2.78	19.44	50.00	19.44

（三）结论

1. 理工类

（1）相关系数为正值且通过显著性检验的比例分别为：语文 28.67%，数学 5.33%，英语 46.67%，理科综合 2.00%，平均为 20.67%。英语、语文选才的有效性明显好于数学、理科综合选才的有效性。

（2）高考英语成绩与大学学业成绩相关系数通过显著性检验的比例在各

科目中均是最高的。其中与公共课成绩的相关系数的显著率为 60.00%，是与专业课成绩相关系数显著率的 2 倍。

2. 文史类

(1) 相关系数为正值且通过显著性检验的比例分别为：语文 18.52%，数学 25.93%，英语 40.74%，文科综合 10.19%，平均为 23.85%。英语、数学、语文、文科综合选才的有效性依次明显降低。

(2) 高考英语成绩与大学学业成绩相关系数通过显著性检验的比例在各科目中均是最高的。高考英语与公共课成绩、专业课成绩相关系数的显著率基本相当。

3. 两者相比

(1) 总体而言，理工类高考与文史类高考选才的有效性没有明显的差异，且均是英语最好、综合科目最差，理科综合相关系数的负值比例达到 58.00%，文科综合则达到 64.81%。

(2) 关于高考语文科目选才的有效性，理工类的状况明显好于文史类，文科数学选才的有效性明显好于理科数学。

二、1993 年的分析

(一) 理工类高考（专业数：12）

1. 语文

表 3-2-9 高考语文相关系数等级分布表 （%）

	A	B	C	D	D′	C′+B′
公共课成绩	16.67	4.17	8.33	25.00	45.83	0
专业课成绩	8.34	0	8.33	37.50	45.83	0
学业总成绩	8.33	4.17	12.50	29.17	45.83	0

2. 数学

表 3-2-10 高考数学相关系数等级分布表 （%）

	A	B	C	D	D′	C′+B′
公共课成绩	8.33	4.17	16.67	41.66	29.17	0
专业课成绩	16.67	4.17	8.33	50.00	20.83	0
学业总成绩	8.34	12.50	8.33	62.50	8.33	0

3. 英语

表 3-2-11 高考英语相关系数等级分布表　　　　　　　　　　（%）

	A	B	C	D	D′	C′+B′
公共课成绩	37.50	8.34	8.33	33.33	12.50	0
专业课成绩	20.83	0	8.34	58.33	12.50	0
学业总成绩	20.83	16.67	8.33	41.67	12.50	0

4. 理科综合①

表 3-2-12 高考理科综合相关系数等级分布表　　　　　　　　（%）

	A	B	C	D	D′	C′+B′
公共课成绩	12.50	0	0	37.50	41.67	8.33
专业课成绩	12.50	0	0	41.67	45.83	0
学业总成绩	12.50	0	0	41.67	37.50	8.33

（二）文史类高考（专业数：12）

1. 语文

表 3-2-13 高考语文相关系数等级分布表　　　　　　　　　　（%）

	A	B	C	D	D′	C′+B′
公共课成绩	0	4.17	4.17	62.50	20.83	8.33
专业课成绩	8.34	8.33	8.33	41.67	33.33	0
学业总成绩	0	16.67	0	50.00	33.33	0

2. 数学

表 3-2-14 高考数学相关系数等级分布表　　　　　　　　　　（%）

	A	B	C	D	D′	C′+B′
公共课成绩	4.17	0	0	41.67	54.16	0
专业课成绩	4.17	0	0	33.33	37.50	25.00
学业总成绩	4.17	0	0	33.33	45.83	16.67

---

① 1999年开始实施"3+X"的试验，"X"一般为理科综合或文科综合，而1993年及以前一般是"七六"模式，为便于纵向比较，把物理、化学、生物综合为理科综合。

3. 英语

表 3-2-15　高考英语相关系数等级分布表　　　　　　　　　　（%）

	A	B	C	D	D′	C′+B′
公共课成绩	12.50	0	25.00	45.83	16.67	0
专业课成绩	12.50	8.33	16.67	41.67	20.83	0
学业总成绩	20.83	8.34	8.33	41.67	20.83	0

4. 文科综合①

表 3-2-16　高考文科综合相关系数等级分布表　　　　　　　　（%）

	A	B	C	D	D′	C′+B′
公共课成绩	4.17	8.33	8.33	50.00	29.17	0
专业课成绩	8.33	0	8.33	66.67	16.67	0
学业总成绩	4.17	4.17	12.50	62.50	16.66	0

（三）结论

1. 理工类

（1）相关系数为正值且通过显著性检验的比例分别为：语文 23.61%，数学 29.17%，英语 43.06%，理科综合 12.50%，平均为 27.09%。英语选才的有效性明显好于语文、数学、理科综合。

（2）高考英语成绩与大学学业成绩相关系数为正值且通过显著性检验的比例在各科目中均是最高的。高考英语成绩与公共课成绩的相关系数的显著率为 54.17%，是与专业课成绩相关系数显著率的 1.86 倍。

2. 文史类

（1）相关系数为正值且通过显著性检验的比例分别为：语文 16.67%，数学 4.17%，英语 37.50%，文科综合 19.44%，平均为 19.44%。英语选才的有效性较好而数学较差。

（2）高考英语成绩与大学学业成绩相关系数为正值且通过显著性检验的比例在各科目中均是最高的。高考英语成绩与公共课成绩、专业课成绩相关系数的显著率相同。

3. 两者相比

（1）总体而言，理工类高考与文史类高考为高校选才的有效性有明显差

---

① 为便于纵向比较，文科综合为政治、历史、地理之综合。

异，理工类好于文史类。然而英语均是选才有效性最好的科目。

（2）语文为理工类专业选才的有效性明显好于为文史类专业选才的有效性，理科数学选才的有效性明显高于文科数学选才的有效性。

三、1984 年的分析

（一）理工类高考（专业数：10.5）

1. 语文

表 3-2-17　高考语文相关系数等级分布表　　　　　　　　（%）

	A	B	C	D	D'	C'+B'
公共课成绩	9.52	0	0	23.81	57.15	9.52
专业课成绩	0	9.52	0	14.29	66.67	9.52
学业总成绩	9.53	0	0	4.76	76.19	9.52

2. 数学

表 3-2-18　高考数学相关系数等级分布表　　　　　　　　（%）

	A	B	C	D	D'	C'+B'
公共课成绩	0	0	9.52	38.10	47.62	4.76
专业课成绩	0	0	9.53	28.57	57.14	4.76
学业总成绩	0	9.52	0	38.10	47.62	4.76

3. 英语

表 3-2-19　高考英语相关系数等级分布表　　　　　　　　（%）

	A	B	C	D	D'	C'+B'
公共课成绩	52.38	28.57	0	19.05	0	0
专业课成绩	28.57	4.76	0	66.67	0	0
学业总成绩	28.57	33.33	0	38.10	0	0

4. 理科综合[①]

表 3-2-20　高考理科综合相关系数等级分布表　　　　　　（%）

	A	B	C	D	D'	C'+B'
公共课成绩	0	0	0	28.57	71.43	0
专业课成绩	0	28.57	0	66.67	4.76	0
学业总成绩	0	19.05	9.52	57.14	14.29	0

---

① 理科综合为物理、化学、生物之综合。

（二）文史类高考（专业数：13.5）

1. 语文

表 3-2-21　高考语文相关系数等级分布表　　　　　　　　（%）

	A	B	C	D	D′	C′+B′
公共课成绩	0	7.41	0	37.04	55.55	0
专业课成绩	0	14.81	7.41	51.85	25.93	0
学业总成绩	0	0	14.81	37.04	48.15	0

2. 数学

表 3-2-22　高考数学相关系数等级分布表　　　　　　　　（%）

	A	B	C	D	D′	C′+B′
公共课成绩	7.41	7.41	7.41	40.74	22.22	14.81
专业课成绩	7.41	0	14.81	48.15	22.22	7.41
学业总成绩	7.41	0	14.81	48.15	22.22	7.41

3. 英语

表 3-2-23　高考英语相关系数等级分布表　　　　　　　　（%）

	A	B	C	D	D′	C′+B′
公共课成绩	44.44	0	0	25.93	29.63	0
专业课成绩	7.41	7.41	22.22	55.55	7.41	0
学业总成绩	22.22	7.41	0	70.37	0	0

4. 文科综合[①]

表 3-2-24　高考文科综合相关系数等级分布表　　　　　　（%）

	A	B	C	D	D′	C′+B′
公共课成绩	0	14.82	14.81	51.85	18.52	0
专业课成绩	14.81	22.22	7.41	18.52	37.04	0
学业总成绩	0	37.04	7.41	37.04	18.51	0

（三）结论

1. 理工类

（1）相关系数为正值且通过显著性检验的比例分别为：语文 9.52%，数学 9.52%，英语 58.73%，理科综合 19.05%，平均为 24.21%。英语选才的有效性远远高于其他科目选才的有效性。

---

① 文科综合为政治、历史、地理之综合。

(2) 高考英语成绩与大学学业成绩相关系数为正值且通过显著性检验的比例在各科目中均是最高的。高考英语成绩与公共课成绩的相关系数的显著率为 80.95%，是与专业课成绩相关系数显著率的 2.43 倍。

(3) 语文成绩、数学成绩与大学学业成绩相关系数为负值的比例分别达到 76.52% 和 55.56%；理科综合虽与公共课成绩的相关系数为负值的比例很高，但是与专业课成绩的相关系数为负值的比例极低。

2. 文史类

(1) 相关系数为正值且通过显著性检验的比例分别为：语文 14.81%，数学 22.22%，英语 37.04%，文科综合 39.51%，平均为 28.40%。文科综合、英语、数学、语文选才的有效性依次明显降低。

(2) 与公共课成绩相关系数为正值且通过显著性检验的比例英语明显高于文科综合，然而与专业课成绩相关系数为正值且通过显著性检验的比例则文科综合明显高于英语。

3. 两者相比

(1) 总体而言，理工类高考与文史类高考选才的有效性没有明显差异。

(2) 文科数学选才的有效性明显高于理科数学选才的有效性。

(3) 文科综合选才的有效性较高。

四、结论

（一）各科目平均显著率的纵向比较

1984 年、1993 年、2002 年理工类高考各科目成绩与大学学业成绩的相关系数通过显著性检验的平均比例依次为 24.21%，27.08%，20.67%，文史类高考各科目成绩与大学学业成绩的相关系数通过显著性检验的平均比例依次为 28.40%，16.67%，23.84%，均有一定的起伏。

若高考总分的效度系数通过显著性检验的比例以同样顺序排列，理工类为 44.44%，40.28%，46.00%，文史类为 51.85%，29.17%，43.52%。两者对比（见图 3-2-1），可以发现依据高考总分来进行录取决策，明显可以降低以单一科目成绩录取的偶然性（当然，事实上高考也没有依据某单科成绩录取）。

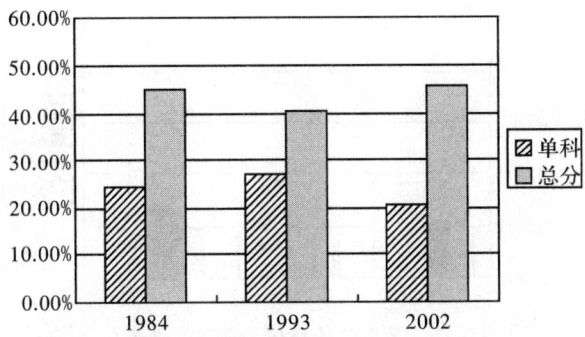

图 3-2-1a 理工类两种录取依据显著率对比图

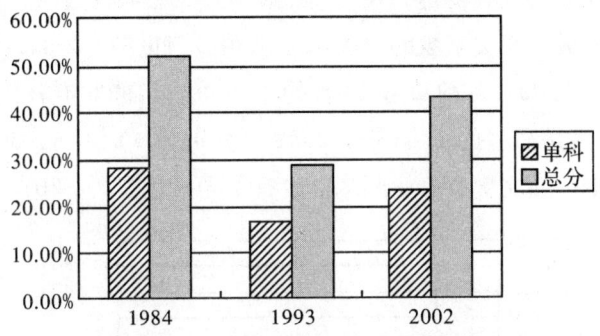

图 3-2-1b 文史类两种录取依据显著率对比图

(二) 各科目显著率的横向比较

如图 3-2-2 所示，除 1984 年文科综合科目成绩与大学学业成绩的相关系数通过显著性检验的比例略高于英语外，英语成绩与大学学业成绩的相关系数通过显著性检验的比例均是各科目中最高的，且与其他科目差别非常明显。可以说高考各科目中，英语科目选才的有效性最高。

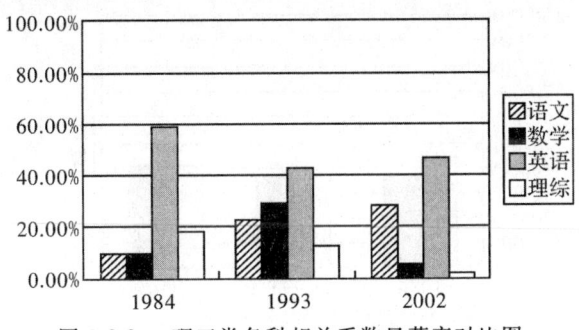

图 3-2-2a 理工类各科相关系数显著率对比图

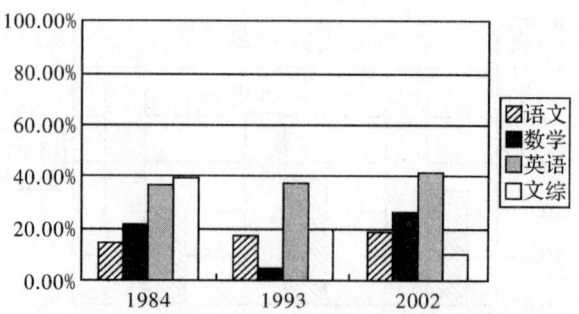

图 3-2-2b 文史类各科相关系数显著率对比图

然而同样值得注意的是，关于理工类专业，公共课成绩、专业课成绩两者与高考英语成绩相关系数的显著率差别明显（见图 3-2-3a）：1984 年分别为 80.95％，33.33％，前者是后者的 2.43 倍；1993 年分别为 54.17％，29.16％，前者是后者的 1.86 倍；2002 年分别为 60.00％，30.00％，前者是后者的 2 倍。而文史类专业则基本没有差异（见图 3-2-3b）。

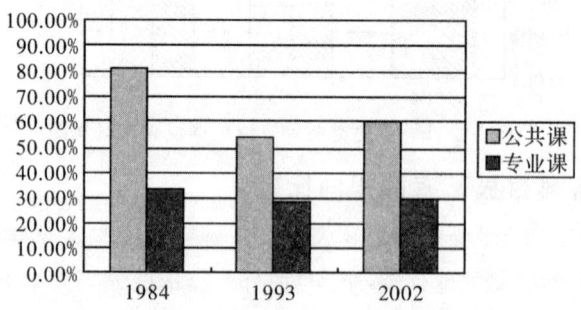

图 3-2-3a 理工类两种相关系数显著率对比图

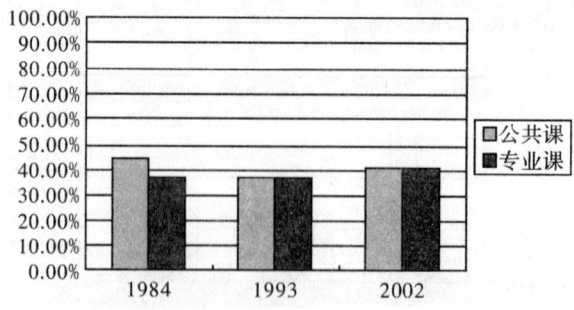

图 3-2-3b 文史类两种相关系数显著率对比图

（三）分卷考试与合卷考试的比较

比较物理、化学、生物和政治、历史、地理分科目考试，与以理科综合、文科综合的方式考试，我们可以发现，分卷考试比使用综合试卷考试更有利于发挥高考选择合适生源的有效性。理工类的显著率从1984年、1993年的19.05％和12.50％下降到2002年的2.00％，文史类的显著率从1984年、1993年的39.51％和19.44％下降到2002年的10.19％，具体见图3-2-4。

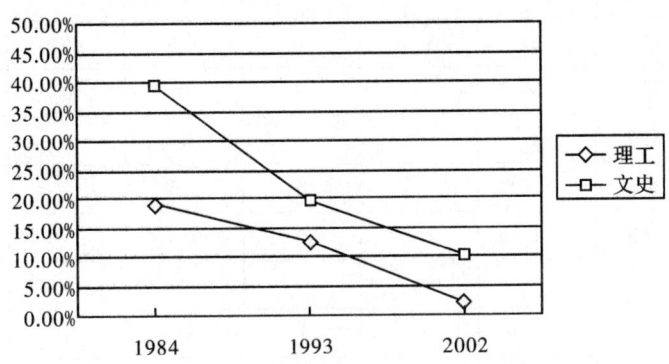

图 3-2-4 分卷考试与合卷考试的相关系数显著率变化图

第三节　高考英语与高考数学的效度

英语、数学不仅在高考中是基本的考试科目，在高等教育阶段也是重要的基础课程。英语对各专业来说都是必修的课程，而数学对理工类专业而言则是必修课程，一些文理兼招的专业也把数学作为必修课程。因此，以大学英语成绩作为高考英语的效标、以大学数学成绩作为高考数学的效标来度量高考英语、高考数学的效度有着重要的理论意义和实践价值。

一、高考英语的效度

以大学英语成绩度量高考英语的效度应该分为非英语专业和英语专业两种类型。前者的效标是作为公共课的英语课程成绩，后者的效标是作为专业课的英语课程成绩。本研究即按照此种分类来进行。

（一）2002年的分析

1. 实证材料

表 3-3-1　非英语专业高考英语效度系数的等级分布表　　（单位：个）

		A	B	C	D	D′	专业总数
总计	理工	14	2	0	0	0	16
	文史	5	0	2	1	0	8
	兼理	2.5	1	0	2.5	0	6
	兼文	2	1.5	1	1.5	0	6
研究型	理工	3	1	0	0	0	4
	文史	2	0	0	1	0	3
	兼理	2.5	0	0	0.5	0	3
	兼文	1	1.5	0	0.5	0	3
应用型	理工	9	0	0	0	0	9
	文史	2	0	1	0	0	3
	兼理	0	0.5	0	2	0	2.5
	兼文	0.5	0	1	1	0	2.5
实用型	理工	2	1	0	0	0	3
	文史	1	0	0	1	0	2
	兼理	0	0.5	0	0	0	0.5
	兼文	0.5	0	0	0	0	0.5

2. 数据特征

在2002年所选取的43个专业中，4个英语专业另作分析，F校3个非英语专业因英语课程未作为考试课程开设故略去，表3-3-1所示即是另外36个专业英语效度系数的等级分布状况。

（1）在这36个专业中，通过显著性检验的专业有31个，占86.11%，其中达到0.01水平的专业有23.5个；36个效度系数均为正值，正值率为100.00%。

（2）若按院校类型划分，通过显著性检验的比例分别为研究型院校84.62%（11/13），应用型院校82.35%（14/17），实用型院校100.00%

(6/6),实用型院校最高。

(3) 若按科类划分,理工类专业为 88.64％ (19.5/22),文史类专业为 82.14％ (11.5/14)①,两者大体相当。

3. 英语专业的效度

关于英语专业,以专业课成绩为效标度量高考英语的效标关联效度。A 校的英语专业是文理兼招,其中理工类等级为 D,文史类等级为 C;C 校英语专业生源为文史类,其效度系数等级为 A;F 校英语专业的生源为文史类,其效度系数等级为 B;G 校英语专业是文理兼招,其中理工类等级为 D,文史类等级为 A。

英语专业效度系数通过显著性检验的比例为 75.00％ (3/4),略低于非英语类专业;实用型院校与应用型院校等级较高,而研究型院校等级较低;文史类较高,均通过显著性检验,理工类较低,均未通过显著性检验。

(二) 1993 年的分析

1. 实证材料

表 3-3-2　非英语专业高考英语效度系数的等级分布表　　(单位:个)

		A	B	C	D	D′	专业总数
总计	理工	6	1	0	2	0	9
	文史	1	2	0	2	0	5
	兼理	0.5	0	0.5	1	0	2
	兼文	0.5	1	0.5	0	0	2
研究型	理工	2	0	0	1	0	3
	文史	0	2	0	2	0	4
	兼理	0.5	0	0	1	0	1.5
	兼文	0.5	0.5	0.5	0	0	1.5
应用型	理工	2	1	0	1	0	4
实用型	理工	2	0	0	0	0	2
	文史	1	0	0	0	0	1
	兼理	0	0	0.5	0	0	0.5
	兼文	0	0.5	0	0	0	0.5

2. 数据特征

在 1993 年所选取的 24 个专业中,4 个英语专业另作分析,F 校 2 个非

---

① 文理兼招类分别归入理工类和文史类计算,下同。

英语专业因英语课程未作为考试课程开设故略去，表 3-3-2 所示即是另外 18 个专业效度系数的等级分布状况。

（1）在这 18 个专业中，通过显著性检验的专业有 13 个，占 72.22%，其中达到 0.01 水平的专业有 8 个；18 个效度系数均为正值，其正值率为 100.00%。

（2）若按院校类型划分，通过显著性检验的比例分别为研究型院校 60.00%（6/10），应用型院校 75.00%（3/4），实用型院校 100.00%（4/4），实用型院校最高。

（3）若按科类划分，理工类专业为 72.72%（8/11），文史类专业为 71.43%（5/7），两者大体相当。

3. 英语专业的效度

关于英语专业，以专业课成绩为效标度量高考英语的效标关联效度。A，C，F，G 四校英语专业的生源均为文史类，其效度系数等级分别为 B，C，A，D。

英语专业效度系数通过显著性检验的比例为 75.00%（3/4），与非英语类专业大体相当。

（三）1984 年的分析

1. 实证材料

表 3-3-3　非英语专业高考英语效度系数的等级分布表　　（单位：个）

		A	B	C	D	D'	专业总数
总计	理工	8	0	0	1	0	9
	文史	7	0	0	1	0	8
	兼理	0.5	0	0	0	0	0.5
	兼文	0.5	0	0	0	0	0.5
研究型	理工	3	0	0	0	0	3
	文史	5	0	0	1	0	6
应用型	理工	3	0	0	1	0	4
	文史	1	0	0	0	0	1
实用型	理工	2	0	0	0	0	2
	文史	1	0	0	0	0	1
	兼理	0.5	0	0	0	0	0.5
	兼文	0.5	0	0	0	0	0.5

2. 数据特征

在 1984 年所选取的 24 个专业中，4 个英语专业另作分析，F 校 2 个非英语专业因英语课程未作为考试课程开设故略去，表 3-3-3 所示即是另外 18 个专业效度系数的等级分布状况。

(1) 在这 18 个专业中，通过显著性检验的专业有 16 个，占 88.89%，且均达到 0.01 水平；18 个效度系数均为正值，其正值率为 100.00%。

(2) 若按院校类型划分，研究型院校与应用型院校各有 1 个专业未通过显著性检验。

(3) 若按科类划分，理工类、文史类各有 1 个专业未通过显著性检验，理工类为 89.47%（8.5/9.5），文史类为 88.24%（7.5/8.5）。

3. 英语专业的效度

A，C，F，G 四校英语专业的生源均为文史类，其效度系数等级分别为 A，B，D，D。

研究型院校与应用型院校英语专业的效度系数均通过显著性检验，而实用型院校 2 个英语专业的效度系数均未通过显著性检验。

（四）结论

1. 非英语专业高考英语的效度

高考英语成绩与大学英语成绩的相关状况非常好（具体见图 3-3-1），与高考总分的效度状况比较则更为明显（见图 3-3-2）。非英语专业的相关系数正值率为 100.00%，通过显著性检验的比例高达 83.33%（60/72），其中 65.97%（47.5/72）的专业达到 0.01 显著相关水平。1984 年状况最好，2002 年次之，1993 年相对稍差。

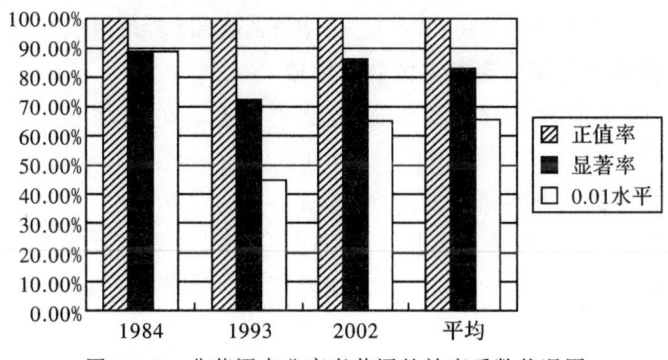

图 3-3-1 非英语专业高考英语的效度系数状况图

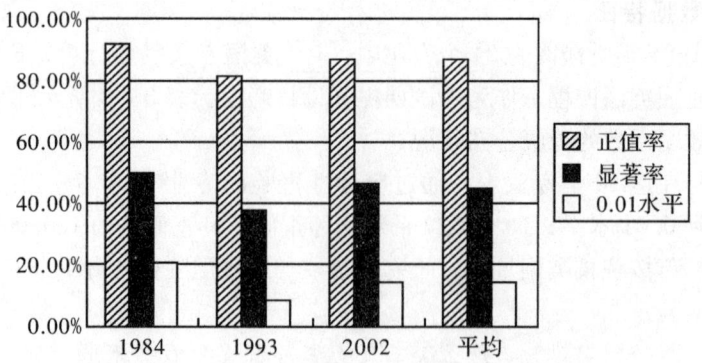

图 3-3-2 非英语专业高考总分的效度系数状况图

2. 不同类型院校之间的高考英语效度比较

实用型院校的高考英语效度最好,效度系数均通过显著性检验;应用型院校较为稳定;研究型院校1993年的效度相对较低(具体见图3-3-3)。

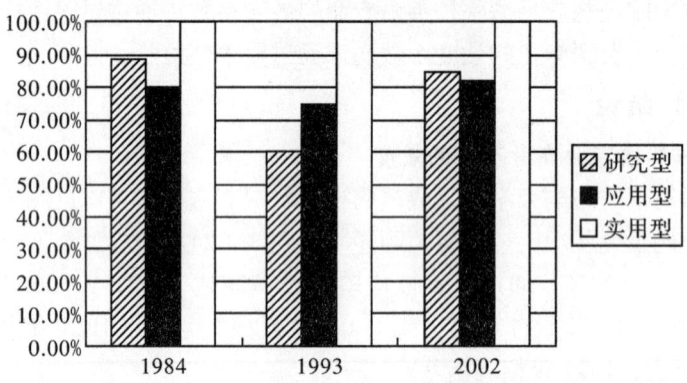

图 3-3-3 不同类型院校之间高考英语效度系数比较图

3. 不同科类之间的高考英语效度比较

如图3-3-4所示,理工类专业与文史类专业的高考英语效度差别非常小。

4. 英语专业与非英语专业的比较

英语专业与非英语专业相比,英语专业的相关情况稍低于非英语专业,但为英语专业选择合适生源的有效性仍然很好,显著率达到66.67%(8/12)(见图3-3-5)。

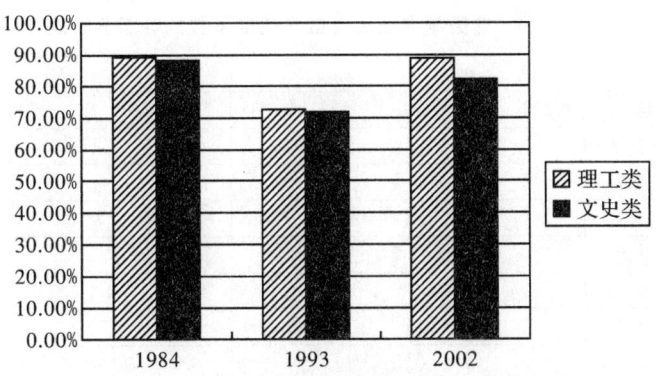

图 3-3-4　不同科类之间高考英语效度系数比较图

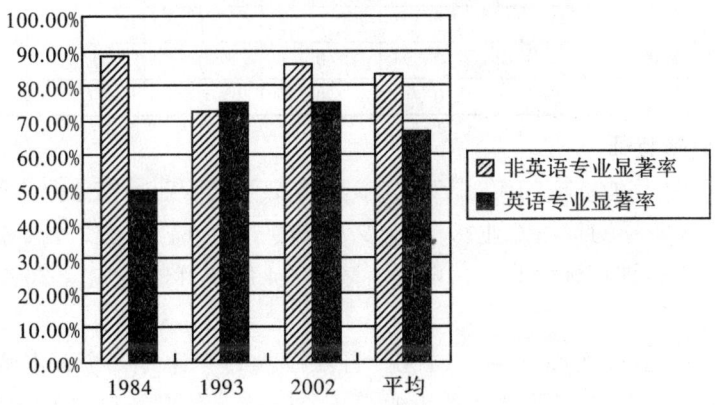

图 3-3-5　英语专业与非英语专业高考英语效度系数比较图

5. 两个特点

高考英语为英语专业选择合适生源的有效性体现了两个特点：高考由"精英"向"大众"转变，传统专业好于新增专业（2002 年新增理工类均未通过显著性检验，而传统文史类均通过显著性检验）。

二、高考数学的效度

以大学数学成绩度量高考数学的效度应该分为非数学专业和数学专业两种类型。前者的效标是作为公共课的数学课程成绩，后者的效标是作为专业课的数学课程成绩。

（一）2002 年的分析

1. 实证材料

表 3-3-4　非数学专业高考数学效度系数的等级分布表　　（单位：个）

		A	B	C	D	D′	专业总数
总计	理工	1	4	0	5	3	13
	兼理	0	1	0.5	2.5	2	6
	兼文	1	0.5	0	4	0.5	6
研究型	理工	1	1	0	1	0	3
	兼理	0	0.5	0.5	1	1	3
	兼文	0	0	0	3	0	3
应用型	理工	0	1	0	3	2	6
	兼理	0	0.5	0	1.5	0.5	2.5
	兼文	0.5	0.5	0	1	0.5	2.5
实用型	理工	0	2	0	1	1	4
	兼理	0	0	0	0	0.5	0.5
	兼文	0.5	0	0	0	0	0.5

2. 数据特征

在2002年所选取的43个专业中，3个数学类专业另作分析，A校和G校2个文理兼招的英语专业和11个文史类专业除外，E校2个专业未把数学课作为考试课程开设也予以略去。表3-3-4所统计的是剩余25个专业的情况。

（1）在这25个专业中，通过显著性检验的专业有8个，占32.00%，其中达到0.01水平显著相关的专业有2个；25个效度系数中正值的比例为78%（19.5/25）。

（2）若按院校类型划分，通过显著性检验的比例分别为研究型院校33.33%（3/9），应用型院校22.73%（2.5/11），实用型院校50.00%（2.5/5），相对而言，实用型院校相关状况较好。

（3）若按科类划分，理工类专业为38.46%（5/13），文理兼招理工类专业为25.00%（1.5/6），文理兼招文史类专业为25.00%（1.5/6），理工类略好于兼招类。

3. 数学专业的效度

关于数学专业，以专业课成绩为效标度量高考数学的效标关联效度（下同）。A校数学专业效度系数的等级为D′，B校数学专业效度系数的等级为D′，F校数学专业效度系数的等级为D。3个效度系数均未通过显著性检验，且2个为负值。因此，2002年高考数学为数学专业选才的有效性不足。

（二）1993年的分析

1. 实证材料

表 3-3-5　非数学专业高考数学效度系数的等级分布表　　（单位：个）

		A	B	C	D	D′	专业总数
总计	理工	2	2	0	2	1	7
	兼理	0.5	0.5	0	1	0	2
	兼文	1	0.5	0	0	0.5	2
研究型	理工	0	2	0	0	0	2
	兼理	0.5	0.5	0	0.5	0	1.5
	兼文	1	0.5	0	0	0	1.5
应用型	理工	1	0	0	2	0	3
实用型	理工	1	0	0	0	1	2
	兼理	0	0	0	0.5	0	0.5
	兼文	0	0	0	0	0.5	0.5

2. 数据特征

在1993年所选取的24个专业中，2个数学专业另作分析，10个文史类专业除外，E校1个专业未把数学课作为考试课程开设也予以略去，表3-3-5所统计的是剩余11个专业的情况。

（1）在这11个专业中，通过显著性检验的专业有6.5个，占59.09%，其中达到0.01水平显著相关的专业有3.5个；11个效度系数中正值的比例为86.36%（9.5/11）。

（2）若按院校类型划分，通过显著性检验的比例分别为研究型院校90.00%（4.5/5），应用型院校33.33%（1/3），实用型院校33.33%（1/3），研究型院校相关状况非常好。

（3）若按科类划分，理工类专业为57.14%（4/7），文理兼招理工类专业为50.00%（1/2），文理兼招文史类专业为75.00%（1.5/2）。

3. 数学专业的效度

关于数学专业，以专业课成绩为效标度量高考数学的效标关联效度。A校数学专业效度系数的等级为D，F校数学专业效度系数的等级也为D。2个效度系数均未通过显著性检验。因此，1993年高考数学为数学专业选才的有效性不足。

（三）1984 年的分析

1. 实证材料

表 3-3-6　非数学专业高考数学效度系数的等级分布表　　（单位：个）

		A	B	C	D	D′	专业总数
总计	理工	0	1	2	4	1	8
	文史	2	0	0	1	0	3
	兼理	0	0	0	0	0.5	0.5
	兼文	0	0	0	0.5	0	0.5
研究型	理工	0	1	0	0	1	2
	文史	2	0	0	1	0	3
应用型	理工	0	0	2	2	0	4
实用型	理工	0	0	0	2	0	2
	兼理	0	0	0	0	0.5	0.5
	兼文	0	0	0	0.5	0	0.5

2. 数据特征

在 1984 年所选取的 24 个专业中，2 个数学专业另作分析，10 个文史类专业除外，表 3-3-6 所统计的是其余 12 个专业的情况。

（1）在这 12 个专业中，通过显著性检验的专业有 5 个，占 41.67%，其中达到 0.01 水平显著相关的专业有 2 个；12 个效度系数中正值的比例为 87.50%（10.5/12）。

（2）若按院校类型划分，通过显著性检验的比例分别为研究型院校 60.00%（3/5），应用型院校 50.00%（2/4），实用型院校 0。

（3）若按科类划分，理工类专业为 37.50%（3/8），文史类专业为 66.67%（2/3），文理兼招类专业为 0。

3. 数学专业的效度

关于数学专业，以专业课成绩为效标度量高考数学的效标关联效度。A 校数学专业效度系数的等级为 D′，F 校数学专业效度系数的等级也为 D′。2 个效度系数均未通过显著性检验且为负值。因此，1984 年高考数学为数学专业选才的有效性不足。

（四）结论

1. 非数学专业高考数学的效度

高考数学成绩与大学数学成绩相关状况不太好。相关系数通过显著性检验的比例为 40.63%（19.5/48），其中 15.63%（7.5/48）的专业达到 0.01

显著相关水平，前者不足英语的 1/2，后者不足英语的 1/4。1993 年状况相对较好，1984 年次之，2002 年相对稍差（具体见图 3-3-6）。

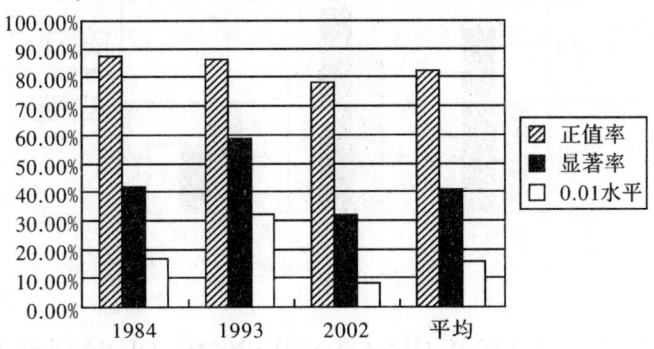

图 3-3-6 非数学专业高考数学的效度系数状况图

2. 不同类型院校之间高考数学效度的比较

扩招以前，研究型院校高考数学的效度状况均较好，扩招以后的 2002 年较差；应用型院校的则随时间顺序缓慢下降；相反，实用型院校的则随时间顺序明显上升（具体见图 3-3-7）。

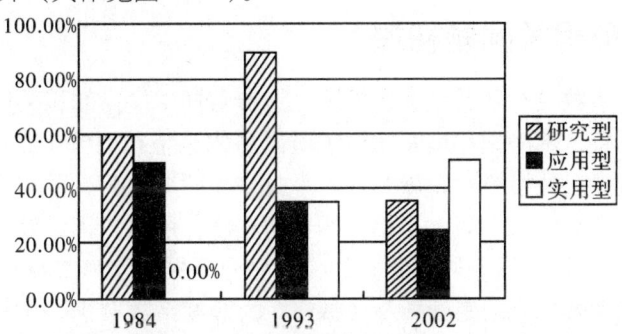

图 3-3-7 不同类型院校之间高考数学效度系数比较图

3. 不同科类之间高考数学效度的比较①

如图 3-3-8 所示，高考数学的效度在不同科类之间没有明显的特征。

4. 数学专业高考数学的效度

数学专业与非数学专业相比，情况相对更差，均未通过显著性检验，且 1984 年 2 个相关系数均为负值，2002 年为 2 个负值 1 个正值。高考数学为数学专业选择合适生源的状况很不理想。

---

① 2002 年和 1993 年文理兼招的专业在 1984 年均仅招收文史类考生。

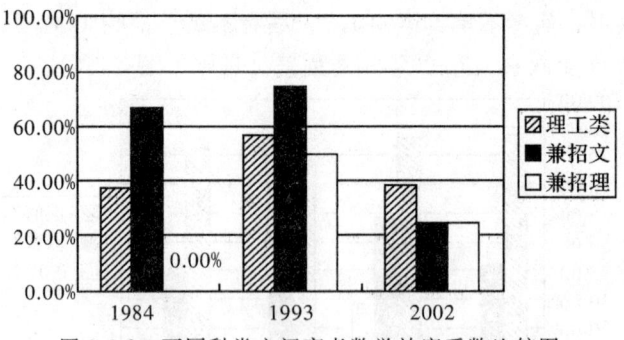

图 3-3-8 不同科类之间高考数学效度系数比较图

第四节 负相关问题与录取标准科学性问题初探

本节探讨两个特殊的问题：一个是相关系数为负值的专业呈现什么规律，另一个是对以总分、相应科目分数、总分与相应科目的综合分数作为依据进行录取的科学性进行比较。

一、负相关问题初探

若相关系数没有通过显著性检验，意味着样本提供的相关信息有可能是抽样误差所致，不能据此推断该样本所属总体也呈相关[①]。然而，当相关系数没有通过显著性检验时，就其样本本身来说两变量仍具备相应特征的相关程度，它的绝对值大小表示了相关的密切程度。所以，探讨效度系数为负值（而无论其是否通过显著性检验）的专业仍有重要的实践意义。本研究的统计表明，三种效标分别度量高考（总分）的效度系数有 15.20%（41.5/273）的效度系数为负值，其中仅有 1.10%（3/273）的效度系数通过显著性检验，即显著负相关[②]；而高考各科目成绩与大学学业成绩的相关系数中有 33.33%（364/1092）的相关系数为负值，其中 3.16%（34.5/1092）通过显著性检验[③]。本部分选取高考总分的效度系数为负值所涉及的专业和高考

[①] 凌云：《考试统计学》，华中师范大学出版社，2002 年，第 99 页。
[②] 参见本章第二节。1993 年 1.5 个专业的 3 个为负值的效度系数通过显著性检验，分别为学业总成绩和专业课成绩作效标时的效度系数。
[③] 参见本章第二节。

科目成绩与大学学业成绩的相关系数为负值且通过显著性检验所涉及的专业进行深入探讨。

（一）以高考总分与学业总成绩的相关系数为负值的专业为中心展开

1. 2002 年的分析

(1) 实证材料

表 3-4-1 2002 年高考总分的效度系数为负值的专业一览表

	专业代码	样本容量	公共课成绩	专业课成绩	学业总成绩
研究型	070101	23	0.009/0.966	−0.347/0.104	−0.309/0.152
	010101 理	9	−0.050/0.897	−0.042/0.915	−0.059/0.881
应用型	040101	41	−0.085/0.598	−0.048/0.766	−0.062/0.700
	090101	66	−0.024/0.846	−0.115/0.359	−0.084/0.502
	020101 理	19	−0.228/0.348	−0.232/0.340	−0.217/0.373
	020102 理	46	0.041/0.787	−0.026/0.863	−0.001/0.997
	020101 文	8	−0.143/0.736	−0.548/0.160	−0.214/0.610
	110201 文	24	−0.120/0.575	0.072/0.738	−0.002/0.992

(2) 数据特征

以学业总成绩为效标其效度系数为负值的专业有 5.5 个，负值率为 12.79%（5.5/43）。这 5.5 个效度系数为负值的专业均属于本科院校，理工类专业略多于文史类专业。分别以公共课成绩、专业课成绩、学业总成绩为效标进行度量，其结果具有很强的一致性，以公共课成绩作为效标和以专业课成绩作为效标时效度系数为负值的专业分别有 4 个和 5 个，其余为正值的效度系数的数值也很小，均小于 0.100。

涉及的 4 个文理兼招专业[①]，除应用型院校的 020101 专业的理工类与文史类以专业课成绩为效标时效度系数均为负值外，其余 3 个专业各有一个类别为负值，另外一个类别为正值，仅有应用型院校 110201 专业理工类效度系数较大。具体为：研究型院校的 010101 专业文史类（样本容量 13）为 0.011/0.971；应用型院校的 020102 专业文史类（样本容量 61）为 0.086/0.509，110201 专业理工类（样本容量 20）为 0.393/0.087。

---

① 涉及的专业是指无论是这一专业的一个科类还是两个科类，均为涉及 1 个专业；而效度系数为负值的专业是一个科类，仍以 0.5 计。

2. 1993年的分析

(1) 实证材料

表 3-4-2　1993年高考总分的效度系数为负值的专业一览表①

	专业代码	样本容量	公共课成绩	专业课成绩	学业总成绩
研究型	010101	8	−0.500/0.207	−0.143/0.736	−0.310/0.456
	060101	16	−0.212/0.430	−0.128/0.636	−0.199/0.460
	070101	25	−0.002/—	0.029/—	−0.015/—
实用型	070001	82	−0.060/0.595	−0.206/0.063	−0.186/0.094
	110002理	20	−0.146/0.538	−0.458*/0.042	−0.384/0.095

(2) 数据特征

以学业总成绩为效标其效度系数为负值的专业有 4.5 个，负值率为 18.75%（4.5/24）。这 4.5 个效度系数为负值的专业分别属于研究型院校、实用型院校，研究型院校的 2 个专业为文史类，1 个专业为理工类，而实用型院校的专业为理工类。分别以公共课成绩、专业课成绩、学业总成绩为效标进行度量，其结果同样具有很强的一致性，以公共课成绩作为效标和以专业课成绩作为效标时效度系数为负值的专业分别有 4.5 个和 3.5 个，只有研究型院校的 070101 专业的 1 个效度系数为正值，但小于 0.100。

在这 4.5 个专业中，实用型院校的 1.5 个专业以专业课成绩和学业总成绩为效标时的效度系数不仅为负值，且均通过显著性检验。

3. 1984年的分析

(1) 实证材料

表 3-4-3　1984年高考总分的效度系数为负值的专业一览表

	专业代码	样本容量	公共课成绩	专业课成绩	学业总成绩
应用型	080605	25	−0.214/0.304	−0.264/0.201	−0.279/0.176
实用型	050004	51	−0.010/0.945	−0.003/0.984	−0.005/0.970

(2) 数据特征

以学业总成绩为效标其效度系数为负值的专业有 2 个，负值率为 8.33%（2/24）。即 1984 年所选取的 24 个专业中，仅有 2 个专业以学业总成绩为效标时的效度系数为负值，应用型院校与实用型院校各有 1 个，理工类和文史类各有 1 个。分别以公共课成绩、专业课成绩、学业总成绩为效标

---

① 合成系数无 P 值，下同。

进行度量，其结果同样具有很强的一致性，均为负值。

4. 结论

在 2002 年的 5.5 个专业中，有 2.5 个专业在 1993 年和 1984 年没有选取（实际情形大多也没有招生），因此，我们可以就 2002 年的另外 3 个专业和 1993 年、1984 年的 4.5 个及 2 个专业进行纵向的比较。这 8.5 个专业（070101 专业重复）分别在 1984 年、1993 年、2002 年的效度情况可整理成表 3-4-4（仅取学业总成绩为效标时的效度系数）。

表 3-4-4　三个年度高考总分的效度系数为负值的专业一览表①

	专业代码	样本容量	1984	1993	2002
研究型	070101	33/25/23	0.516**/0.002	−0.015/—	−0.309/0.152
	010101	55/8/13	0.613**/0.000	−0.310/0.456	0.267/0.337
	060101	54/16/24	0.258/0.059	−0.199/0.460	0.365/0.079
应用型	040101	39/—/41	0.216/0.186	—	−0.062/0.700
	090101	68/33/66	0.205/0.094	0.039/0.831	−0.084/0.502
	080605	25/25/153	−0.279/0.176	0.116/0.581	0.415**/0.000
实用型	070001	44/82/46	0.065/0.677	−0.186/0.094	0.125/0.408
	110002 理	25/20/23	0.056/0.791	−0.384/0.095	0.408/0.054
	050004	51/98/38	−0.005/0.970	0.079/0.437	0.229/0.167

在不同年份，效度系数为负值的专业除研究型院校的 070101 专业外均未重复。结合效度系数为负值的专业所占比例很低的情况，可以说效度系数出现为负值具有一定的偶然性。若对上表进行深入考查还可发现，1984 年与 2002 年相比，研究型院校各专业的效度系数是减小的，而实用型院校的效度系数是增大的，应用型院校的则有增大有减小，也基本符合高考由"精英"化向"大众"化转变的观点。

数学与应用数学专业（070101）、哲学专业（010101）、教育学专业（040101）、农学专业（090101）效度系数的减小和计算机科学与技术专业（080605）效度系数的增大，似乎也暗合考生对不同专业认可程度的变化。这一变化会直接影响到生源结构与大学学业成绩信度的变化，进而影响高考的效度系数。由于公共课由全校统一安排，这些专业分别以公共课成绩、专业课成绩、学业总成绩为效标度量的效度系数具有明显的一致性，也说明这些专业的效度系数为负值，解释为主要由大学学业成绩（主要是信度）特征

---

① 合成系数无 P 值。

所致可能更为合理①。

（二）以高考科目的相关系数为负值且通过显著性检验的专业为中心展开

1. 2002年的分析

(1) 实证材料

表3-4-5 2002年各科目相关系数为负值且通过显著性检验的专业一览表

	专业代码	高考科目	样本容量	公共课成绩	专业课成绩	学业总成绩
研究型	020102理	理综	49	−0.252/0.080	−0.161/0.269	−0.211/0.146
应用型	020101理	数学	19	−0.407/0.084	−0.365/0.124	−0.378/0.111
	040101	数学	41	−0.226/0.155	−0.266/0.092	−0.266/0.092
	070301	理综	41	−0.234/0.140	−0.363*/0.020	−0.304/0.053
	090101	理综	66	−0.260*/0.035	−0.131/0.295	−0.194/0.119
	100301	理综	275	−0.231**/0.000	−0.014/0.812	−0.060/0.323
	100701	语文	51	−0.217/0.126	−0.250/0.076	−0.262/0.063
	110101文	文综	24	−0.065/0.765	−0.409*/0.047	−0.306/0.146
	050101	文综	169	−0.176*/0.022	−0.065/0.401	−0.115/0.136
实用型	050003	文综	43	−0.352*/0.021	−0.322*/0.035	−0.345*/0.024
	050004	文综	38	−0.282/0.086	−0.364*/0.025	−0.381*/0.018
	050001	文综	47	−0.233/0.116	−0.377**/0.009	−0.345*/0.017
	110002文	文综	72	−0.260*/0.028	−0.194/0.103	−0.223/0.059

(2) 数据特征

①与高考总分效度系数所呈现特点的差别是高考科目的相关系数为负值且通过显著性检验的专业多分布在应用型院校和实用型院校，而研究型院校仅有0.5个专业即020102专业理科综合成绩与公共课成绩的相关系数为负值且通过0.10水平的显著性检验。

②涉及的高考科目中，文科综合最多，5个专业；理科综合次之，3.5个；数学1.5个；语文1个。因此我们可以说，在命题质量上，综合科目是最差的；尤其是对于实用型院校来说，在所有5个文史类专业中，4.5个专业文科综合的相关系数为负值（110001专业：−0.133/0.409，−0.131/0.413，−0.136/0.398），其中3.5个通过显著性检验。

---

① 关于效度系数的影响因素在第四章第一节将进行详细的论述，简单而言，高考效标关联效度系数的大小受高考成绩特征和大学学业成绩特征两者共同的影响。

③这 11 个专业，相应科目成绩与公共课成绩、专业课成绩、学业总成绩的相关系数均为负值，并且三类相关系数中通过显著性检验的各占三分之一，具有很高的一致性。

2. 1993 年的分析

(1) 实证材料

表 3-4-6　1993 年各科目相关系数为负值且通过显著性检验的专业一览表

	专业代码	高考科目	样本容量	公共课成绩	专业课成绩	学业总成绩
研究型	010101	语文	8	−0.783*/0.022	−0.205/0.627	−0.398/0.329
	060101	数学	16	−0.286/0.283	−0.460/0.073	−0.463/0.071
应用型	090101	物理	33	−0.412*/0.017	−0.364*/0.037	−0.398*/0.022
实用型	050003	数学	109	−0.138/0.152	−0.198*/0.039	−0.192*/0.045
	050001	数学	40	−0.059/0.720	−0.287/0.073	−0.181/0.263

(2) 数据特征

①高考科目的相关系数为负值且通过显著性检验的专业分布在三种类型院校，其中研究型院校和实用型院校的 4 个专业均为文史类，应用型院校的 1 个专业为理工类。

②涉及的高考科目中，数学最多，为 3 个，物理和语文各 1 个。

③这 5 个专业，相应科目成绩与公共课成绩、专业课成绩、学业总成绩的相关系数均为负值，具有很高的一致性。

3. 1984 年的分析

(1) 实证材料

表 3-4-7　1984 年各科目效度系数为负值且通过显著性检验的专业一览表

	专业代码	高考科目	样本容量	公共课成绩	专业课成绩	学业总成绩
应用型	040101	数学	39	−0.297/0.066	−0.397*/0.012	−0.398*/0.012
实用型	050001	数学	21	−0.484*/0.026	−0.147/0.525	−0.342/0.129
		地理		−0.528*/0.014	−0.300/0.186	−0.477*/0.029
	080001	语文	34	−0.413*/0.015	−0.373*/0.030	−0.427*/0.012
	110002 理	数学	25	−0.573**/0.003	−0.437*/0.029	−0.482*/0.015
		物理		−0.529**/0.006	−0.396*/0.050	−0.438*/0.029

(2) 数据特征

①高考科目的相关系数为负值且通过显著性检验的专业多分布在实用型

院校（3个），应用型院校有1个专业。

②涉及的高考科目中，数学最多，为3个，物理、语文、地理各1个。

③这4个专业，相应科目成绩与公共课成绩、专业课成绩、学业总成绩的相关系数均为负值，并且其中3个专业的各相关系数均通过显著性检验，具有很高的一致性。

4. 结论

（1）尽管1984年和1993年的高考科目为理工类7科、文史类6科，而2002年均为4科，相关系数为负值且通过显著性检验涉及的专业所占比例仍然是2002年最多（2002年为11/43，1993年为5/24，1984年为3.5/24），主要原因是综合科目的相关系数状况不佳。

（2）若不考虑2002年高考的综合科目，则可看出数学科目在1984年、1993年和2002年的状况均难令人满意，而其他科目则具有较强的偶然性。

（3）1984年研究型院校没有出现相关系数为负值且通过显著性检验的专业，到1993年、2002年均已出现。

（4）对于实用型院校而言，1984年和1993年主要是高考数学选才的有效性较差，2002年则主要是文科综合选才的有效性差。

二、不同录取标准科学性问题初探

高考总分与大学学业成绩的相关系数一般要高于高考单科成绩与大学学业成绩的相关系数，亦即依据高考总分作出录取决策要优于依据单科分数作出录取决策。但是，完全依照高考总分录取也会出现一个问题，即在录取的考生中相关科目的成绩可能很低。以2002年数学类、中文类、英语类专业的高考录取为例，C校与F校英语专业的高考英语最低分分别为86.00分和63.00分，F校数学专业的高考数学最低分为74.00分，C校汉语言文学专业的高考语文最低分为88.00分，均低于90.00分的及格分数，占所选取的6个专业的三分之二，另外2个专业对应高考科目的最低分分别为100.00分（B校数学与应用数学专业）和98.00分（A校汉语言文学专业）。这些相应科目成绩偏低的考生在大学的学业成绩尤其是专业课成绩的具体状况如何是一个值得探讨的问题。下面分别选取与高考语文、高考数学、高考英语直接相关的中文类专业（2002年）、数学类专业（2002年）、英语类专业（2002年）和与高考物理、高考生物、高考历史直接相关的计算机类专业（1993年）、农学类专业（1984年）、历史类专业（1984年）进行深入探讨。

（一）各专业高考成绩特征与相关系数简况

1. C校英语专业（2002年）

表 3-4-8　C校英语专业高考成绩特征表

	样本容量	最小值	最大值	平均值	标准差
高考总分	105	465.00	585.00	536.63	24.60
高考语文	105	78.00	125.00	108.78	8.95
高考数学	105	58.00	127.00	100.76	14.44
高考英语	105	86.00	131.00	109.60	8.52
高考文综	105	179.00	243.00	217.49	13.16

表 3-4-9　C校英语专业相关系数表

	高考英语	高考数学	高考总分
专业课成绩	0.447**/0.000	0.259**/0.008	0.498**/0.000
学业总成绩	0.413**/0.000	0.270**/0.005	0.528**/0.000

2．F校英语专业（2002年）

表 3-4-10　F校英语专业高考成绩特征表

	样本容量	最小值	最大值	平均值	标准差
高考总分	38	423.00	482.00	453.50	13.93
高考语文	38	75.00	120.00	97.87	11.05
高考数学	38	56.00	107.00	76.61	12.68
高考英语	38	63.00	105.00	88.97	8.70
高考文综	38	159.00	217.00	190.05	13.10

表 3-4-11　F校英语专业相关系数表

	高考英语	高考数学	高考总分
专业课成绩	0.397*/0.014	0.194/0.243	0.232/0.162
学业总成绩	0.385*/0.017	0.180/0.279	0.229/0.167

3．B校数学与应用数学专业（2002年）

表 3-4-12　B校数学与应用数学专业高考成绩特征表

	样本容量	最小值	最大值	平均值	标准差
高考总分	40	555.00	610.00	570.98	13.06
高考语文	40	80.00	128.00	106.85	9.83
高考数学	40	100.00	142.00	122.63	9.86
高考英语	40	66.00	127.00	100.85	13.09
高考文综	40	218.00	272.00	240.65	12.91

表 3-4-13　B校数学与应用数学专业相关系数表

	高考英语	高考数学	高考总分
专业课成绩	0.283/0.077	−0.005/0.976	0.287/0.072
学业总成绩	0.379*/0.016	−0.038/0.817	0.357*/0.024

4．F校数学教育专业（2002年）

表 3-4-14　F校数学教育专业高考成绩特征表

	样本容量	最小值	最大值	平均值	标准差
高考总分	46	429.00	501.00	471.02	15.89
高考语文	46	77.00	119.00	95.46	10.28
高考数学	46	74.00	133.00	106.20	12.61
高考英语	46	40.00	109.00	79.50	12.60
高考文综	46	146.00	228.00	189.43	17.75

表 3-4-15　F校数学教育专业相关系数表

	高考英语	高考数学	高考总分
专业课成绩	0.024/0.875	0.106/0.483	0.159/0.292
学业总成绩	0.060/0.692	0.062/0.684	0.125/0.408

5．A校汉语言文学专业（2002年）

表 3-4-16　A校汉语言文学专业高考成绩特征表

	样本容量	最小值	最大值	平均值	标准差
高考总分	46	528.00	611.00	566.72	16.45
高考语文	46	98.00	131.00	116.70	8.11
高考数学	46	73.00	135.00	113.28	12.92
高考英语	46	75.00	126.00	108.21	11.54
高考文综	46	200.00	264.00	228.52	13.74

表 3-4-17　A校汉语言文学专业相关系数表

	高考语文	高考数学	高考英语	高考总分
专业课成绩	0.031/0.836	−0.186/0.217	0.137/0.364	−0.007/0.961
学业总成绩	−0.016/0.916	−0.174/0.248	0.178/0.237	0.025/0.871

6．C校汉语言文学专业（2002年）

表3-4-18　C校汉语言文学专业高考成绩特征表

	样本容量	最小值	最大值	平均值	标准差
高考总分	169	491.00	577.00	537.19	15.97
高考语文	169	88.00	135.00	112.43	7.85
高考数学	169	63.00	136.00	103.02	12.28
高考英语	169	62.00	129.00	99.76	11.06
高考文综	169	188.00	257.00	221.98	12.55

表3-4-19　C校汉语言文学专业相关系数表

	高考语文	高考数学	高考英语	高考总分
专业课成绩	0.057/0.458	0.133/0.085	0.239**/0.002	0.245**/0.001
学业总成绩	0.012/0.882	0.167*/0.030	0.279**/0.000	0.237**/0.002

7．A校计算机应用专业（1993年）

表3-4-20　A校计算机应用专业高考成绩特征表

	样本容量	最小值	最大值	平均值	标准差
高考总分	31	449.00	561.00	516.03	36.65
高考政治	31	52.00	71.00	61.03	4.33
高考语文	31	68.00	87.00	78.94	5.40
高考数学	31	68.00	112.00	94.94	12.48
高考物理	31	44.00	86.00	66.55	11.42
高考化学	31	64.00	97.00	81.48	8.50
高考生物	31	34.00	62.00	51.38	5.87
高考英语	31	71.00	93.00	81.38	5.37

表3-4-21　A校计算机应用专业相关系数表

	高考物理	高考英语	高考数学	高考总分
专业课成绩	0.410*/0.022	0.470**/0.008	0.347/0.056	0.391*/0.030
学业总成绩	0.369*/0.041	0.510**/0.003	0.307/0.093	0.373*/0.039

8．D校农学专业（1984年）

表 3-4-22　D校农学专业高考成绩特征表

	样本容量	最小值	最大值	平均值	标准差
高考总分	68	424.00	476.00	455.35	12.48
高考政治	68	63.00	86.00	74.84	4.83
高考语文	68	61.00	95.00	76.82	7.50
高考数学	68	27.00	83.00	47.00	9.77
高考物理	68	49.00	86.00	66.69	7.50
高考化学	68	55.00	90.00	77.69	6.33
高考生物	68	27.00	45.00	38.00	3.88
高考英语	68	42.00	89.00	74.31	9.26

表 3-4-23　D校农学专业相关系数表

	高考生物	高考数学	高考英语	高考总分
专业课成绩	0.184/0.132	−0.050/0.687	0.105/0.393	0.176/0.151
学业总成绩	0.187/0.127	−0.044/0.721	0.161/0.190	0.205/0.094

9．A校历史学专业（1984年）

表 3-4-24　A校历史学专业高考成绩特征表

	样本容量	最小值	最大值	平均值	标准差
高考总分	54	459.00	536.00	500.32	19.19
高考政治	54	66.50	89.00	77.97	4.78
高考语文	54	72.00	97.00	83.29	5.93
高考数学	54	72.00	115.00	96.00	12.23
高考历史	54	66.00	91.00	81.88	4.88
高考地理	54	62.00	88.00	78.90	5.89
高考英语	54	63.00	96.00	82.29	8.17

表 3-4-25　A校历史学专业相关系数表

	高考历史	高考英语	高考数学	高考总分
专业课成绩	0.258/0.060	−0.075/0.588	0.028/0.842	0.097/0.487
学业总成绩	0.317*/0.020	0.213/0.122	0.122/0.381	0.258/0.059

10. 各专业相关系数特征

所选取的 9 个专业，首先考虑与高考有比较明显的直接关联的科目，其次考虑样本容量尽量大一些，均在 30 以上。

这 9 个专业的情况各异，以与专业课成绩的相关系数作为标准，大致可分为以下几类：(1) C 校英语专业和 A 校计算机应用专业，高考总分的效度系数、相应科目的相关系数均通过显著性检验；(2) F 校英语教育专业和 A 校历史学专业，仅有相应科目的相关系数通过显著性检验；(3) B 校数学与应用数学专业和 C 校汉语言文学专业，仅有高考总分的效度系数通过显著性检验；(4) F 校数学教育专业、A 校汉语言文学专业和 D 校农学专业，两个相关系数均没有通过显著性检验。

（二）总分偏低与相应科目成绩偏低对大学学业成绩的影响

1. 以高考成绩的后三分之一考生为考查对象

在各专业中分别取高考总分位于最后三分之一的考生、相应科目成绩位于最后三分之一的考生和综合成绩①位于最后三分之一的考生，探讨其大学学业成绩的状况（以专业课成绩表示）。

表 3-4-26 后三分之一考生的专业课成绩最高名次
与平均名次对应的百分比位次一览表　　　　　　　　　　（%）

专业	样本容量	总分后三分之一		相应科目后三分之一		综合分数后三分之一	
		最高名次	平均名次	最高名次	平均名次	最高名次	平均名次
平　均	22/66.33	5.53	56.56	6.33	55.61	4.90	57.33
080605	10/31	12.90	57.74	12.90	59.03	12.90	59.03
060101	18/54	0.00	50.51	0.00	51.44	0.00	51.95
090101	23/68	1.47	54.99	14.71	58.57	1.47	61.06
070101	13/40	15.00	57.50	2.50	41.71	5.00	53.08
070001	15/46	8.70	52.03	13.04	55.36	13.04	55.36
050004	13/38	7.89	58.30	5.26	67.81	7.89	59.72
050201	35/105	3.81	66.42	8.57	62.12	3.81	64.84
050101*	56/169	0.00	60.09	0.00	53.83	0.00	55.90
050101	15/46	0.00	51.45	0.00	50.58	0.00	55.07

带 * 号的 050101（汉语言文学）专业属 C 校，下表同。

① 综合成绩统一由总分和相应科目各 50% 的权重综合而成。

表 3-4-27　各专业后三分之一考生的专业课成绩分布情况表

专业	总分后三分之一			相应科目后三分之一			综合分数后三分之一		
	好	中	差	好	中	差	好	中	差
总　计	43	66	89	46	63	89	43	72	83
080605	3	3	4	2	4	4	2	4	4
060101	4	8	6	3	9	6	3	9	6
090101	6	8	9	4	7	12	7	10	6
070101	2	6	5	4	5	4	2	6	5
070001	5	5	5	4	4	7	3	5	7
050004	3	3	7	1	4	8	2	5	6
050201	4	12	19	6	10	19	5	11	19
050101*	11	17	28	16	18	22	14	19	23
050101	5	4	6	6	2	7	5	3	7

2. 以高考成绩的后十分之一考生为考查对象

在各专业中分别取高考总分位于最后十分之一的考生、相应科目成绩位于最后十分之一的考生和综合成绩①位于最后十分之一的考生，探讨其大学学业成绩的状况（以专业课成绩表示）。

表 3-4-28　后十分之一考生的专业课成绩最高名次
与平均名次对应的百分比位次一览表　　　　　　　（%）

专业	样本容量	总分后十分之一		相应科目后十分之一		综合分数后十分之一	
		最高名次	平均名次	最高名次	平均名次	最高名次	平均名次
平均	6.8/66.3	37.60	65.85	29.15	63.95	30.77	66.16
080605	3/31	51.61	62.37	51.61	72.04	51.61	72.04
060101	5/54	16.67	57.04	33.33	68.52	35.19	71.85
090101	7/68	33.82	69.75	32.35	63.45	32.35	63.45
070101	4/40	37.50	60.00	37.50	63.75	37.50	63.75
070001	5/46	30.43	59.57	13.04	39.57	13.04	49.13
050004	4/38	71.05	78.29	47.37	75.66	47.37	71.71
050201	11/105	41.90	79.74	28.57	75.67	41.90	81.13
050101*	17/169	40.24	70.59	7.69	50.34	7.10	58.44
050101	5/46	15.22	55.28	10.87	66.52	10.87	63.91

---

① 综合成绩统一由总分和相应科目各 50% 的权重综合而成。

表 3-4-29　各专业后十分之一考生的专业课成绩分布情况表

专业	总分后十分之一			相应科目后十分之一			综合分数后十分之一		
	好	中	差	好	中	差	好	中	差
总　计	0	49	12	1	46	14	1	45	15
总计/8	—	6.13	—	—	5.75	—	—	5.63	—
080605	0	3	0	0	3	0	0	3	0
060101	0	4	1	0	3	2	0	3	2
090101	0	5	2	0	7	0	0	5	2
070101	0	4	0	0	3	1	0	3	1
070001	0	4	1	0	5	0	0	4	1
050004	0	3	1	0	3	1	0	3	1
050201	0	7	4	0	6	5	0	6	5
050101*	0	15	2	1	12	4	1	14	2
050101	0	4	1	0	4	1	0	4	1

3. 分析

不论是高考总分、相应科目分数，还是综合成绩（高考总分与相应科目各占50%的权重），若以成绩位列最后三分之一的考生为考查对象，三类考生群体的大学学业成绩在总体上没有明显的区别。具体表现为：(1) 专业课成绩列入前三分之一、中间三分之一、后三分之一的考生人数均依次明显增加；(2) 专业课成绩所能够达到的最高百分比位次的平均数均在5%左右，汉语言专业和历史专业甚至专业课成绩的第一名也在这一群体之中；(3) 专业课成绩的平均排名在55%至60%之间，且除070101专业（以相应科目成绩划分）外其余专业的专业课成绩排名均在50%以后。这一方面表明高考确实具有较高的效度；另一方面表明被录取的考生总体保持了较高的水准，内部差异不大。

若以成绩列最后十分之一的考生为考查对象，三类考生群体的大学学业成绩在总体上仍然没有明显的区别，但是在具体特征上呈现了更有实践价值的信息：(1) 专业课成绩列入前十分之一的考生仅样本容量最大的C校050101专业（169）的后两类考生群体中各出现1人，分别列第14名和第13名，而列入最后十分之一的比例明显最高；(2) 其专业课成绩所能够达到的最高百分比排名在30%左右，其中较高的排名几乎均与相关系数较低有明显的一致性；(3) 专业课成绩的平均排名在65%左右。这些信息同样说明高考具有较高的效度。

现行录取制度，一般取投档比例在 100％至 120％之间，以高考成绩（三种情况）后面十分之一为考查对象，可模拟现行录取制度。若录取这些考生中的 90％（相当于 111％的投档比例），我们可以看出，以综合成绩录取效果最好（专业课成绩列后十分之一的有 15 人），但与另外两种录取方式的结果差别并不十分明显。同时我们可以参照按三种标准列出的成绩在前十分之一的考生的专业课成绩的分布情况（如表 3-4-30），同样发现以综合成绩能够选出最多的"好"学生，只是区别仍不明显。

表 3-4-30　各专业前十分之一考生的专业课成绩分布情况表

专业	总分前十分之一			相应科目前十分之一			综合分数前十分之一		
	好	中	差	好	中	差	好	中	差
总　计	9	48	4	8	51	2	10	47	4
总计/8	—	6	—	—	6.38	—	—	5.88	—
080605	0	3	0	1	2	0	1	2	0
060101	1	4	0	0	5	0	0	5	0
090101	0	6	1	1	5	1	1	4	2
070101	1	2	1	0	4	0	1	2	1
070001	0	5	0	1	4	0	1	4	0
050004	0	4	0	1	3	0	0	4	0
050201	3	8	0	3	7	1	3	8	0
050101*	4	12	1	1	16	0	3	14	0
050101	0	4	1	0	5	0	0	4	1

4. 结论

（1）高考具有较高的效度，但是无论以何种标准进行录取均不能避免遗漏真才。

（2）一般而言，以高考总分录取比以相应科目录取更为科学，但若把两种标准结合起来进行录取则有效性可以增加。

（3）前述所有专业各取 50％的权重，实际上若根据各专业的不同特点取不同的权重（当然这是另一个需要深入探讨的课题，不是本书探讨的重点）则选才有效性可得到较为明显的增加，其增加的幅度受到两者相关系数的影响，然而在录取时操作者无法获取其相关系数。

因此，在实际录取过程中，应该赋予高考总分和相应科目以适当的权重进行录取（这个权力应交由高等学校在招生章程中规定，相关论述见第四章），当然这在相当程度上会受到经验因素的制约。

第四章 高考效度的解释与提高

第二章和第三章从定量角度探讨了高考的效度问题，以测算高考分数与大学学业成绩之间的相关系数——用作效度分析即可称为效度系数——为基础评价高考的效度，以效度系数是否通过显著性检验为标准，从纯粹的统计学角度展开，它的价值是纯理论上的。事实上，除此之外对效度系数的评价还有三种途径，其中依据效度系数对决策的贡献进行评价最富实践价值。本章主要从高考对录取决策贡献的角度评价高考的效度，并从命题、施考、阅卷与分数解释，效标这三个维度来探讨影响高考效度提高的因素。

第一节 高考效度的解释

高考的效度不仅需要从理论的角度进行解释，还需要从实践的角度进行解释。本节主要在介绍四种效度解释途径的基础上，着重从实践角度解释高考的效度，然后依此对效度系数进行实践维度的评价。

一、对效度系数的解释

对效度系数的解释主要涉及解释的途径、效度系数的校正、效度系数与决策质量的关系三个方面。

（一）效度系数的解释途径

测验分数与效标测量之间的相关系数，叫效度系数。它提供了测验效度的一种单一的数量化指标，既概括而又高度数量化[①]。效度系数是一种相关

[①] 漆书青、戴海琦、丁树良：《现代教育与心理测量学原理》，江西教育出版社，1998年，第380页。

系数，它是相关系数在测验中的一种特殊应用，它的通用符号是 r_{xy}[①]。效度系数依据它的操作定义及数据性质的不同而计算方式也有所不同，本研究只涉及皮尔逊积差相关法和斯皮尔曼等级相关法。对效度系数的解释途径至少可以分为四种：效度系数的大小，是否通过显著性检验，效度系数平方值的大小，提高决策成功概率的程度。

效度系数的正负表示两个测验分数的变化是在相同的方向变化还是在相反的方向变化，绝对值的大小表示两个测验的分数变化相关的程度。从理论上讲，它分布在 -1.00 到 $+1.00$ 之间[②]。张厚粲教授依照相关系数的符号和绝对值大小分几个等级来描述其程度：完全正相关 ($r=+1.00$)，非常强正相关 ($0.80 \leqslant r < 1.00$)，强正相关 ($0.60 \leqslant r < 0.80$)，中等正相关 ($0.40 \leqslant r < 0.60$)，弱正相关 ($0.20 \leqslant r < 0.40$)，完全负相关 ($r=-1.00$)，非常强负相关 ($-1.00 < r \leqslant -0.80$)，强负相关 ($-0.80 < r \leqslant -0.60$)，中等负相关 ($-0.60 < r \leqslant -0.40$)，弱负相关 ($-0.40 < r \leqslant -0.20$)，无相关 ($-0.20 < r < 0.20$)[③]。

因为相关系数绝对值的大小不仅受两列数据实际相关情况的影响，还受样本容量大小的影响，所以进一步评价相关系数需要把样本容量考虑进去，即进行相关系数的显著性检验，验证此相关是否可推测总体。相关系数的显著性检验包括两种情况：通过样本相关系数来推论总体相关情况，通过比较两个样本的差异推论各自总体是否有差异。本研究中效度系数的显著性检验属于前面的一种。如果通过显著性水平检验，则认为两者显著相关或可推测两总体相关。至于达到何种程度才算通过显著性检验，以相关系数对应的 P 值是否小于预定的 α 值为标准，若 P 值小于 α 值则认为通过显著性检验。例如两者相关情况为 0.300/0.049，P 值小于 0.05，我们说其在 0.05 水平下显著相关。α 值的预定根据研究的要求而定[④]，它代表作出判断所犯错误的

[①] r_{xy} 表示相关系数是变量 x 和变量 y 之间的相关；如不指明变量，一般直接以 r 表示。参见漆书青、戴海琦、丁树良：《现代教育与心理测量学原理》，江西教育出版社，1998年，第380页。

[②] 张厚粲、徐建平：《现代心理与教育统计学》，北京师范大学出版社，2004年，第109~110页。

[③] 张厚粲、徐建平：《现代心理与教育统计学》，北京师范大学出版社，2004年，第151页。

[④] 钱雪亚：《关注另一类统计误差——实证分析中的若干偏误现象》，《统计研究》2005年第3期，第61页。

概率，一般有 0.10，0.05，0.01 等几种，α 值最大一般不超过 0.10，即犯错误的概率要低于 10%。在纯理论研究中，即使绝对值很小的相关系数，如果在统计上有显著性，我们也必须称之为两者显著相关。

效度系数的平方，即 $r_{xy}^2$①，表示由测验分数所能说明的效标测量方差的比例。比如，假定我们已经求得高考的英语测验成绩（x）与入大学后第一学年英语课考试成绩（y）的相关系数，即高考英语的效度系数 $r_{xy}=0.65$，那么，就可进一步求得这一效度系数的平方 $r_{xy}^2=0.4225$。由这个值就可以知道，大学入学后第一学年英语课考试成绩（效标测量）的方差，有 42.25% 能由高考英语成绩来说明。r_{xy}^2 又叫决定系数（coefficient of determination）②。

一般而言，一个优秀的谨慎选择的测验与一个重要的效标间的相关系数不大可能高出 0.5，而且事实上，大于 0.3 的效度系数在应用情境中就不是很普遍了。如果使用更可靠的测验和效标测量，那么相关系数几乎可以肯定是比较高的。然而，大多数测验中达到的效标关联效度的水平很少超过 0.6 到 0.7③。若一个测验的效度系数是 0.3，那么其决定系数为 0.09，即效标测量中仅有 9% 的分数变异可由测验解释，而另外 91% 的变异不能由所使用的测验解释，0.3 的效度系数也说明两变量之间呈弱正相关。从这一点来判断，测验好像是无用的。然而在实践中，测验的用途是与决策的制定密切相连的，我们评价一个测验有效性的有无与高低，要更多地从使用测验与否、从使用哪种测验对提高决策质量的影响程度入手。在某些情境中，预测特别精确的测验带来的只是决策质量上很小的提高。在其他情境中，一个测验表现出相对低水平的效标关联效度，然而却对提高决策质量作出了巨大的贡献。人们把测验提高决策质量的程度称为增益效度（incremental validity）④。

---

① 漆书青、戴海琦、丁树良：《现代教育与心理测量学原理》，江西教育出版社，1998 年，第 380 页。

② 漆书青、戴海琦、丁树良：《现代教育与心理测量学原理》，江西教育出版社，1998 年版，第 380 页。

③ 凯温·R. 墨菲、查尔斯·O. 大卫夏弗：《心理测验》，张娜、杨艳苏、徐爱华译，上海社会科学院出版社，2006 年，第 169 页。Lewis R. Aiken 也认为预测效度很少会超过 0.60。参见 Lewis R. Aiken：《心理测量与评估》，张厚粲、黎坚译，北京师范大学出版社，2006 年，第 98 页。

④ Lewis R. Aiken：《心理测量与评估》，张厚粲、黎坚译，北京师范大学出版社，2006 年，第 100 页。

（二）效度系数的校正

1. 信度的影响

在实际工作中，我们求取两测验之间的相关，都是使用两个测验的观察分数来进行的，当然也只有观察分数可资利用。但两变量实际上的相关，应该是真值间的相关。由于测验的信度系数不可能达到 1.00，也就是观察分数一定会对真值有偏离，所以，利用观察分数求取到的相关系数值，一定会与实有的相关系数有所偏离，从而一定会低估变量间的实有的相关系数。研究已经证明，两变量 X 和 Y 真值间的相关若记为 $\rho_{X_T Y_T}$，而观察分数间的相关记为 ρ_{XY}，则有：

$$\rho_{X_T Y_T} = \frac{\rho_{XY}}{\sqrt{\rho_{XX} \rho_{YY}}}$$

即根据两测验观察分数求出的相关系数，应该用两测验信度系数积的算术根来除，这样加以校正后，才能真正求得两变量的真相关。假定根据观察分数算出的相关值为 0.38，两测验的信度系数分别是 0.70 和 0.80，校正后的真相关是：

$$\rho_{X_T Y_T} = \frac{0.38}{\sqrt{0.70 \times 0.80}} = 0.51$$

显然，校正后的相关值 0.51 比原来的值 0.38 要高出很多[①]。如果高考可以保持较高的信度，那么作为效标的大学学业成绩的信度要保持较高的信度则困难得多。高考作为一种高利害测验，人们对其非常关注，因此在试题的命制、考试的实施、阅卷等诸环节中都投入了大量的人力、财力、物力，以保持其较高的信度。然而，人们对大学学业考试的关注程度则大为降低，命题人员水平参差不齐，阅卷中的误差控制不甚严格，导致其信度必然下降。因此，若要对度量高考效标关联效度的效度系数进行严格的评价，则应该对其进行校正。然而，遗憾的是，我们很难获得校正所需要的大学学业成绩的信度系数。

2. 限制范围的影响

限制范围（range restriction）对测验分数和效标之间的相关会有重要

---

① 漆书青：《现代测量理论在考试中的应用》，华中师范大学出版社，2003 年，第 85 页。

的影响。范围的限制既可能发生在测验中，也可能发生在效标中，或两者都有限制范围的情形。当不能录取所有的申请者时，测验的范围就被限制；当被录取的申请者因留级等原因被淘汰时，效标的范围就被限制。测算度量高考效标关联效度的效度系数时，一般而言，两种限制范围的情形都存在。

限制范围对效度系数的影响是使其值比真实值减小。其原因是范围的限制使个体间差异减小，具体表现为全距减小。也可以说，限制范围使被试的同质程度增加，因此使效度系数减小。在依据高考成绩进行录取时，选择的都是高分段的考生，而不是在全体被试中随机抽取的；同样，在大学阶段被淘汰的学生——如果是基于学习的因素被淘汰——是效标低分段的学生，也不是被随机淘汰的。这两种范围限制使被试的同质性提高，录取率越低、大学正常毕业率越低，则限制范围的程度越大，被试的同质性越高。这样求得的效度系数就会低估考试的实有效度。若以所要评价的测验发生限制范围为例，则应作如下校正：

$$r_{xy} = \frac{r'_{XY} \frac{S_X}{S'_X}}{\sqrt{1 - r'^2_{XY} + r'^2_{XY} \frac{S_X^2}{S'^2_X}}}$$

这里，r_{xy}是被试差异全距未被缩小时全体人员实有的效度系数，r'_{xy}是全距缩小了的部分人员观察资料的效度系数，S_X代表全体人员测验分数（不是效标测量）的标准差，S'_X是前述部分人员测验分数的标准差。比如，某职业倾向测验，全体申请者测验分数标准差为10，被选中者分数标准差为5，按被选中者资料求得的测验效度系数为0.30，于是校正值是：

$$r_{xy} = \frac{0.30 \times \frac{10}{5}}{\sqrt{1 - 0.30^2 + 0.30^2 \times \frac{10^2}{5^2}}} = 0.53 ①$$

由此可见，高度选择性测验中限制范围的因素对实有效度系数的减小是非常明显的。在高考效度研究中，这一校正公式中部分参数的数值也是难以获得的。

此外，还有诸如测验与效标间的具体形式的因素也能影响效度系数，但

---

① 漆书青：《现代测量理论在考试中的应用》，华中师范大学出版社，2003年，第423页。

是很难对此进行准确的测算。

(三) 效度系数与决策质量

求取效标关联效度系数在社会实践中常常是用来帮助作出有关个人的决策，如对大学入学申请者是否录取、对被聘用人员如何分类安置等。因此，就有必要从正确有效作出决策的角度来研究测验的效度问题，即考查使用测验比不使用测验能否提高选择准确性，若能，随着效度系数的增大，这种准确性有多大程度的提高。简而言之，即效度系数与决策质量的问题。

1. 相关的因素

需要明确的是，效度系数仅仅是决定一个测验可能提高或者降低决策质量程度的许多因素中的一个[①]。为了充分评价一个测验对决策的影响，我们必须考虑一个决策的基础率和录取率。基础率（base rate）是当决策者不经过筛选而全部接受申请者时，在效标上表现成功的个体在全部申请者中的比例。假如共有100个申请者，全部录取后经过效标测量，有80个成功，那么基础率就是80%。当然基础率获得的前提是必须对成功有着清晰、明确、完全二分的界定（成功或失败）。如果基于决策得到的成功标准是连续的，也可用相近的办法来判断[②]。制约基础率获得的更为直接的因素是，决策者往往不可能录取所有的申请者，也不愿意在随意基础（如抛硬币）上制定录取决策。因此，基础率往往只能是潜在成功者在全部申请者中的百分比。录取率（selection ratio）是指从申请者中选出的人数的比率。

对申请者个人的决策结果在理论上有四种情况：正确接受，即被接受者最终成功；正确拒绝，即被拒绝者最终失败；错误接受，即被接受者最终失败；错误拒绝，即被拒绝者最终成功。提高决策质量就是提高正确决策的比例，使用测验的目的就在于提高正确决策的比例。如果决策在随机的基础上作出，那么正确决策的比例等于50%，正确接受决策的比例等于基础率。而一个有效的测验则可以使正确决策的比例高于50%，至于能够高出多少，则取决于基础率的大小、录取率的大小和效度系数的大小三个因素。

---

① 凯温·R. 墨菲、查尔斯·O. 大卫夏弗：《心理测验》，张娜、杨艳苏、徐爱华译，上海社会科学院出版社，2006年，第169～170页。

② Lewis R. Aiken：《心理测量与评估》，张厚粲、黎坚译，北京师范大学出版社，2006年，第105页。

2. 基础率的影响

从实践角度讲，一个非常高的基础率会保证大量正确的接受，即接受者最终成功的比例很高。事情的另一面是它也可能导致大量错误的拒绝，即大量的拒绝者也会成功。例如，有 100 个重点师范大学毕业生去申请 50 个教师职位，基础率为 90%，即使是效度系数为 1.00 的测验也将导致 40 个潜在成功者被错误拒绝，被错误拒绝者占全体申请者的比例达到 40%。当然如果随机决策，错误拒绝的比例为 45%，只是当基础率很高时，提高正确决策比例的空间已很小了。从理论上也可以说，当基础率很高时，只有很高的录取率才有可能保证令人满意的正确决策的比例。

如果基础率很低，一般来说，提高正确决策比例的空间同样很小。例如空军初建时期有 100 名合格陆军士兵去申请 50 个飞行员岗位，而基础率为 10%，即使是效度系数为 1.00 的测验也将导致 40 名不合格者被错误接受，被错误接受者占全体申请者的比例达到 40%。当基础率很低的时候，有效的测验在保证大量正确拒绝的同时也可能产生大量的错误接受。

当基础率非常高或者非常低的时候，使用测验提高正确决策比例的空间一般很小。然而，这并不是说在这种情况下使用测验总是得不偿失的（测验的使用是需要付出经济成本的），因为正确的决策包括正确的接受和正确的拒绝两种情况，错误的决策则包括错误的接受与错误的拒绝。在提高正确决策比例空间很小的前提下，若因基础率很高而可能导致的大量的正确接受和大量的错误拒绝在实际中同等重要，那么使用测验的必要性不大；若因基础率很低而可能导致的大量的正确拒绝和错误接受在实践中同等重要，使用测验的必要性同样不大。

然而，当相伴随的两种情况在实践中不是同等重要时，即当基础率很高且保证正确接受非常重要和基础率很低且保证正确拒绝相当重要时，使用有效的测验就变得非常必要。例如在第一批宇航员中选取一个首航的宇航员，在这基础率很高的决策中正确的接受比错误的拒绝要重要得多。这是因为被错误拒绝的个体以后还有机会，而错误接受则意味着重要使命的失败。如果是在全体军人中选择一批人来培养宇航员，在这一基础率很低的决策中正确拒绝比错误接受更重要。这是因为错误接受还可以通过层层选拔来拒绝，而错误拒绝则意味着失去了一个非常难得的宇航员。

当基础率接近 0.5 时，一个具有良好效标关联效度的测验才能最大限度地发挥作用①。

3. 录取率的影响

相比于基础率在实践中很难准确把握的状况,录取率则经常是一目了然的。一般地,录取率依据实际供求关系而定。若申请者很多,而录取的名额很少,录取率就低;如果录取名额相对申请者而言较多,则录取率就高。当录取率非常高的时候,决策者可选择的余地就很小,一般而言,使用有效测验的价值就不大。比如99个新生的录取名额只有100个人申请,并且录取必须完成的情况下,那么决策者采用什么录取策略对结果几乎没有什么影响。只有当奉行"宁缺毋滥"的原则时,一个有效的测验才会变得非常必要。当申请者的数量等于或少于必须完成的录取名额时,决策结果已经确定,则测验对决策结果已毫无影响。

当录取名额远低于申请者数量即录取率非常低时,决策者的决策空间就很大,当不知道基础率或已知基础率也很低时,一个适度有效的测验就非常必要。随着基础率的增大,决策质量提高同样的幅度对测验的效度要求也不断增大。当低的录取率与高的基础率形成鲜明对比的时候,决策者和对录取决策结果的关注者对测验效度的要求会达到苛刻的地步,甚至超过测验本身所能够达到的效度水准。此时,出现的问题主要是"真才"遗漏者本人及利益相关者的心理无法承受,这种情况在竞争激烈的科举考试中时有出现。如果相当数量的"真才"被遗漏与因种种原因偶尔出现的"庸才"被录取的现象同时发生,则容易出现极端的后果。殊不知,这在有效测验中是一种正常的现象。问题的解决,一方面求助于测验有效性的提高,另一方面需要寄希望于录取率的提高,或广开其他门径,减少人们对此测验过分的非理性关注。

当其他因素不变时,录取率越低,则有效测验提高决策质量的空间就越大,即一个适度有效的测验可以大大提高决策质量。当其他因素不变时,录取率越高,则有效测验提高决策质量的空间就越小,即决策正确性的小幅度提高就要求大大提高测验的效度系数。

4. 决策质量提高的幅度

效度系数的解释是非常复杂的,除非我们了解一个测验使用的背景,否

---

① 张敏强:《教育测量学》,人民教育出版社,1998年,第129页。基础率为0.5即为50%,下同。

则，一个效度系数的意义不可能得到充分理解。如果基础率或者录取率非常高，一个效度为 0.70 的测验可能不是很有用。另一方面，如果录取率低，效度为 0.10 的一个测验可能导致决策的精确性大幅度增长。因此，说 0.20 的效度系数是糟糕的或者 0.50 的效度系数是好的没有什么意义，它较多依赖于测验使用的背景①。

基础率、录取率和效度系数以一种复杂的方式互动，影响决策的结果。使用测验的主要依据是使用测验作出的决策比不使用测验作出的决策质量更高。问题是高多少。要判断一个测验在排除基础率后的贡献，可以查询泰勒—鲁塞尔表（Taylor-Russell table）。泰勒—鲁塞尔表不仅列出了被选者在工作或其他情境中取得成功的比率，还涉及了基础率和录取率。对几种不同基础率条件下的泰勒—鲁塞尔表进行分析，会发现被选者真正成功的比率随着效度系数的增加而增加，随着录取率的增加而减少。一般而言，当基础率适中，录取率较低的时候，效度较好的测验会大大增加选拔的命中数量②。下面仅列出基础率为 0.50 的泰勒—鲁塞尔表作简要的说明③，基础率为其他值的泰勒—鲁塞尔表见附录八。

表 4-1-1 泰勒—鲁塞尔表（基础率为 50%）

r	录 取 率										
	0.05	0.10	0.20	0.30	0.40	0.50	0.60	0.70	0.80	0.90	0.95
0.00	0.50	0.50	0.50	0.50	0.50	0.50	0.50	0.50	0.50	0.50	0.50
0.05	0.54	0.54	0.53	0.52	0.52	0.52	0.51	0.51	0.51	0.50	0.50
0.10	0.58	0.57	0.56	0.55	0.54	0.53	0.53	0.52	0.51	0.51	0.50
0.15	0.63	0.61	0.58	0.57	0.56	0.55	0.54	0.53	0.52	0.51	0.51
0.20	0.67	0.64	0.61	0.59	0.58	0.56	0.55	0.54	0.53	0.52	0.51
0.25	0.70	0.67	0.64	0.62	0.60	0.58	0.56	0.55	0.54	0.52	0.51
0.30	0.74	0.71	0.67	0.64	0.62	0.60	0.58	0.56	0.54	0.52	0.51
0.35	0.78	0.74	0.70	0.66	0.64	0.61	0.59	0.57	0.55	0.53	0.51
0.40	0.82	0.78	0.73	0.69	0.66	0.63	0.61	0.58	0.56	0.54	0.52

---

① 凯温·R. 墨菲、查尔斯·O. 大卫夏弗：《心理测验》，张娜、杨艳苏、徐爱华译，上海社会科学院出版社，2006 年，第 174 页。

② Lewis R. Aiken：《心理测量与评估》，张厚粲、黎坚译，北京师范大学出版社，2006 年，第 105 页。

③ 王孝玲：《教育测量》（修订版），华东师范大学出版社，2005 年，第 333 页。

续表

r	录取率										
	0.05	0.10	0.20	0.30	0.40	0.50	0.60	0.70	0.80	0.90	0.95
0.45	0.85	0.81	0.75	0.71	0.68	0.65	0.62	0.59	0.56	0.53	0.52
0.50	0.88	0.84	0.78	0.74	0.70	0.67	0.63	0.60	0.57	0.54	0.52
0.55	0.91	0.87	0.81	0.76	0.72	0.69	0.65	0.61	0.58	0.54	0.52
0.60	0.94	0.90	0.84	0.79	0.75	0.70	0.66	0.62	0.59	0.54	0.52
0.65	0.96	0.92	0.87	0.82	0.77	0.73	0.68	0.64	0.59	0.55	0.52
0.70	0.98	0.95	0.90	0.85	0.80	0.75	0.70	0.65	0.60	0.55	0.53
0.75	0.99	0.97	0.92	0.87	0.82	0.77	0.72	0.66	0.61	0.55	0.53
0.80	1.00	0.99	0.95	0.90	0.85	0.80	0.73	0.67	0.61	0.55	0.53
0.85	1.00	0.99	0.97	0.94	0.88	0.82	0.76	0.69	0.62	0.55	0.53
0.90	1.00	1.00	0.99	0.97	0.92	0.86	0.78	0.70	0.62	0.56	0.53
0.95	1.00	1.00	1.00	0.99	0.96	0.90	0.81	0.71	0.63	0.56	0.53
1.00	1.00	1.00	1.00	1.00	1.00	1.00	0.83	0.71	0.63	0.56	0.53

可以以高考为例来说明测验对决策正确率的影响。关于高考的基础率是一个难以确知的参数。它首先是一个理论问题：质量观与成功与否的标准密切相关。其次是一个实践问题：我们目前无法录取全部考生。实践中能够捕捉到的信息是，20世纪80年代末90年代初的计划内与计划外并存而导致的录取范围的扩大和20世纪末在高中教育质量没有明显变化背景下的扩招，对于后者，依据2002～2004年笔者在大学的教学经历中获知基础率应该是低于当时录取率的。但是，总而言之，仅凭经验无法得出精确的基础率。

假定基础率为0.50。1984年，全国录取率为15.69%[①]，依据表4-1-1，则效度系数为0.25的高考，比之随机录取可以使决策正确率提高14～17个百分点；若效度系数为0.30，则决策正确率可以提高17～21个百分点。这个时候的错误决策中，因低录取率造成的错误拒绝占很大比例，因为正确接受的比例最高不会超过15.69%的录取率。如果效度再提高的话，对决策质

---

① 杨学为：《中国考试改革研究》，北京大学出版社，2001年，第363页。

量的改善主要体现在正确拒绝比例的提高。2002年，全国的录取率约为62%[1]，若要使决策正确率比随机录取提高15个左右的百分点，则高考的效度系数要提高到0.55～0.60。

二、高考效度的再评价

效度系数为正值，则高考一定会提高录取决策的正确率[2]。如果从提高决策质量的角度评价高考，我们可以首先考查一下本研究中的高考（总分）效度系数的正值率如何，然后考查其大小是如何分布的（以2002年为例），进而考查高考各科目成绩与大学学业总成绩之间的相关系数（以2002年为例），最后考查高考英语的效度系数（以2002年为例）。

（一）高考（总分）效度系数的正值率

1. 所有专业的正值率状况

如图4-1-1所示，各年份各类型院校的高考效度系数的正值率均很好。

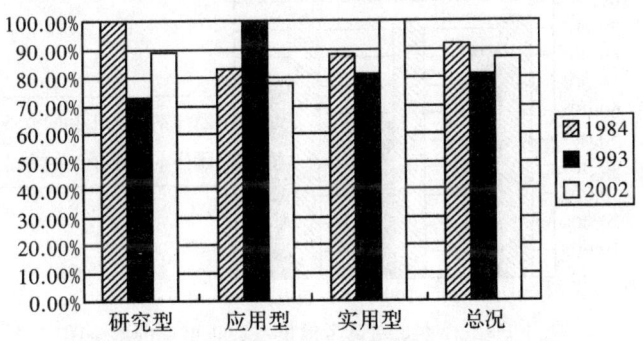

图4-1-1 所有专业高考效度系数的正值率示意图

2. 原有专业与新增专业的正值率状况

如图4-1-2所示，原有专业与新增专业的正值率没有明显区别，均

---

① 应书增：《高考后的评价与思考》，《中国考试》（高考版）2002年第Z1期，第5页。
② 但效度系数为负值并不一定降低录取决策的正确率。这是因为范围限制使得度量所得的效度系数比实有效度系数小，录取考生的同质性越高，影响越明显。比如某研究型大学的热门专业录取的考生在640分至650分之间，然而效标分数接近于正态分布，效度系数一般会很小，甚至出现负值；若把录取范围扩大到540分至650分之间，效度系数必然提高。在这种情况下，高考仍然对录取决策发挥了重要的积极作用，与效度系数小直接相关的错误决策主要不是错误肯定而是因为录取率极低造成的错误否定。

很好。

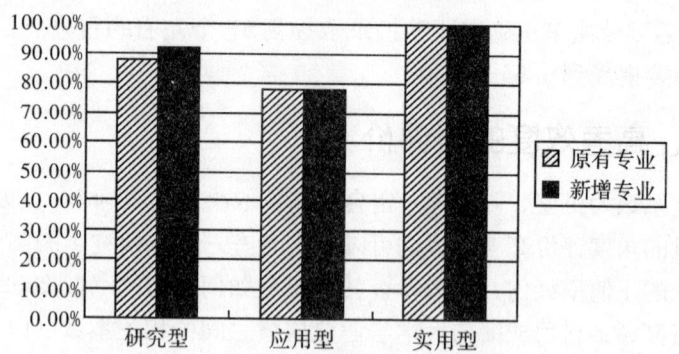

图 4-1-2 原有专业与新增专业的正值率对比图

3. 样本量对高考效度系数正值率的影响

如图 4-1-3 所示,样本量对高考效度系数的正值率有明显的影响,样本量大于 30 的专业明显较好。

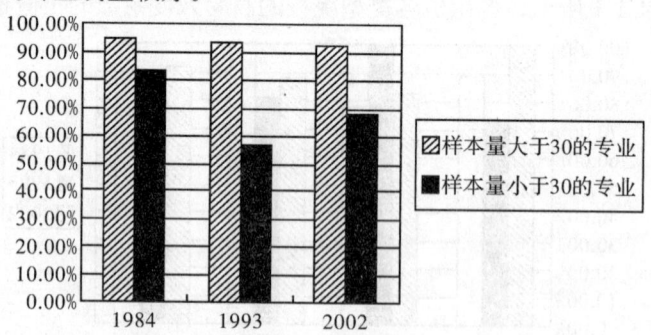

图 4-1-3 样本量对高考效度系数正值率的影响图

4. 结论

因为效度系数为正值的专业占 86.81%,而效度系数为负值的专业仅占 13.19%[1],所以"高考选才不具有效性",即"高考选出来的学生是高分低能"[2]的命题是无法成立的。在教育测量与评价中,高分低能相较于低分低能,只能说是一种"不正常"的特例。高分低能只说明仅有书本知识是不够的,还需要联系实际,学会运用,在科学试验、生产实践和社会实践中增长

---

[1] 为 2002 年所有专业的数据。
[2] 裴云:《公平与效度:统一招考与自主招考比较的两个指标》,《湖北招生考试》2003 年第 6 期下半月刊,第 24 页。

才干,从而成为社会的有用之才①。对绝大多数专业而言,依据高考进行录取决策提高了选择合适生源的正确率。同时我们无法找出一个成本与高考大体相当或更少的工具,来达到同样程度地提高录取决策正确率的目的。当样本量足够大时,效度系数的正值率应该会更高,但确实存在13.19%的专业的效度系数为负值,从这一角度而言,高考的效度系数也是应该改善的。

(二) 高考总分与大学学业总成绩之间的相关系数

1. 研究型院校

表 4-1-2 2002 年研究型院校高考(总分)效度系数分布表

r 值	<0	0.00~0.05	0.05~0.10	0.10~0.15	0.15~0.20	0.20~0.25	0.25~0.30
专业数	1.5	2	1	0	0.5	1.5	2
r 值	0.30~0.35	0.35~0.40	0.40~0.45	0.45~0.50	0.50~0.55	0.55~0.60	0.60~
专业数	2	2	1	0.5			

专业总数:14 个。效度系数最高值为 0.486**,没有效度系数大于 0.60 的专业,效度系数为负值的专业有 1.5 个,占 10.71% (1.5/14)。

2. 应用型院校

表 4-1-3 2002 年应用型院校高考(总分)效度系数分布表

r 值	<0	0.00~0.05	0.05~0.10	0.10~0.15	0.15~0.20	0.20~0.25	0.25~0.30
专业数	4	1	0.5	3.5	0	3.5	0
r 值	0.30~0.35	0.35~0.40	0.40~0.45	0.45~0.50	0.50~0.55	0.55~0.60	0.60~
专业数	0.5	2	2	0	1	0	0

专业总数:18 个。效度系数最高值为 0.528**,没有效度系数大于 0.60 的专业,效度系数为负值的专业有 4 个,占 22.22% (4/18)。

---

① 张亚群:《科举革废与近代中国高等教育的转型》,华中师范大学出版社,2005 年,第 262 页。以大学学业成绩来评价,高考所选择的生源是高分高能的,至于非学习能力的高低则不是高考的任务,它要选择的是适合大学学习的学生,而非其他能力高却不胜任大学学习的学生。

3. 实用型院校

表 4-1-4　2002 年实用型院校高考（总分）效度系数分布表

r 值	<0	0.00~0.05	0.05~0.10	0.10~0.15	0.15~0.20	0.20~0.25	0.25~0.30
专业数	0	1	0	2	0.5	2.5	3
r 值	0.30~0.35	0.35~0.40	0.40~0.45	0.45~0.50	0.50~0.55	0.55~0.60	0.60~
专业数	1	0	0.5	0	0	0	0.5

专业总数：11 个。效度系数最高值为 0.601**，效度系数大于 0.60 的专业有 0.5 个，没有效度系数为负值的专业。

4. 总体状况

表 4-1-5　2002 年所有院校高考（总分）效度系数分布表

r 值	<0	0.00~0.05	0.05~0.10	0.10~0.15	0.15~0.20	0.20~0.25	0.25~0.30
专业数	5.5	4	1.5	5.5	1	7.5	5
r 值	0.30~0.35	0.35~0.40	0.40~0.45	0.45~0.50	0.50~0.55	0.55~0.60	0.60~
专业数	3.5	4	3.5	0.5	1	0	0.5

专业总数：43 个。效度系数最高值为 0.601**，效度系数大于 0.60 的专业有 0.5 个，效度系数为负值的专业有 5.5 个，占 12.79％（5.5/43）。

5. 结论

2002 年的高考，仅有 G 校 050002 专业文史类的效度系数达到 0.60 以上（为 0.601**），这一证据是支持前述"大多数测验中达到的效标关联效度的水平很少超过 0.6 到 0.7"的结论的。43 个专业中，有 13 个专业的效度系数大于 0.30，占专业总数的 30.23％，同样支持"事实上，大于 0.3 的效度系数在应用情境中就不是很普遍了"的结论。

如果我们计算 43 个专业效度系数的平均值（0.199）①，在录取率超过 60％的背景下，0.199 的效度系数显然是无法令人满意的。不过有一点是必须澄清的，所有考生参加同一个高考，总的录取率是 62％，它的分界点在高职高专院校。也就是说，对高职高专院校而言，决策正确率大约只能提高 5 个百分点（参照表 4-1-1）；对于本科院校来讲，录取率下降到不足 30％②；对应用型院校而言，决策正确率提高的幅度约为 9 个百分点（参照

---

① 关于平均相关系数即相关系数的合并问题，参见张厚粲、徐建平：《现代心理与教育统计学》，北京师范大学出版社，2004 年，第 122~123 页。

② 本科录取率不足 30％。参见中国教育年鉴编辑部：《中国教育年鉴》（2003），人民教育出版社，2003 年，第 224 页。

表 4-1-1）；而对于研究型院校而言，录取率不足 5%[①]，决策正确率提高的幅度为 17 个百分点左右（参照表 4-1-1）。对于本科院校，由于较低的录取率，错误拒绝的比例影响了决策的正确率，对研究型院校而言则更是如此。

（三）高考各科目成绩与大学学业总成绩之间的相关系数

1. 语文

表 4-1-6　2002 年高考语文成绩与大学学业总成绩的相关系数分布表

r 值	<0	0.00~0.05	0.05~0.10	0.10~0.15	0.15~0.20	0.20~0.25	0.25~0.30
专业数	8.5	6.5	7	4	3.5	4	5.5
r 值	0.30~0.35	0.35~0.40	0.40~0.45	0.45~0.50	0.50~0.55	0.55~0.60	0.60~
专业数	3	1	0	0	0	0	0

专业总数：43 个。相关系数均小于 0.40，相关系数为负值的专业有 8.5 个，占 19.77%（8.5/43）。

2. 数学

表 4-1-7　2002 年高考数学成绩与大学学业总成绩的相关系数分布表

r 值	<0	0.00~0.05	0.05~0.10	0.10~0.15	0.15~0.20	0.20~0.25	0.25~0.30
专业数	17	4	7.5	3.5	4.5	1.5	2.5
r 值	0.30~0.35	0.35~0.40	0.40~0.45	0.45~0.50	0.50~0.55	0.55~0.60	0.60~
专业数	0.5	0	2	0	0	0	0

专业总数：43 个。相关系数均小于 0.45，相关系数为负值的专业有 17 个，占 39.53%（17/43）。

3. 英语

表 4-1-8　2002 年高考英语成绩与大学学业总成绩的相关系数分布表

r 值	<0	0.00~0.05	0.05~0.10	0.10~0.15	0.15~0.20	0.20~0.25	0.25~0.30
专业数	5	0.5	5	3	4	5	6
r 值	0.30~0.35	0.35~0.40	0.40~0.45	0.45~0.50	0.50~0.55	0.55~0.60	0.60~
专业数	2.5	6	6	0	0	0	0

---

① 研究型院校的录取率不足 5%。参见教育部发展规划司：《中国教育统计年鉴》(2002)，人民教育出版社，2003 年，第 24、406 页。

专业总数：43 个。相关系数均小于 0.55，相关系数为负值的专业有 5 个，占 11.63%（5/43）。

4. 综合科目

表 4-1-9　2002 年高考综合科目成绩与大学学业总成绩的相关系数分布表

r 值	<0	0.00～0.05	0.05～0.10	0.10～0.15	0.15～0.20	0.20～0.25	0.25～0.30
专业数	26	4	4.5	2.5	2.5	1.5	1
r 值	0.30～0.35	0.35～0.40	0.40～0.45	0.45～0.50	0.50～0.55	0.55～0.60	0.60～
专业数	0.5	0.5	0	0	0	0	0

专业总数：43 个。相关系数均小于 0.40，相关系数为负值的专业有 26 个，占 60.47%（26/43）。

5. 总体

表 4-1-10　2002 年高考各科目成绩与大学学业总成绩的相关系数分布表

r 值	<0	0.00～0.05	0.05～0.10	0.10～0.15	0.15～0.20	0.20～0.25	0.25～0.30
专业数	56.5	15	24	13	14.5	12	15
r 值	0.30～0.35	0.35～0.40	0.40～0.45	0.45～0.50	0.50～0.55	0.55～0.60	0.60～
专业数	6.5	7.5	8	0	0	0	0

在 43 个专业 4 个科目共 172 个相关系数中，相关系数最高值为 0.447*，相关系数为负值的专业有 56.5 个，占 32.85%（56.5/172）。

6. 结论

（1）2002 年的高考，A 校 060101 专业高考数学与学业总成绩相关系数最高，为 0.447*，没有超过 0.60，同样支持前述"大多数测验中达到的效标关联效度的水平很少超过 0.6 到 0.7"的结论。

（2）172 个相关系数中，仅有 22 个相关度系数大于 0.30，仅占总数的 12.79%，同样支持"事实上，大于 0.3 的效度系数在应用情境中就不是很普遍了"的结论。

（3）无论从相关系数的大小还是正值的比例来看，使用总分比使用单科分数更有利于提高录取决策的正确率。相对而言，若使用单科成绩来进行录取决策，则英语科目最为合适。

（4）接近三分之一的相关系数为负值，说明确实需要寻找提高其相关系数的对策。

(四) 高考英语的效度系数

1. 研究型院校

表 4-1-11 2002 年研究型院校高考英语效度系数分布表

r 值	<0	0.00~0.05	0.05~0.10	0.10~0.15	0.15~0.20	0.20~0.25	0.25~0.30
专业数	0	0	0	0.5	0	1	0.5
r 值	0.30~0.35	0.35~0.40	0.40~0.45	0.45~0.50	0.50~0.55	0.55~0.60	0.60~
专业数	0	2.5	0	1.5	2	4	2

专业总数：14 个。效度系数最高值为 0.833**，效度系数大于 0.60 的专业有 2 个，效度系数均为正值。

2. 应用型院校

表 4-1-12 2002 年应用型院校高考英语效度系数分布表

r 值	<0	0.00~0.05	0.05~0.10	0.10~0.15	0.15~0.20	0.20~0.25	0.25~0.30
专业数	0	0	0.5	1	0.5	1.5	1
r 值	0.30~0.35	0.35~0.40	0.40~0.45	0.45~0.50	0.50~0.55	0.55~0.60	0.60~
专业数	1	1	3.5	1	1.5	4	1.5

专业总数：18 个。效度系数最高值为 0.647**，效度系数大于 0.60 的专业有 1.5 个，效度系数均为正值。

3. 实用型院校

表 4-1-13 2002 年实用型院校高考英语效度系数分布表

r 值	<0	0.00~0.05	0.05~0.10	0.10~0.15	0.15~0.20	0.20~0.25	0.25~0.30
专业数	0	0	0	0	0	0	0
r 值	0.30~0.35	0.35~0.40	0.40~0.45	0.45~0.50	0.50~0.55	0.55~0.60	0.60~
专业数	1	2.5	1.5	2	1	0	0

专业总数：8 个。效度系数最高值为 0.533**，效度系数均为正值。(F 校有 3 个非英语专业，英语课未作为考试课程开设。)

4. 总体

表 4-1-14 2002 年所有院校高考英语效度系数分布表

r 值	<0	0.00~0.05	0.05~0.10	0.10~0.15	0.15~0.20	0.20~0.25	0.25~0.30
专业数	0	0	0.5	1.5	0.5	2.5	1.5
r 值	0.30~0.35	0.35~0.40	0.40~0.45	0.45~0.50	0.50~0.55	0.55~0.60	0.60~
专业数	2	6	5	4.5	4.5	8	3.5

专业总数：40 个。效度系数最高值为 0.833**，效度系数大于 0.60 的专业有 3.5 个，效度系数均为正值。

5. 结论

(1) 高考英语成绩与大学英语成绩的相关系数较高，40个效度系数均为正值，大于0.60的效度系数有3.5个。由此可见，即使相关程度最高的英语测试，大于0.60的效度系数也仅占总数的8.75%。

(2) 40个效度系数的平均值为0.45。其中研究型院校平均为0.49，应用型院校平均为0.42，实用型院校平均为0.43，三种类型院校基本平均，研究型院校略高。大于0.30的效度系数有33.5个，占总数的83.75%，说明高考英语是一个非常有效的测验。

第二节　高考效度的提高

高考难以对个体之间的素质差异提供一种精确的测量，但事实上也没有任何一种方法能够保证对个体的心理属性作出完全精确的测量。一个现代国家，竞争性不可避免地存在于大学的招生录取工作之中，与竞争性密切相关的选择性要求招生录取决策所依据的工具能产生一组可供比较的结果。在一个民主社会，与民众利益密切相关的高等教育机会的分配自然必须给民众一定程度的公正解释。一个发展中国家，有关部门和考生及其家长都关注大学招生工作所要付出的成本。高考的价值在于为大学招生录取决策提供了一个公正、经济、科学三者兼顾的工具。在我们无法找到一个更为合适的替代工具之前，提高高考的效度自然成为高考改革的核心问题。

一、效度系数与效标关联效度的关系

效标关联效度是借助于外部变量来度量高考效度的，高考的效度用度量结果——效度系数来表达，那么对两者之间关系的探讨是理解高考效度的必要基础。

效度系数是对效度的一种表达，一种反映。从理论上分析，两者应该是一致的，考试效度高则效度系数大，反之，考试效度低则效度系数小。然而，实践中的情形却并非完全如此。效度系数的大小不仅受考试的实有效度这一因素的影响，还受效标特征的影响。效标分数的信度、效标分数的标准差、效标分数的分布曲线等因素都会直接影响效度系数的大小。笼统地说，用不同效标来度量同一个考试的效度，其效度系数是不同的，而考试自身的效度却没有发生变化。

如果能够假定效标的恒定性，那么效度系数的增大就意味着考试效度的提高。只是效标实际上是难以保持恒定的。因此，我们从效标关联效度的侧面来评价考试的效度，就必须区分效度系数的变化是考试自身的影响还是效标的影响所致。当然，从科学的角度讲，效度的提高指的是考试自身效度的提高。考试效度的提高最终依赖于考试各环节的技术质量：严密的试题命制、标准化的施考、精确的阅卷、科学使用考试结果。

二、命题的维度

（一）信度的保持

如果考试是用于初步的决策、作为决策的一个辅助依据或仅把被试进行粗略的划分，低信度的测验是可以接受的。如果考试是用于最后的决策、作为决策的主要依据甚至唯一依据或要把被试进行较为细致的区分，那么考试必须具有一个高的信度保证。在目前情况下，高考明显需要具备高信度。大多数标准化智力测验的信度估计在0.90附近。几乎对任何一个测验来说，这可能都被看作一个高水平的信度。信度估计为0.80或者更多，通常被看作中等到高水平的。一个0.80的信度系数表明，测验分数的20%的变异是由测量误差引起的。对于大多数测验应用来说，大约是0.70的信度估计可能被看作低水平的，虽然这个信度水平的测验在用于鉴别或者制定最初的决策时可能是充分的。低于0.60的信度估计被看作不可以接受的低水平信度[1]。

1. 选取稳定性较好的行为目标

较高的信度意味着较低的误差，因此，所要测试的行为目标越稳定则信度就越高。考试的测量目标包括两个层面：一是理论层面的目标，它是一个抽象的概念性目标，具有不可直接测量的性质（即构念）；二是操作层面的目标，它是具体界定测量目标的行为目标或行为标准，是可以直接测量的[2]。考试命题的实现需要测量目标从理论层面转化到操作层面，即有明确可测的行为目标。行为目标的稳定性直接影响着考试信度的高低，科学地选

---

[1] 凯温·R. 墨菲、查尔斯·O. 大卫夏弗：《心理测验》，张娜、杨艳苏、徐爱华译，上海社会科学院出版社，2006年，第133页。

[2] 雷新勇：《大规模教育考试：命题与评价》，华东师范大学出版社，2006年，第98页。

取（理论上的）测量目标与代表（理论上的）测量目标的行为目标是保证考试信度的一个基本的技术要求。在高考命题中，为了保证合理的考试信度，就需要舍弃那些表现不稳定的行为目标，例如道德品质的行为特征基于考试背景的不同可能有很大的不稳定性。于是高考的局限性与教育的丰富性在一定程度上产生了难以调和的矛盾，面对此种情况，有两条途径：一是寻找其他工具考核稳定性较差的行为目标予以补充；二是以降低高考信度为代价满足教育的丰富性要求，然而低信度的考试作为录取依据是低效甚至无效的。

2. 试题保持一定的数量和一定程度的相关

一个测验的信度可以通过两种方式得到增加：增加项目间的相关或者增加项目的数量①。例如一个 50 个项目的测验，项目内在相关的平均数是 0.20，这个测验的信度会达到 0.92。一个 100 个项目的测验，项目内在相关的平均数是 0.05，它的信度有可能达到 0.84。因此，从理论上讲，不可靠的测验是没有借口的。但另一方面，如果测验项目数量巨大，即使一个非常糟糕的测验，它也将是可靠的。所以，提高测验的质量，实践上的障碍可能阻止执行这样的策略②。

尽管命制高质量的试题通常是非常困难的，然而考试的效度标准要求提高试题的质量应该作为保证考试信度的基本途径。问题是数量较少或缺乏相关的高质量试题不能保证高信度的获取，进而也不能满足考试的效度标准。试卷具有一定数量和一定程度相关的试题才能保证高信度。具体到高考实践，试卷过长必然要求考试时间拉长，这显然是不可行的；如果试卷过短，则会增大考试结果的偶然性，即降低信度，并且不能充分考查被试的行为目标。就实际情形而言，高考试卷保持一定的长度，使各试题之间的相关程度稍低一些，不会明显影响试卷的信度，然而相关程度过低则意味着大大增加行为目标的数量，同时降低了对单个目标测试的稳定性。

3. 其他

个体差异的程度也会影响考试的信度。个体差异越大，考试信度越高；反之，差异越小，考试信度越低。高考的竞争性要求在选取测试的行为目标

---

① 凯温·R. 墨菲、查尔斯·O. 大卫夏弗：《心理测验》，张娜、杨艳苏、徐爱华译，上海社会科学院出版社，2006 年，第 125 页。
② 凯温·R. 墨菲、查尔斯·O. 大卫夏弗：《心理测验》，张娜、杨艳苏、徐爱华译，上海社会科学院出版社，2006 年，第 126 页。

时,必须预期考生在这一行为目标上有足够的差异。相比个体间微小的区别,要鉴别个体间的总的区别,考试更容易保持较高的信度[①]。因此,高考科目不宜过少,每一科目的试题也不应太少,以某一科目的分数作为录取依据往往也是不可行的。

(二) 选择指向用途的合理构念

命题质量的体现,主要是要关注考试是否测量了它欲测量的目标,即相应的构念。提高信度要求选择合适的构念,侧重于构念是否可转化为较稳定的行为目标。提高效度对构念的要求,则关注考试是否可以满足特定的用途。信度作为效度的必要条件而非充分条件,满足信度要求的构念未必能满足效度的要求,因此,构念的选择必须是信度要求与效度要求的交集。

1. 深谙高等教育要求与熟知基础教育状况的有机结合

考试是与用途直接相关联的。高考的职能是为高等学校选择合适的生源,所以高考测量的构念应该基于高等教育的要求而非其他。在完整的学制体系没有形成之前,大学入学考试就是如此运作的。然而,学制的体系化与基础教育规模的扩大乃至基础教育的普及,在某些国家正在改变着,在某些国家甚至已经改变了这种状况。诚然,基础教育与高等教育两者的目标在抽象意义上具有很大的一致性,然而两者的区别也是明显的:基础教育的目标主要是公民的培养,而高等教育的目标是在此基础上培养高级专门人才;前者侧重的是共性,后者侧重的是个体间倾向的差异性。因此,基础教育阶段的优秀学生并不必然是高等教育所需要的合适对象。

另外一个不可忽视的问题是,人的成长与发展不单是在学校教育中完成的。中小学对学生的评价主要侧重于学校所着力施加的即狭义的教育影响,而不太关注或无法关注学生在学校教育之外的收获即广义的教育影响。若大学入学考试指向基础教育则不可避免地失去这些学校教育之外的收获,而这些收获往往对高等教育阶段的成功是不无影响甚至在某些时候是至关重要的。因此,高等教育的发展应着眼于申请者广义的教育成就,而非单单关注其在学校系统的成就,当然两者并非毫无关联。无论是对研究型院校而言还是对实用型院校而言,学生的资质均非中小学教育的目标所能完整涵盖的。

[①] 凯温·R. 墨菲、查尔斯·O. 大卫夏弗:《心理测验》,张娜、杨艳苏、徐爱华译,上海社会科学院出版社,2006年,第126页。

教育规模的扩大把更多人的社会流动纳入自己的领地，使社会流动的阶梯与教育的阶梯呈现了极高程度的耦合。因此，不论是基于何种目的，大量的中学生要争取高等教育的入学机会，这对高等学校是一个非常强大的压力。因为压力的来源是政府、中学教师、家长与学生的复合体，过分坚持自己的尺度对大部分高等学校而言是行不通的，因此，高等学校的入学考试不能不考虑基础教育的尺度。高考与基础教育的关系并非仅仅是"考什么，教什么"，"教什么，考什么"同样发挥着重要的作用，否则高考改革也不至于如此踯躅难行[1]。很明显，高考过分倾向于基础教育的标准，既不利于高校选才，也不利于基础教育自身目标的实现，因为高考倾向于基础教育的标准会强化基础教育的应试倾向，而非促使基础教育目标的理性回归。同时，我们也不能否认高等教育是建立在基础教育上的一个教育层次，高考不能也不必完全抛开基础教育另搞一套。理性的高考应该涵盖基础教育的标准，而非俯就基础教育的标准[2]。高考命题的构念应在深谙高等教育要求与熟知基础教育状况的基础上仔细斟酌。

2. 成就测验与能力倾向测验的选择

高等教育的要求与基础教育状况之间的矛盾，反映在高考命题上，一是标准之争，二是测验类型之争，具体而言就是高考应是成就测验还是能力倾向测验。各个大学都希望能够找到节省成本并且有效选择生源的方法。教育机构的这种需求促进了能力倾向测验的发展，并最终促成对它们的广泛应用。能力倾向测验旨在向高等院校提供这样的信息：如果这些学生被录取了，那么他们获得成功的可能性有多少。这些测验依赖的前提是，学习能力倾向测验能有效测量顺利完成学业必需的能力[3]。

根据测验目标的不同要求，可以将教育测验分为成就测验、能力测验和能力倾向测验三大类。成就测验主要反映个体在受教育过程中对知识和技能

---

[1] 一般而言，两者的关系是：当高考要改革时，必须要打破基础教育的"障碍"，这个"障碍"力量往往还十分强大，因为背后涉及诸多人的利益；而一旦高考打破这个"障碍"，则基础教育很快就会"顺从"于高考，这也是利益使然。

[2] 最理想的办法是至少存在两种测验：一个与基础教育的具体课程关系密切，一个超越基础教育的具体课程。

[3] 凯温·R. 墨菲、查尔斯·O. 大卫夏弗：《心理测验》，张娜、杨艳苏、徐爱华译，上海社会科学院出版社，2006年，第385页。

的掌握程度，能力测验则旨在测量个体不会因外界环境的影响而轻易改变的、较稳定的、表现在认知方面的心理特质，比如观察力、记忆力、理解力、概括力、空间能力、判断推理能力等等[1]。进一步说，成就测验适合于个体在有限的一段时间内获得的具体知识和技能，能力测验适合于在很长的一段时间内所获得的广泛的一般性的能力[2]。从目的上讲，成就测验是追溯性的，也就是说，它们是被设计来评估在相对比较近的过去一段时间里个体知识和技能的变化的。能力测验，从目的上讲，是预期性的，也就是说，它们可以提供关于一个人现在以及将来在各种不同任务上可能会表现得如何的指示。它们不是依赖于具体的教育或训练经验，而是依赖于更广泛的、更一般的、更长久的发展经验[3]。

能力倾向测验亦称学习能力测验。它更强调预期性，目的在于测量学生的潜在学习能力及学术发展趋向。潜在能力是指个体从未来教育或训练中可能获益的能力。因此，这类测验主要用于帮助决策者和学生自己选择合适的学校、专业及最佳专业，包括一般学习能力的测验和特殊能力倾向测验[4]。

当然，三种测验在实践中是难以区分得如此清晰的。因为知识、技能与能力不是截然对立而是相辅相成的关系，在测量内容时段上的区分也是比较模糊的。至于是潜在的能力还是已经具备的能力更难以划分，尽管能力测验也具有预期性，但它的预期性基于对能力稳定性的认可，而能力倾向测验的预期则基于对陌生材料的处理来考查其学习能力。对比于能力倾向测验，能力测验也是追溯性的。然而，三种不同目的的测验代表了不同的设计理念。目前的高考虽致力于由知识立意向能力立意的转变，但比之能力倾向测验，高考的出发点仍侧重于追溯性。追溯性的高考明显是指向基础教育标准的，能力立意的提出也表明了其超越基础教育标准的决心，但其指向则尚显含混不清。能力倾向测验则是明确指向高等教育的。一般而言，成就测验的效度

---

[1] 张敏强：《教育测量学》，人民教育出版社，1998年，第24页。
[2] 凯温·R. 墨菲、查尔斯·O. 大卫夏弗：《心理测验》，张娜、杨艳苏、徐爱华译，上海社会科学院出版社，2006年，第271页。
[3] 凯温·R. 墨菲、查尔斯·O. 大卫夏弗：《心理测验》，张娜、杨艳苏、徐爱华译，上海社会科学院出版社，2006年，第272页。
[4] 张敏强：《教育测量学》，人民教育出版社，1998年，第24页。

低于能力测验和能力倾向测验的效度①。

（三）科目的划分与试卷的分级分类

无论是信度的提高还是效度的改善都必须借助于相应的物质载体，即考试科目的划分与试卷的分级分类。关于效度的理论指出：效度始终是对一定的测量目的而言的②。这一命题对高考的科目划分与试卷的分级分类提出了要求。

不同科目的测量目的是不同的，一个较为清晰的测量目的要求划分出一个考试的科目。如果把几个测量目的机械地融合到一起通过一个科目来实现，与分科考试相比会降低效度，除非这几个不同的测量目的可以整合为一个较为明确的测量目的，并且试卷围绕此测量目的进行命题。本书第三章对各科目与大学学业成绩相关系数的定量研究已经充分说明综合科目在效度上的这一缺陷。

同一科目根据要求的不同程度进行分级。试卷题目的难度因被试群体的变化而变化，进而其区分能力对不同的亚群体而言也是不同的。一张试卷对学习优秀的学生有较好的区分能力，但很难做到对学习较差的学生有大体相当的区分能力，因此一份对选择是否适合进入北大、清华学习的考生有较好区分能力的试卷，一般地对选择是否适合进入高职高专层次院校学习的考生不具有良好的区分能力。只有为不同群体的学生设计对各自群体来说难度中等的试卷，才能较好地实现选择目的，也才能达到较高的效度。

同一科目根据要求的不同范围进行分类。试卷中与效标无关的部分在理论上是无效的，依此作出的录取决策，不仅对被试是不公平的，而且效标关联效度是低下的。这类似于依据一个跑、跳、投各占三分之一的考试的总分来同时选拔十项全能运动员和体操运动员，对于十项全能运动队来说，此考试可能具有较高的效度，而对于体操运动队来说，此考试就难以具有较高的

---

① 首先，成就测验一般指向明确的学业标准，容易导致其个体在行为目标上的个体差异减小；其次，学业标准是基础教育的标准，与高等教育标准的不一致性导致效标关联效度系数降低；再次，成就标准（因具体知识点的变动而导致的）所测试内容的不稳定性，导致效标关联效度的降低。参见凯温·R. 墨菲、查尔斯·O. 大卫夏弗：《心理测验》，张娜、杨艳苏、徐爱华译，上海社会科学院出版社，2006年，第133页。其中指出了成就测验在信度方面的局限。

② 胡中锋、李方：《教育测量与评价》，广东高等教育出版社，1999年，第41页。

效度。只有在同一科目内按照高等学校与学科专业的不同要求进行分类，考试才能达到较高的效度。

广而言之，分科、分级、分类还包括在此基础上的不同组合以适应不同高校、不同专业的需要。无论是美国的 SAT 考试还是英国的 A-level 考试，都进行了不同程度的分科、分类、分级，并且高校拥有以不同组合选择生源的权力。我国古代的科举考试，最初的制度设计也是多科类的分科举人，只是后来对公平的极端追求，才导致了科目的单一化。虽然在清末进行了扩大科目的改革，但为时已晚。不能说科目的单一化不是科举落后于时代的一个表现，此特征与科举被废止也有一定的关联。60 多年来，中国高考在科目改革方面留下一条大致与科举类似而与西方考试科学化程度较高的国家相反的轨迹[1]，这不太利于效度的提高。

三、施考、阅卷与分数解释的维度

考试效度的提高不仅取决于命题的质量，而且与施考、阅卷和考试结果处理的状况是密切相关的。一个标准化的考试不仅包括命题环节的标准化，而且包括施考、阅卷和分数解释的标准化。

（一）提高施考的标准化程度

1. 考试时间与考室的安排

标准化就是要保证所有考生具有同样的机会表现他们的竞争力。只有基于此，分数才能真实反映所欲测的构念，才能保证考试的效度。施考的标准化首先涉及的是考试时间与考试地点的标准化。由于中国幅员辽阔，各地气候条件不同，若全国统一考试时间，则应大致兼顾各地区的差异。高考时间由原来的 7 月改为现在的 6 月，这不仅是考虑到南方在 7 月 7 日前后易发生洪涝灾害而体现的人文关怀，而且还是考试标准化的应有之义。

在考场安排方面，选择安全、安静、采光好等条件具备的学校设置考点。考点应设必要的服务设施。每个考室考生不得超过 30 名，考生座位必须单人、单桌、单行排列，间距在 80 厘米以上。以考区为单位，按科类连续编排考生顺序号。编好后，同考生姓名一起上报上级招生委员会。各省

---

[1] 2007 年四省区开始实施的新方案似乎又体现了增加考试科目的端倪，"3＋X" 在操作中主要表现为各省区之间的科目的多样性，但对于考生来说，所能选择的科目仍是非常有限的，所要考试的科目数也没有增加的趋势。

(自治区、直辖市)应积极创造条件以县(市、区)和科类为单位将考生顺序号随机排列,依次编排准考证号,以准考证号顺序安排考生座位①。

2. 施考人员

施考人员的合理选择与培训是高考实施标准化的一个重要环节。每个考点配备主考一人、副主考二人。每个考室最少配备二名监考员。考点应配备一定数量的工作人员,协助监考员做好室外的监督和考生的服务工作。凡有直系亲属参加高考的不能担任主考、副主考、监考员或者考点工作人员。

监考员必须按照统一的明确要求履行职责,主要包括按照程序组织考生进入考室,宣读注意事项,领取、启封、核对、分发试卷和收集、清理、装订、密封考生答卷,指导考生在试卷规定的地方填写相关信息并核对考生信息,维护考试秩序,监视考生考试,制止违纪行为并填写《考生违纪情况记录单》,按照规定对考生进行必要的提示②。

3. 防止作弊

作弊是一种违纪行为。在考试技术领域,一定范围内的作弊不仅使作弊考生本人的行为目标表现失真,而且会影响到整个考生群体的成绩分布。也就是说,不作弊的考生的成绩特征也会因其他考生的作弊行为而受到影响。

除了命题环节、试卷的印制接送和保管环节的漏题之外,施考过程中的作弊主要包括考生之间的抄袭和考生使用通信设备获取答案,监考员对考生进行规定中不允许的提示乃至提供或传送答案,其他人员把答案送入考场,替考,等等。防止作弊既需要健全的制度包括健全惩罚制度,也需要加快考试立法步伐。此外,高科技防弊工具也是不可缺少的。

(二) 提高阅卷质量

标准化的评分程序有助于保证准确地评分和报告成绩,分数的准确性对效度有着至关重要的影响。客观题采用机器阅卷,阅卷质量的提高主要在于指导考生进行准确填涂、高质量的设备、科学的算法和正确的操作规程。主观题采用人工阅卷,评分标准、误差控制、阅卷程序等因素都会影响到阅卷的质量。

1. 科学的评分标准与易操作的评分细则

高考阅卷是由省(自治区、直辖市)招生委员会统一领导,分学科设评

---

① 杨学为:《高考文献》(下),高等教育出版社,2003年,第338页。
② 杨学为:《高考文献》(下),高等教育出版社,2003年,第339页。

卷点。标准化阅卷需要一套科学的评分标准。制定评分标准一般应考虑以下因素：选择最适合于试题和评价目的的评分方法；评价的行为特征应该与测量的行为目标一致；在分析评分法时，每个评分项目一般应只包含一个独立的行为特征；要明确评价的行为特征等级数；对评价的行为特征和标准中的每个等级应该进行清楚的定义[1]。

主观题最大的缺点是需要评分教师根据其对评分标准的理解进行评分，而评分教师对评分标准的理解又不可能完全一致，这样就增大了主观题的评分误差，降低了主观题测量结果的信度[2]。为了减少这一误差，必须制定尽可能详细且易于操作的评分细则，细则不能因阅卷老师的不同和阅卷的进程而改变。

2. 误差控制的理论与技术支持

目前，主观题评分误差的控制已不仅仅局限于评分标准和评分细则的制定与执行，还包括相应的理论与技术支持。主观题评分误差主要来源于评分教师评分的松紧度、评分行为目标或行为特征的难度、试题的难度以及评分量表的结构。此外，评分教师与考生或评分系统的交互作用也会产生一定程度的评分误差。

传统的评价主观题评分质量的主要指标是评分结果的一致性，包括不同评分教师评分结果的一致性和同一教师评分结果的一致性。评价一致性的指标是：（1）不同评分教师或不同次评分的相关性；（2）不同评分教师或不同次评分结果的统计差异。对大规模考试而言，一般要求不同评分教师或不同次评分的相关系数在 0.8 以上，且经成对样本 T 检验，不同评分教师或不同次评分结果的平均值无显著差异。

评分量表结构与评分误差控制关系密切，研究用 Rasch 评分量表模型获得的评分统计参数，可以确定评分量表结构的合理性，对评分量表进行修改，获得评分量表的最佳分级；同时根据评分量表结构的合理性，也可以确定评分质量的优劣[3]。

---

[1] 雷新勇：《大规模教育考试：命题与评价》，华东师范大学出版社，2006 年，第 186~187 页。

[2] 雷新勇：《大规模教育考试：命题与评价》，华东师范大学出版社，2006 年，第 186 页。

[3] 雷新勇：《大规模教育考试：命题与评价》，华东师范大学出版社，2006 年，第 227 页。

3. 程序的严格执行

程序的严格执行是高考阅卷标准化的必然要求。标准化的阅卷程序主要包括：(1) 按照相关要求严格选聘阅卷教师；(2) 按照规定对阅卷教师进行统一培训；(3) 在正式评卷前进行一至两天的试评，使每个阅卷教师熟练掌握统一的评分标准，同时裁决评卷过程中有关评分标准的分歧意见；(4) 按照程序进行评卷；(5) 严格按照评分标准进行评分记分，遇到疑难问题或出现分歧，由评卷组讨论解决；(6) 复查教师对已评试卷逐份认真复查，若有不同意见，应与原评卷教师协商解决，意见不能统一时，由评卷领导小组解决；(7) 积分复核人员对各题的小题分和全卷的各题分全面复核；(8) 由评卷点指定专人进行分数订正；(9) 评卷教师、复查教师、积分复核人员及分数订正人均应签字负责；(10) 对异常试卷，先评分，同时填写《答卷异常情况记录表》，送省（自治区、直辖市）招生委员会办公室处理；(11) 评卷结束前，评卷领导小组组织力量对评卷质量进行全面检查①。

此外，阅卷教师的倾向性对阅卷结果也会产生影响。比如高校教师与中学教师对同一份答卷的认识在评分细则范围之内因为岗位特征的不同而有所差别，而这种差别导致的评分误差往往是系统性的。

（三）保证分数解释的科学性

分数解释的科学性与考试效度也是密切相关的。测验分数的解释主要分为两种类型：原始分数和导出分数。被试接受测验后，根据测验的记分标准，对照被试的反应所计算出的测验分数称作原始分数②。所谓导出分数是以常模团体的原始分数为基础，用统计学方法，导出一种新的具有特定意义的能反映个体发展在其团体中相对位置状况的分数量表或符号系统③。常见的导出分数有百分等级分数和标准分数。对高考分数的解释主要包括建立标准分数制度、合理使用标准分数。

1. 建立标准分数制度

原始分数反映了被试答对题目的个数或作答正确的程度。原始分数没有绝对的零点。一个学生高考物理的原始分数是零分，并不能代表该学生一点

---

① 杨学为：《高考文献》（下），高等教育出版社，2003年，第341～342页。
② 戴海崎、张锋、陈雪枫：《心理与教育测量》，暨南大学出版社，1999年，第136页。
③ 黄光扬：《教育测量与评价》，华东师范大学出版社，2002年，第144页。

物理知识也没有，或许该学生掌握的物理知识没有出现在这一次考试的试卷上。原始分数受试卷难度的直接影响，不能说学生在1999年高考中数学考了90分，而在2000年高考中数学考了80分就意味着学生数学水平退步了。原始分数也没有明确的测量单位，学生甲与学生乙在同一次高考中总分均为500分，然而各科成绩有明显差别，并不意味着总体上两学生的水平相同，因为不同科目之间的1分所代表的含义是不同的，即不同科目表面上都以分为单位，但实质上不一定是相同的单位，因此，不同单位的各科分数是不能直接相加的。

原始分数的使用范围仅局限于表明学生对相应科目标准的实现程度，因而缺乏可比性。一般需要把原始分数进行排序或转化为百分比分数等诸种形式的导出分数。若以总分录取，则涉及不同科目分数的整合，需要把各科原始分数转化为相同单位的导出分数，一般转化为标准分数。许多国家的高校招生考试都使用标准分数，我国20世纪80年代末期也进行了标准分试点。标准分数与原始分数的主要区别在于前者具有可比性。因此，针对录取而言，高考分数应科学地表达为标准分数。标准分数是以标准差为单位表示测验成绩与平均分数之间的距离，目前使用的标准分数是以500为平均分，100分为单位的一种呈正态分布的 T 分数。高考的标准分数制度由常模量表分数和等值量表分数组成。前者适用于录取，后者在录取的基础上还适用于不同地区、不同年度之间考生成绩的比较。标准分数制度在全国的实施需要经历一个过程甚至是一个曲折的过程。个别省区实施的标准分数制度包括单科常模量表分数和各科总成绩的常模量表分数，分别刻画了考生不同科目成绩和总成绩在常模团体中的位置。

2. 合理使用标准分数

高考分数的用途是满足高校招生录取决策的需要。高考录取的决策应该基于对学生的全面评价。然而就实际状况而言，政审和体检作为录取决策重要的组成部分，拥有的是必要的否决权，除此之外则主要依据高考分数。仅就高考分数而言，目前大多数省区使用原始分数录取，对高考分数的不当表达影响着高考的效度。若要提高高考的效度，目前需要改变的不仅是标准分数制度的实现，而且包括合理使用标准分数。

目前实施的"学校负责、招办监督"的录取体制，在1987年颁布的《普通高等学校招生暂行条例》中即已提出：在政治思想品德考核和身体健康状况检查合格、统考成绩达到控制分数线的考生中，调阅考生档案数、录取与否由学校决定，遗留问题由学校负责处理；省、自治区、直辖市招生委员会办公室实行监督①。这一体制的进步之处在于扩大了高校的招生自主权，不足之处是仍以统考总分为标准。

就是这一存在一定不足的录取体制，在今天仍无法完全执行，目前学校调阅档案数仍约控制在学校招生计划数的120%以内。虽然某些高校在招生章程中已提出总分相同或大体相同的情况下优先录取相关科目分数较高的考生②，可是在120%比例和省（自治区、直辖市）控制线的双重限制下，这一条款所起的作用微乎其微。录取决策基本还是以考生志愿和考生总分为准，这种录取模式一方面抹杀了高考分数中丰富的信息，另一方面实质上剥夺了高等学校名义上所拥有的招生自主权，它与高等教育培养高级专门人才的本质要求不符，也使高考效度降低。

若要提高高考的效度和充分利用高考所能提供的信息，则必须真正落实"学校负责、招办监督"录取体制的精神。具体而言，应逐步放宽批次控制线；逐步扩大调档比例（根据招生计划总量至少扩大到150%~200%）③ 直至取消对高等学校的这一限制；尊重高等学校对已调档学生的录取权，包括根据已调档考生相应科目分数录取的权力。招办的监督功能主要体现在：高等学校所提出的调档比例、高等学校哪些专业依据哪些科目的分数录取均需明确写入招生章程，经教育行政部门审批并在考生填报志愿前公布；招办则监督高等学校是否按照招生章程录取。

四、效标的维度

测验的有效性是需要测验的开发编制与使用过程来共同保证的，它是测验根本性质的表征④。高考的效标关联效度系数，除了受高考自身的因素影

---

① 杨学为：《高考文献》（下），高等教育出版社，2003年，第283页。

② 天津市招生委员会高等学校招生办公室：《2006年天津市普通高等学校招生填报志愿指南之一》，天津人民出版社，2006年，第463、467页。

③ 某些院校在实际录取过程中还没有用足120%的调档上限，除了招生计划特别多的院校不必要是120%的调档比例以外，其他院校一是可能担心受人情干扰，二是录取标准较单一或录取原则倾向于分数优先而非志愿优先。对于招生计划量少、录取标准丰富、倾向于志愿优先的院校而言，120%的调档比例是不够的。

④ 漆书青：《现代测量理论在考试中的应用》，华中师范大学出版社，2003年，第407页。

响之外，还受效标因素的影响。选择合适的效标是效标关联效度研究中首要的一步。在许多研究中，选择效标是以便利为基础而不是以坚实的理论为基础[1]。如果效标的选择是一个理论问题，那么效标的质量则是一个实践问题。

（一）合适效标的选择

1. 根据用途选择合适效标

任何考试都是指向一定用途的，考试效标的选择依赖于考试的用途。笼统地说，考查高考的效标关联效度应该是多维的。若以高考总分为录取依据，从理论上讲，应以专业课成绩为效标进行考查。考虑到中国高等教育的历史演变特点，若纵向比较高考效度则以学业总成绩为效标更为恰当，它们度量的是高考总分的效度。若以某一科目或某几个科目为录取依据，在理论上也应选择专业课成绩为效标。若高考总分与相应科目成绩均作为录取决策的依据，则应以专业课成绩分别计算其与高考总分、相应科目成绩的相关系数。因为这些分数的使用是指向选择适合大学相应专业学习的生源。

如果高考总分与大学学业成绩之间的相关系数较低，并不能说明高考每一科目的效度都较低。如果仅仅考查高考某一科目的效度，而不明确指向为相应专业选择合适生源，则需寻找与此科目最为接近的大学课程成绩作为效标。例如，英语科目的效度应选择大学英语课程的成绩为效标，数学科目的效度则应选择大学数学类课程的成绩为效标。如果大学没有课程与之明确相关，则不适于使用效标关联效度来度量，应选择其他方面的效度证据。

2. 中间效标与最终效标

应该说，把预测效标划分为中间效标和最终效标具有一定的理论意义。例如，认为大学的学业成绩只是高考成绩的一个中间效标，而毕业后的最终成就才是高考成绩的最终效标。如果进行纯理论的分析，最终效标或许比中间效标更为恰当。然而由于寻求最终效标过于耗时，且受到很多因素的影响，因此更常用的是中间效标[2]。最终效标难以应用于实际的原因还在于最终效标中"最终"的尺度难以界定，而且当界定完成之后往往已失去了应用的价值。人们使用的最终效标一般是相对意义上的，而且往往以定性的方式

---

[1] 凯温·R. 墨菲、查尔斯·O. 大卫夏弗：《心理测验》，张娜、杨艳苏、徐爱华译，上海社会科学院出版社，2006年，第177页。

[2] 张敏强：《教育测量学》，人民教育出版社，1998年，第122页。

存在。

引入最终效标可以使研究者更为全面深刻地了解一个测验的价值,高考也不例外。如果大学学业成绩与社会成就呈负的显著相关,那么即使高考成绩与大学学业成绩的相关系数非常令人满意也需要研究者去反思乃至矫正。然而对高考来说,一个合适的最终效标是什么呢?考研成绩?最起码进一步缩小了效标的范围。收入水平?即使在市场经济完善的国家,许多职业也不能用收入来衡量其成就。社会地位?难以进行横向比较量化赋值……

人们对高考最终效标的探求或许基于一种怀疑甚至否定高考选才有效性的立场,但是这需要事实证据来证伪。严格地说,最终效标是一个实践中不存在的概念,因为效标是与测验的用途紧密相连的。正如科举考试仅仅是为了选择官员,高考也仅仅是为了选择适合大学学习的生源。如果一定要赋予高考选出社会精英的职责,未免高估了高考的作用而低估了教育的价值,因为谁也不敢确认社会精英的缺乏是高考选才的低效而非高等教育的责任。到底是高考把当代的钱钟书、吴晗等精英人物"考"到了"边缘",还是教育把他们"育"成了"与众不同"的人?这恐怕是考试与教育应该共同反思的话题。可以说,使用似是而非的"最终效标"去批评高考选才的低效是缺乏理论依据的。

(二)效标的质量问题

效标的质量与高考的效度系数直接相关。提高效标的质量在本质意义上是高等教育良性运行的内在要求,客观上也有利于高考效度系数的提高。因为度量效标分数的效度是另外一个问题,所以对于高考效度而言,效标质量的提高主要集中在以信度为核心的包括难度与区分度等指标的改善上。

1. 难度

影响大学学业考试难度的因素,一是学生,二是任课教师。单纯看一个考试的质量,难度应保持中等水平。如果从培养规格与课程目标而言,考试的难度值应服从于课程要求。大学课程考试的目的不在于为评价高考服务,而在于科学评价对课程目标的掌握情况以及基于考试结果基础上的教学管理。如果是因为任课教师水平不足以胜任教学,考试的难度则难以把握;如果是学生学习不努力而教师为迁就学生降低考试要求,则适中的难度是虚假的。两种情况都使课程成绩不适于作为高考的效标。一个高质量的课程考试,需要在学生积极向学、教师履行职责的基础上达到课程考试的难度适中。

2. 区分度

因为大学课程考试对学生的利害关系远低于高考并且群体内竞争相对较弱，所以人们对大学课程考试的区分度往往并不予以高度重视。教师方面因素的一些特征会导致相应大学课程考试区分度的低下：（1）扩招造成的新教师比例大大增加，命题难度把握不好；（2）就业竞争体现在学校之间，因此部分教师命题要求降低，评分标准偏松；（3）大学课程考试更偏重死记硬背；（4）相对于高考面对的是不同地区、不同学校甚至不同任课教师所培养出来的学生，大学课程考试所面对的学生更具有同质性。若要提高大学课程考试的区分度，相应地需要提高教师命题水平，严格命题要求与适当把握评分标准，考试应科学地反映学生的学业成绩，根据实际情况通过考试对学生进行科学的区分。其实，大学的课程考试保持必要的区分度，不仅是考试的内在要求，也是对学生学习结果的一种公正评价。

3. 信度

与高考相比，大学学业考试信度整体的降低是不可避免的。除上述难度、区分度等因素的影响之外，还有一些因素导致大学学业考试信度的低下：（1）整体而言，大学课程考试的试卷长度低于高考的试卷长度；（2）大学课程试卷侧重于对知识点广度与深度的考查而基本不必考虑试题间的相关；（3）教师阅卷没有误差控制技术的保证；（4）考试环境无法达到（也不必达到，因为那是需要一定成本的）高考的标准化程度。应该说，从上述环节中寻求提高信度的途径是比较困难的，但这并不等于说没有改善的必要和提高的空间。无论如何，提高考试的质量对任何一种考试而言都是理所当然的。至少可以在尽可能的范围内改善考试环境，使学生的学业成绩得以公平完整的展示，保证一定的试卷长度以降低偶然误差，提高认识以减少阅卷误差。

第五章 高考效度提高的实践条件

命题、施考、阅卷、分数解释等环节的实际状况决定着高考效度的高低。然而，这些环节的改善需要有先进的考试理论与技术来指导、相应的考试模式为载体、一定的考试成本为代价等直接条件的支撑，也需要有配套的招生录取体制与相关的高等教育管理制度、理性的舆论环境、各群体利益的协调等间接条件的保障。高考效度的提高需要各方面的努力、各种条件的满足才能够得以实现。

第一节 直接条件

考试理论与技术的应用是提高高考效度的第一步，主要包括命题、阅卷和分数的解释三个环节。随着考试实践的发展，考试理论与技术的应用需要借助一定的考试模式作为载体才能实现。而不同模式的高考则直接牵涉成本的变化与成本的分担。

一、考试理论与技术

无论是命题、阅卷、分数解释还是施考环境，其质量的改进均需先进的考试理论与技术作指导。同时，培养一大批高水平的高考专家把这些理论与技术应用于考试实践，也是提高高考效度必不可少的条件。

（一）命题

1904年美国心理学家桑代克集欧美各国研究与思想于一身，出版了《精神与社会测量导论》一书，标志着以科学理论为指导的教育测验理论的诞生。发展到20世纪40年代前后，欧美一些测验统计理论专家开展了测验的统计数学模型的研究，提出了测验信度、效度、项目的难度与区分度等指标及其经典的统计分析方法，为测验研究提供了理论模型及统计分析方法，进一步丰富了教育测量学科的内容，并在20世纪50年代前后形成了经典测验统计理论体系。20世纪60年代以来，除了经典测验理论（CTT）进一步被拓展外，还创立了多种现代测验理论，其中项目反应理论（IRT）和概化理论（GT）是近段时期在世界上最有影响的两种测验理论[①]。

经典测验理论是以真分数模型为基础的一种误差理论，即一种经典的信度理论，主要探讨了随机误差对测量结果的影响程度，解决了对测量的准确性、稳定性的认识问题。当然，经典测验理论也对效度问题进行了初步的探讨，主要体现为统计效度的计算，然而这些效度理论只适用于对测验进行某一角度的评价，而很难为测验编制质量的提高提供具体的支持。针对自身的一些缺陷，经典测验理论也被不断地完善、充实。同时，人们也开始探索其他的途径。一个是从外部或宏观方面入手，继续沿着随机样本理论的思路向前发展，形成了概化理论；另一个是从内部或微观入手，放弃随机样本理论的思路，采用数学建模和统计调整的方法，重点讨论被试的能力水平与测验题目之间的实质性关系，创立和发展了项目反应理论[②]。

概化理论利用方差分析模型进一步探讨了随机误差和系统误差等误差的不同来源，深化和丰富了信度的内涵，同时为测量误差的控制开拓了道路。另外，它是在测量目标与各测量侧面综合考查的思想构架下讨论问题的，所以也对测验效度及测验的正确有效性研究作出了自己的贡献[③]。概化理论将测量的考生作为测量目标，将影响和制约这些测量目标的各种因素看作侧面，每个影响因素称为一个侧面，所有这些侧面的集合称为观察全域。G研究就是调查观察全域中各个侧面的采样对观察全域分数的影响，确定各个侧面方差分量的大小。通过观察全域的G研究，发现观察全域的问题，提出对观察全域各个侧面的修改方案，即D研究，形成新的全域。这个新的全域就是概化全域[④]。

[①] 黄光扬：《教育测量与评价》，华东师范大学出版社，2002年，第19页。

[②] 杨志明、张雷：《测评的概化理论及应用》，教育科学出版社，2003年，第14页。

[③] 参见漆书青：《现代测量理论在考试中的应用》，华中师范大学出版社，2003年，第51页；杨志明、张雷：《测评的概化理论及应用》，教育科学出版社，2003年，第14页；雷新勇：《大规模教育考试：命题与评价》，华东师范大学出版社，2006年，第60页。

[④] 雷新勇：《大规模教育考试：命题与评价》，华东师范大学出版社，2006年，第60页。

然而，经典测验理论与概化理论都是在随机抽样的大理论框架下展开推论分析的，不但要求抽取的被试是代表性的样组，而且对试题（项目）的抽取也提出了要求，均以整个测验为考查对象，并未逐个考查作为测验基础的试题（项目）与整个测验的关系。项目反应理论恰恰具有这一方面的优势。在这一理论中，考生的能力参数与试题的难度参数定义在同一量表上，二者相互匹配，可以相互对比，因而满足了试题难度应该与被试的能力水平相匹配的考试开发要求。根据试题难度与考生能力水平相匹配的情况，设计出符合要求的试题，可以使测量达到最佳的效果。因此，在命题过程中，项目反应理论拥有很大的应用空间。

测验理论的发展是以心理学、统计学、计算机技术的发展为依托的，然而，三者的发展并不必然导致测验理论的发展，人们必须基于教育学、心理学的专业理论把诸多因素有机地融合起来才能推动测验理论的发展。20世纪中期以来，认知心理学勃兴，统计分析与实验设计方法技术也有很大进步，再加上计算机技术的广泛应用，对人的心理特性结构与心理加工过程的探索取得大批突出成果，许多过去的"黑箱"问题正在逐步"灰化"，渐趋明朗[1]。遗憾的是，目前的测验理论还只是借鉴了很少一部分心理学的研究成果。即便是这些测验理论，如何将其应用到高考实践中去还有很多的工作要做，其中最关键的因素，一是要认识到测验理论与相关技术的重要性，二是要培养大批掌握测验理论和技术的专家，尤其是在目前推行分省命题的格局下，此项工作的重要性更为凸显。

（二）阅卷

如果说命题环节渗含着诸多的理论与技术成分较容易被人理解的话，那么对阅卷环节所蕴涵的理论与技术成分的认识则可能在很大程度上存在着不足。目前高考阅卷还缺乏稳定的队伍，人员类型也比较多样，相关的误差控制理论与技术在阅卷过程中的运用还不彻底，认识不足就是其中原因之一。实际上，评分标准以及评分教师对评分标准各种不同的理解和使用方面的误差是威胁大规模考试效度和信度最大的三种误差来源之一，需要在评分阶段加以控制。评分阶段对误差的控制是保证考试结果信度以及考试结果解释和

---

[1] 漆书青：《现代测量理论在考试中的应用》，华中师范大学出版社，2003年，第54页。

使用效度非常重要的一环，必须对评分进行科学的组织和管理，对评分误差进行有效的控制①。对于高考这样一种高利害考试而言，对阅卷环节的误差控制更应当重视②。

阅卷环节的误差控制主要体现在主观题目的评分过程中。主观题评分误差通常主要来自四个方面：评分松紧不一、总体评分误差、评分趋中误差和量表等级限制误差。此外，评分教师与考生或评分系统的交互作用也可能产生误差，侧面功能差异也可能产生误差③。评分松紧不一，表现在两个方面：同一位评卷教师前后松紧不一，不同评卷教师之间松紧不一。网上阅卷为这种误差的判断提供了很大的便利，前者可以使教师在不知情的情况下两次或多次评阅同一份试卷，后者可以使两个或多个评卷教师独立评阅同一份试卷。在此基础上，通过求取不同教师或不同次数评分的相关系数和对比平均值来进行判断。前者一般要求相关系数在 0.8 以上，且通过成对样本 T 检验，后者要求无显著性差异④。总体评分法认为考生的能力是一个统一的整体，这个整体只能产生一个单一的分数，然而这个整体却包含了几个不同的行为特征。例如作文评分中二类卷评分标准是，评分在 50 分~62 分之间，基准分为 56 分，要求为主题正确，内容较充实，结构完整，语言通顺。如果评卷教师不能区分主题、内容、结构、语言概念上的显著不同或没有进行区分，就会产生总体评分误差，高利害考试应尽量避免这种评分方式。评分趋中误差在高考阅卷中出现的可能性较大，虽然通过多侧面 Rasch 量表可以判断出来，然而矫正这种误差则比较困难。等级限制误差在高考阅卷中往往也是不可避免的，一种情形是当一个等级不是一个确定的分数，而是一个

---

① 雷新勇：《大规模教育考试：命题与评价》，华东师范大学出版社，2006 年，第 197 页。另外两种误差来源是：对所要测量的考生的知识与技能、方法与能力内涵及其与之相关的行为目标的定义方面的误差；在所要测量的考生的知识与技能、方法与能力及其行为目标确定的条件下，试题的设问、应答与要测量的行为目标相关程度方面的误差。前者需要在考试设计阶段加以控制，后者主要在命题阶段加以控制。

② 除了高利害的属性以外，阅卷环节的误差控制相对于另外两种误差控制而言则更为容易，效果可能更为明显。

③ 雷新勇：《大规模教育考试：命题与评价》，华东师范大学出版社，2006 年，第 216 页。

④ 雷新勇：《大规模教育考试：命题与评价》，华东师范大学出版社，2006 年，第 203~204 页。

分数段时,该等级的定义描述实际上只能适合于某一个确定的分数或者基准分数。从数学上看,可以将两个基准分数之间的分数看作"内插"的分数,而评分的量表对它们没有明确的定义,只能靠评分教师根据自己的判断作出内插。另一种情形是分值很高同时每一分值对应一个等级,但等级过多时评卷教师在实际操作中不能分辨出如此多的等级之间的区别,或者人为减少等级,或者同一质量答案的赋分在几个等级之间摇摆。等级限制误差也可以通过多侧面 Rasch 量表判断并设计相对科学的评分量表,但同一个量表对不同阅卷教师而言,其科学性是不尽一致的。

尽管目前已经有相应的误差控制理论与技术,但在实际应用中仍有很大的局限性。一方面,需要研究人员去继续探索更为先进、实用的误差控制理论与技术,另一方面,把现有的误差控制理论与技术充分地运用到阅卷实践中可能更为必要。此外,如何保持一个高素质的、稳定的、敬业的阅卷教师群体也是控制误差、提高高考效度的重要途径。

(三) 分数解释

考试分数的转换和分数解释的标准化,是高考标准化的重要内容之一。对于考试理论工作者而言,应该没有人怀疑在高考结果的解释上标准分数比原始分数更为科学。然而分数转换是一个复杂的问题,要解决好这个问题,一定要结合高考的实际,包括技术层面、认识层面和实践层面的实际。

在 1985 年广东开始的标准化考试试验,就包含着分数转换的内容。转换的方法是先求得单科成绩的总平均分 $\bar{X}$ 和总标准差 S,再对每一个考生得到的分数 X,用公式 $Z=\dfrac{X-\bar{X}}{S}$ 求得标准分数 Z,再对 Z 用公式 $T=AZ+B$ 作线性变换,然后向考生报告 T 分数。然而这一转换遇到了诸多问题:(1) 因受试题难易程度的影响,分数分布难以达到理论上要求的正态分布;(2) 高考各科权重不同,求总分如何保持权重;(3) 向考生报告 T 分数时,一些考生的成绩超过规定分数界限甚至为负值;(4) 各科试题难度无法保持一致,不同学科的方差大小有差异,转换系数不统一,影响到各科分数的相加[①]。

到 1988 年,在原国家教委考试管理中心的协助下,通过分数的正态化转换满足了正态分布的要求;转换系数分别为 100、500,解决了 T 分数为

---

① 杨学为:《高考文献》(下),高等教育出版社,2003 年,第 377 页。

负值的问题；各科分数乘以相应权重（总分 100 分权重为 1，其他权重以总分是 100 分的倍数计），相加后再进行正态化和相同转换系数的线性变换，得到总分的标准分数，基本解决了标准分数的转换问题[①]。在试点的基础上，1994 年初，原国家教委颁发《普通高等学校招生全国统一考试建立标准分制度实施方案》，至 1997 年正式在高考录取中使用标准分数的省区扩大到广东、海南、陕西、广西、山东、福建等 7 个省区，模拟使用标准分数的有 22 个省区。1996 年提出"1998 年力争全国 30 个省全部参加正式使用标准分数在内四个环节的高考质量评审工作"[②]。然而实践却沿着相反的方向发展，至 2002 年只有广东、广西、海南三省区使用标准分数，2007 年，最早使用标准分数的广东省也放弃使用标准分数，只剩下海南省还在使用标准分数。

各省区陆续放弃使用标准分数的原因是多方面的：（1）正态化转换的前提之一是方差齐性（即各学科的原始分数方差应当相应接近），目前这一条件尚难满足[③]；（2）获得完全标准分数制度所需要的全国常模（或全省常模）和等值量表是一个不小的工程；（3）作为高考分数使用者的高等学校对使用标准分数并没有表现出应有的积极性；（4）考生及家长对标准分数制度缺乏一定的信任感，因为只得到标准分数无法确定是否出现记分失误，也就无法确定是否需要查卷；（5）完整的标准分数制度在目前状况下可能使录取的公平问题更为凸显。应该说，在当下的技术条件下，实现标准分数制度是并不困难的，主要原因在于考试机构与高等学校对此没有积极性和对利益集团的妥协。至于消除考生与家长的疑惑则提供原始分数与标准分数两个分数即可。

若为高考选才的有效性计，则毫无疑问应积极推行并逐步完善标准分数制度。然而在当下，这确实是一件令研究者无可奈何的事情。

二、考试模式

一般而言，高考效度的提高需要借助一定的考试模式来实现。最主要的是考试科目的组合与试卷的分级分类，它具体包含着考试的时间安排与成绩

---

① 杨学为：《高考文献》（下），高等教育出版社，2003 年，第 378 页。
② 黄光扬：《教育测量与评价》，华东师范大学出版社，2002 年，第 160 页。
③ 杨学为：《高考文献》（下），高等教育出版社，2003 年，第 378 页。

处理两个方面。在直接探讨这一问题之前，有必要再次区分高考与其他普通高等学校入学考试的区别①。

（一）高考与其他普通高等学校入学考试的区别

高考与其他普通高等学校入学考试的区别主要在于职责的不同。高考作为一个统一考试，是对高等学校所要求的共性特质在不同考生之间的分布状况及其程度进行测度，追求的是考生之间的横向可比性。而其他的普通高等学校入学考试则是为部分高等学校或部分高校的部分专业提供个性特质方面的测度，追求的是考生与特殊招生标准的适切性。从理论角度讲，两者是互为补充的；从（当下的）实践角度讲，后者只是在一定的情况下才有必要。

目前人们对高考的关注主要侧重于其他普通高等学校入学考试的变革情况。诚然，不断丰富高校招生考试的类型是改革的一个趋势，具有很大的理论与实践意义。但是，这一改革所能发挥的作用在中国大陆是极其有限的，我们不能因此而忽略高考自身的改革。目前，其他的普通高等学校入学考试主要包括保送生的综合能力考试和自主招生院校举行的入学考试。在2006年，除复旦大学、上海交通大学开始少量招生并仅依据自主进行的考试即可决定录取（但仍需参加高考）之外，其他院校均需结合高考分数进行录取决策，并且自主招生的数额一般也仅占其招生计划的5%，学校范围基本局限在"211"院校。2005年，上海的3所高职院校开始脱离高考实施的自主招生考试也是其部分的招生计划，并且每个考生只能报考1个志愿。有关方面对招生计划扩大与报考志愿复杂化以后的招生效果如何还缺乏相应的信心与对策。

就中国大陆的实际情况而言，既不可能像有的国家那样大规模地实施两次考试，也不可能像美国那样在较短时间内实现高职高专类院校的开放式注册入学。对大部分高等学校而言，完全抛开高考这个统一的考试而诉诸自主考试或高校间的联合考试，既无必要也缺乏相应的可操作性。走在改革前列的上海市的种种自主考试改革举措大多也是难以在全国范围推广的。对大多数普通高校而言，较为理性的做法是获取实质意义上的招生标准制定权，在此前提下可以依据包括高考成绩在内的多元标准进行招生录取。这一框架对高考提出了切实的要求，如提供什么考试科目的成绩，以什么方式提供成

---

① 高考即统一考试，与其他的非统一考试构成整个普通高等学校招生考试。

绩，对考试科目如何分级分类等。

（二）关于高考科目的组合与分级分类

长期以来，对高考类别进行简单的文理划分可以满足录取操作的简便性要求和高等学校初步的招生要求。然而，在高等教育大众化所要求的高等教育多样化的大背景下，不同类型的高等学校、十几个大的科类、几百种专业只能在文史类和理工类之间作出非此即彼的选择，已经显得非常不合理。而且，语文、英语是相同的必考科目，实际上只是在文科数学与理科数学、文科综合（或者政治、历史、地理）与理科综合（或者物理、化学、生物）之间作出选择。统一高考"统"得太多、"统"得太"死"，而选择性、灵活性远远不足。如此，高考在高等教育大众化阶段引起人们的非议确实不可避免。

"统"得过多过"死"的高考与理论上高等学校丰富多样的招生标准是不相适应的。当然，由于种种原因，目前高等学校对多样化的招生标准的诉求表现得还不甚强烈。高等学校态度的"暧昧"使高考改革缺乏必要的动力，反而是其他领域的诸多人士从基础教育的角度对高考提出这样那样的要求，这恐怕不是一种正常的现象。实际上，中国高考关于科目的改革也并不是由高等学校的招生部门推动的。因此，缺乏利益相关者的直接参与和支持使得高考改革难以符合高等学校对高考真正的需要。高考与高等学校的良性互动是推进高考稳步改革的基础。

要提高效度，高考应该进行分科考试，提供丰富的分数信息，并对同一科目进行必要的分级分类。然而实践中这还只是考试理论的"主动示好"。从这一角度考虑，高考这一层面的改革尚只能按照理论的要求来设计。如果我们结合高考科目改革已有的实践进行分析则更为清晰明了。《人民教育》从1984年第1期开设了"高考分类、科目设置与计分比例"的专题讨论，一直持续到1984年的第7期。1985年，上海取得高考自主命题权，并于1987年在高中会考的基础上，实施了高考只考三科即语文（120）、数学（120）、外语（100）的制度。会考成绩计入高考总分，这也就是会考与高考的"硬挂钩"。1989年正式实施所谓"上海方案"，会考不再计入高考总分而只是报考高考的资格考试，即会考的"软挂钩"，语文、数学、外语分别与政治、历史、地理、物理、化学、生物组成高考，分为六组科目，每组四科。稍后，于1991年、1992年在湖南、云南、海南实施的"三南方案"的探索也包括四组四科：A. 语文、政治、历史、外语；B. 语文、数学、物理、外语；C. 数学、化学、生物、外语；D. 语文、数学、地理、外语。国家教委最终于1994年在全国（除上海外）范围内选择了会考基础上的高考改革：在保留传统文理分科模式上，由"七六模式"改为"3＋2"方案，理科减掉政治、生物，文科减掉地理；对所有考生而言，所有九个科目均需通过会考。这种情况延续到1999年开始的"3＋X"探索，主要包括"3＋1或2或3……"（实质上主要为"3＋1"）、"3＋文综/理综"、"3＋大综合＋1"、"3＋大综合"和广西的"本科3＋2、专科3＋1"等诸种模式，包含着文理打通、本专分卷的探索，最终基本确定为"3＋文综/理综"。我们可以从中看出一点：在全国范围内，观念的障碍与实际操作的障碍使得方案总蕴涵着过多"统"的精神。具体表现为全面发展的"企图"难以动摇，语文、数学、外语这个基本的"3"难以动摇，文理分科模式也难以动摇。

基于新课程改革陆续公布了新一轮的高考改革方案：2007年广东的"3＋文科基础/理科基础＋X"、海南的"3＋3＋基础会考"、山东的"3＋X＋1"、宁夏的"3＋文综/理综"和2008年江苏的"3＋学业水平测试"①。与以往方案的主要区别在于：各省区方案均有必做与选做题目之分（江苏方案中还设置了附加题），然而选做题在试卷中的出现是在20世纪80年代的高考中就有的，只是与新课程改革无关罢了；各方案均提供综合素质评价作为高校招生录取的参考依据，然而此举主要是作为高校招生录取改革的组成部分。具体而言，此次改革方案的着力点在于对全面发展与文理分科矛盾调整策略的改变。在会考日渐流于形式的背景下，海南方案则诉诸高二学年结束进行基础会考，对高考中没有测试的科目进行考查，并以卷面成绩的10％计入录取总分，高考（原有意义上的高考）总分为750分，基础会考总分的10％为40分②。江苏方案则使用学业水平测试③，对语文、数学、外语之外的7科目实施学业测试（成绩以等级分数表达）并作为录取依据。广东方案则选择在文科基础中加入物理、化学、生物等理科科目的内容，占30％的分值；在理科基础中加入思想政治、历史、地理等文科科目的内容，分值也占30％。此外，山东方案增加了对技术、艺术、体育与健康、综合

---

① 参见广东省实施普高新课程实验的普通高考改革方案、海南省2007年普通高校招生考试改革指导方案、山东省2007年普通高校招生考试工作指导方案、2007年宁夏普通高校招生统一考试工作指导方案、江苏省2008年普通高考方案（征求意见稿）。

② 此基础会考的本质其实就是高考。

③ 本质亦为高考。

实践、人文与社会及科学等领域的基本能力测试，也可以说是高考改革的有益尝试。

五省区的改革方案，在科目的分级分类方面主要采取三条途径：一是采用选做题，但指向新课程改革而非指向高校的招生；二是采用附加题，指向高校招生但仅为江苏方案所有；三是与科目组合联系在一起（宁夏方案除外），指向高校招生。此方案的缺点在于：省级招办联合基础教育行使着高校招生标准的制定权，高等学校基本上没有参与而只能被动选择。此外，各方案仍是在文理分科、语数外为基础的前提下展开的。这一改革探索的倾向是积极的，但效果将是极其有限的。这一缺点的存在受制于教育领域的权力分配特征，也受制于高等学校发育的不成熟。高考改革的方向应该是招生考试机构根据高等学校的需要提供不同科目的不同等级与类别的考试，而考试科目如何组合、考试成绩如何使用的权力理所当然地为高等学校所有，考生则在高等学校的要求与考试机构所提供的服务之间作出选择。

（三）考试时间的安排

高考科目的组合、分级与分类所要求的高考模式不可避免地要涉及两个方面：考试时间如何安排，考试成绩如何处理。

山东方案与广东方案在考试时间的安排上并没有新的矛盾出现，在现有的考试日期内进行。在考试成绩处理上，山东仍旧以原始分表达，语文、数学、外语各为150分，文科综合/理科综合改为200分，新增加的基本能力考试为100分，一个考生的满分为750分；广东也改为原始分表达，语文、数学、外语各为150分，文科基础/理科基础为150分，物理、化学、生物、历史、地理、思想政治也均为150分，其中文科基础中的物理、化学、生物部分占45分而理科基础中的思想政治、历史、地理部分占45分，一个考生的满分也为750分。①

海南与江苏的方案则在考试时间上出现了新的变化。海南省的基础会考放在高二学年结束时，时间跨度为1天，考试日期紧接当年的高考日期，并按高考要求严格管理，"3+3"科目的考试日期仍为国家规定的高等学校招生考试时间。江苏省的学业水平测试分为必修科目测试和选修科目测试，前

---

① 因此书所用大多数数据截止于笔者博士论文成稿时，其有与现行方案、最新数据不一致的，为保持研究的前后一致性，故保留原始数据，全书同。

者有四科（除技术科目外的四科，技术科目另行安排），安排在高二下学期和高三下学期，每年的4月8日全天和9日上午，学生在校期间可报考两次，后者有两科，安排在高三下学期，每年的4月7日，在校期间只可报考一次。新方案在成绩处理上也发生了相应的变化。海南省的语文、数学、外语仍各为150分，其余6科各为100分，考生分文理各选3科，基础会考中7科各为100分（均以10%计），其中信息技术和通用技术所有考生均考，其余6科按文理各选3科（文科生选物理、化学、生物，理科生选思想政治、历史、地理），每考生满分为790分。江苏省的语文、数学仍各为150分，外语为120分，均以原始分表达。在150分之外，选测物理的考生另有满分为30分的数学附加题，选测历史的考生另有满分为30分的语文附加题。学业水平测试分为A，B，C，D四个等级表达，不过必修科目测试按分数划分等级（100分~90分为A级，89分~75分为B级，74分~60分为C级，59分及以下为D级），选修科目按成绩分布划分等级（A级为前20%的考生，B级为20%至50%的考生，C级为50%至90%的考生，D级为90%以后的考生）。

可以说，广东、海南实施的是变相的会考"硬挂钩"，而江苏则为变相的会考"软挂钩"。相对而言，江苏的方案更能代表高考应然的改革方向，但同时因对高等学校提出了更高的要求而更难以达到原有的目的。从效度提高的角度分析，海南和江苏的方案采用分科考试而不采用综合科目是更为科学的。如果从开放性的角度评价，广东与江苏两省的方案则较为开放，广东省的方案体现为"X"，江苏省的方案则体现在以等级制表达学业测试科目的成绩。然而"X"在高校录取过程中仍是面向所有层次、类型的高校，无论是考生还是具体的高校乃至具体的专业只能选择其中的一个科目（其他科目只能作为参考），试卷并没有分级分类。以化学专业为例，无论是研究型院校的化学专业还是实用型院校的化学专业，都只能选择同一份化学试卷。江苏省的学业测试科目同样具有这一缺点。从物理、历史中选一，从地理、思想政治、化学、生物中选一作为选修科目，而其余作为必修科目，且两者采用不同的成绩处理方法，人为地把不同科目分为三个档次：语文、数学、外语，物理、历史，地理、思想政治、化学、生物。

若按提高效度的改革方向论，理想的招考模式是：招生考试机构至少应提供包括技术在内的十个科目的测试，至少提供面向研究型院校（侧重于能力倾向考试）和应用型院校（侧重于成就考试）的两套考试试卷。面向研型院校的考试放在国家规定的考试日期；面向应用型院校的考试放在面向研究型院校的考试之前并与之相连，但是语文、数学、外语三个科目是在高三的第二学期末，而其他科目是在高二的第二学期末。前者最好是采用全国统一命题，后者可以采用省级统一命题，或联合命题，或申请使用全国统一命题，或委托考试机构命题，或几个省区联合命题。（各科）考试成绩以原始分、百分比等级分、标准分表达。高中生若要毕业，必须全部参加面向应用型院校的一套十个科目的考试并取得一定的等级。应用型院校各专业的录取主要选取面向应用型院校的考试中相应科目成绩（标准分）的合成总成绩作为依据，并结合特定科目的成绩（百分比等级）与其他信息进行录取。考生若要申请研究型院校，根据其报考专业的要求参加面向研究型院校的考试中规定科目的考试。研究型院校各专业的录取以相应科目成绩（标准分）的合成总成绩为主，结合特定科目的成绩与其他信息进行录取。一般而言，实用型院校以面向应用型院校的考试成绩为主要依据，结合其他信息进行录取。若有必要，亦可作为一个类别在省内组织统一考试。

三、考试成本

不同的考试设计需要付出不同的成本。考试设计不仅要考虑特定考试所要付出的总成本，更要考虑成本的分担方式。统一考试与单独考试、联合考试相比，其成本无疑是较低的，更为关键的是可以大大降低考生所付出的考试成本。

（一）成本的构成

考试的成本主要包括命题、印制、运输与保管、施考、阅卷（包括分数处理）等几个环节的费用。

1. 各考试环节与成本

（1）命题

考试的第一个主要环节是命题。命题的费用主要包括人员费用的支出（劳务费、食宿费用），仪器设备费用，一般用品（包括资料）费用，保密费用，考试理论与技术的引进和开发费用。命题人员费用由每人每天支付的单位费用和支付的时间长短决定；仪器设备属耐耗品，是长期投资，此成本与仪器的数量和质量相关；一般用品（包括资料）费用主要与命制试卷的质量与份数相关；保密费用主要与保密的等级和持续的时间相关；考试理论与技术的引进和开发则属于软性的投资。这些费用中，命题人员费用、一般用品费用和保密费用受命制试卷份数的直接影响，考试理论与技术的引进和开发费用受命制试卷份数的间接影响。

（2）印制

印制的费用主要取决于试卷的质量、试卷的长度和试卷的多少。试卷的多少，一是取决于命制试卷的份数，二是取决于考生的多少。

（3）运输与保管

运输费用主要取决于试卷的长度与印制试卷的份数。保管费用主要取决于保管的等级与保管时间的长短。

（4）施考

施考的费用主要包括施考人员的费用、场地（包括必要仪器设备）的费用、施考的日常开支。施考的费用主要与施考人员的支付标准、考试场次的总数、各考点考室的多少有关。

（5）阅卷

阅卷的费用主要包括人员费用的支出，仪器设备费用，一般用品（包括资料）费用，保密费用，阅卷技术的引进、开发与实施费用。人员费用主要取决于答卷的份数、试卷的长度、试卷的主客观题目分布状况和支付标准。阅卷技术引进开发与实施费用、保密费用、仪器设备费用与命题环节中比较类似。

2. 各因素与考试成本

研究者估算高考的成本是非常复杂的。第一，在现有的财务制度下，一般的研究人员不大可能拿到记录高考财务支出情况的材料。第二，高考成本的支出主体复杂多样，高考作为"举国大考"，目前政府办考试的痕迹还是非常明显的，许多为高考服务的支出例如汽车改道、工程暂停、武警人员的介入等是不量化为高考成本的。第三，界定高考成本与非高考成本也并无显而易见的公认标准。第四，考生之间的高考支出差异是非常大的。第五，用于技术引进与开发的成本是柔性的，各省市之间的差异也很大。第六，仪器设备等投入是长期的，一般并不进行详细的成本核算。因此，只能对考试成本主要是对直接成本进行大体的估算。

高考质量的提高包括效度的提高，可能首先引起技术引进与开发费用和仪器设备费用的提高，这一方面的费用主要体现在命题与阅卷环节。工作人员的支出则主要与考生人数和考试场次有关，主要是"人头费"。效度提高引起的成本增加主要与技术、设备和工作人员的素质密切相关，科目的分级分类如果导致试卷份数的增加也会使"人头费"增加。

分省命题与国家统一命题相比，对整个高考来说，大大增加了命题环节的成本。考试科目自恢复高考以来总体上呈减少趋势（七六模式→"3+2"→"3+文综/理综"），相应地，考试场次的减少可以降低施考成本。然而，广东、山东、海南、江苏四省高考方案中则出现了高考考试场次增多的趋势，这将会增加施考成本。不过，若从另一个角度看，它是对会考与高考进行的整合，在着力发挥两者的作用，只是并不彻底而已；它也为高考效度的提高提供了必要条件，只是因为过多基于其他因素的考虑而没有紧紧围绕着高考效度的提高进行设计。

　　如果按照前一部分的高考设计，高考至少分为两个组成部分：面向应用型院校的考试（侧重于成就考试）和面向研究型院校的考试（侧重于能力倾向考试）。两者提供本科院校及专业选才的共性方面的依据，前者还可行使会考的职能。实用型院校可使用面向应用型院校的考试作为基础测试，若另有需要可委托省市招办进行具体专业技能性向方面的统一测试。此方案如果单与当前实施的高考相比，命题成本会增加；但若与当前实施的会考与高考两个考试相比，则命题成本大致相当。其实，美国 ACT 和 SAT 的设计、日本第一次考试和第二次考试的设计均与面向应用型院校的考试和面向研究型院校的考试相类似，我国台湾地区 2002 年起实施的分为两个阶段的大学多元入学方案也与此更为类似。可以说，单一的考试作为大学招生录取的依据不能满足高等教育多样化的需求，高等学校一般根据自身需要采用统一考试提供的相应级别、类别考试科目的成绩。这种方案所付出的成本远小于高校自主命题的成本和联合考试的成本，而所能达到的效度水平则可基本满足高等学校选择合适生源的需要。

（二）成本的分担

1. 政府

　　长久以来，高考的费用被纳入整个高校招生经费之中，由地方教育事业费开支。同时收取考生的报名费（1985 年改为报名及考试费），用于招生工作所需的费用[①]。1987 年公布的《普通高等学校招生暂行条例》明确规定：各省、自治区、直辖市招生经费，由地方教育事业费开支。考生须缴报名费

---

① 杨学为：《高考文献》（下），高等教育出版社，2003 年，第 72 页。

及考试费。收费标准由各省、自治区、直辖市普通高等学校招生委员会规定[1]。这一制度一直延续至今,不过,报名及考试费用的具体数额随着时间的推移也发生了很大的变化。会考的费用也由省、自治区、直辖市拨付一定的经费,同时向考生适当收取试卷费,标准由省、自治区、直辖市决定[2]。

在未来相当长的时期内,政府主要是地方政府仍需承担一定的高考成本。一方面,政府需要拨付一定的经费资助关于高考的科学研究,提高高考的质量;另一方面,为顺利施考提供比如治安等方面的必要保障。经济不发达地区和考生分散的地区,政府应就近设置考点以降低考生付出的考试成本,对经济特别困难的考生的报名及考试费用予以适当的减免,不足部分由政府负担。高考效度的提高所要求的高考改革需要一定舆论环境的支持,推动高考改革所需要的宣传经费也需要政府一定程度的支持。总之,在高考从官方型招考机构承办走向社会中介考试机构承办之前,政府在行使权力的同时也负有一定的经费支持责任[3]。

2. 高等学校

高校招生本与高等学校的关系最为密切,招生本来是高等学校的一项基本工作。高等学校承担招生工作的相当部分成本是理所当然的。长期以来,高等学校在放弃(或被剥夺)招生标准制定权的同时,也在逃避承担相应高考成本的责任。当然,在计划经济时期,高等学校的经费由政府拨付,招生费用是由地方教育事业费负担还是由高等学校负担并无实质的区别。然而,在高等学校多渠道筹措经费,拥有一定办学自主权的同时,招生经费从地方教育事业费中开支,就不甚合理了。一方面是省属院校与中央部委所属院校的划分,另一方面是高等教育经费与基础教育经费的划分。高考成本除考生的报名费及考试费以外,笼统地由地方教育事业费负担的格局需要作出相应的调整,主要是提高高等学校的负担份额。

高等学校除了承担长期以来存在的本校人员在招生录取过程中的费用以

---

[1] 杨学为:《高考文献》(下),高等教育出版社,2003年,第285页。

[2] 杨学为:《高考文献》(下),高等教育出版社,2003年,第424页。

[3] 罗立祝博士把社会招考组织分为官方型、高校型和市场型三种类型,笔者笼统地把市场型招考组织称为社会中介组织,实际上,罗立祝博士学位论文中高校型招考组织也并非毫无中介组织的色彩。参见罗立祝:《我国高校招生考试政策研究》,厦门大学博士学位论文,2006年,第143~146页。

外，还需要分担高考的成本。基于当前省级招办或教育考试院承办高考的背景，应在不以营利为目的的前提下，合理处理政府拨款、考生缴费与高等学校付费的比例。实质上，实施统一高考是考试机构代替各高等学校举行的招生考试，它大大降低了各高等学校的招生成本。若各高等学校实施单独的招生考试而又不能大幅度提高考生报名与考试费用，高校所要付出的成本必将大大增加。更为重要的是，大部分高等学校尤其是面向全国招生的中央部委所属院校实施单独考试并进行自主录取在目前是行不通的。简单地说，高等学校向考试机构购买服务是理性的选择，付出相应的成本也是理所当然的。

3. 考生

人们能够从高等教育中获益，因此，接受高等教育应缴纳一定的学费。同理，参加高考作为获取高等教育入学机会的必要环节，缴付一定的考试费用也是应当的。但是，收费标准应在核算成本的基础上并考虑到大多数考生的承受能力而定。考生负担的费用包括两个方面，一是缴纳的报名费和考试费（有的省、自治区、直辖市还包括录取费），二是参加考试额外付出的食宿和交通费用。按照规定，考场需设在县以上[①]，在人口稀少的西部地区和高中教育不太普及的地区，不在县城就读高中的考生若要参加高考则需要花费额外的食宿和考试费用。鉴于高考考生的规模已大大膨胀，可以考虑增设考点以方便考生并降低考生的考试成本。随着计算机技术在招生各环节包括高考环节的广泛应用，比如机器阅卷、网上录取等在不断降低招生成本，收取考生的报名费和考试费不应过分提高。录取费更应完全由高等学校支付。

无论是目前的高考，还是改革为面向应用型院校和研究型院校两部分组成的高考，考生参加统一高考比参加高校招生单独考试所付出的成本要低得多。在目前的录取体制下，在中国这样一个幅员辽阔的国家，奔赴异地参加几所高等学校的招生考试，对大多数考生而言是非常困难的，对老少边穷地区的考生而言则更是近乎天方夜谭。因此，高考效度提高需要考虑成本的制约，尤其是考生所能承担的成本的制约。

第二节　间接条件

中国高考改革包括高考效度提高有诸多的制约条件，实现高考效度提高

[①] 杨学为：《高考文献》（下），高等教育出版社，2003年，第282页。

所需要的间接条件往往是至关重要的:一是与高等教育密切相关的招生录取制度与相关的高等教育管理制度,二是关于公平、对教育的影响等问题的舆论环境,三是高考背后的利益之争。

一、招生录取制度与相关高等教育管理制度

近年来,人们逐渐认识到现行的高校招生录取制度是制约高考改革的一个重要因素。可以说,如果现行的招生录取制度不改革,高考的许多改革举措就无法进行。招生录取制度的改革对现行的招生录取过程中招生考试机构与高校招办之间的权力分配和高校的一系列管理制度也提出了新的要求。

(一) 招生考试机构如何服务

1. 服务内容

根据《2006年全国普通高等学校招生工作规定》,省级招生委员会关于招生录取方面的职责主要有:执行教育部有关高等学校招生工作的规章,结合本地区实际制定必要的补充规定或实施细则并向社会公布;汇总并公布高等学校在省(自治区、直辖市)的分专业招生计划和有关招生章程;指导和监督高等学校执行国家招生政策及本校的招生章程;负责考生信息采集及电子档案制作、录取以及其他有关工作。其中,服务的内容主要体现在指导高等学校执行国家招生政策及本校的招生章程和考生信息的采集与提供。

若致力于高考效度的提高,那么招生考试机构需要提供的服务内容体现在两个方面:(1)取消(120%)调档比例的上限,可根据实际招生计划数与实际的录取状况进行分批投档。例如当调档比例为120%时,依招生章程可完成招生计划,则不再投档,若不能完成招生计划,则继续投档[①]。这一过程中,招生考试机构需要建议高校在保持高投档线选择服从专业志愿调剂的考生与调低投档线选择有专业志愿的考生之间的合理张力。这是因为专业志愿数量有限,而考生选报志愿有一定的盲目性同时具有制度约束条件下的局限性,既然服从专业志愿调剂则表明考生对其他专业志愿的认可,在不能录取专业志愿的前提下录取调剂专业志愿也是对考生志愿的一种尊重与正当

---

① 问题的关键是对"是否可以完成招生计划"的认识,两个部门往往是不尽一致的:招生考试机构倾向于高分应该被优先录取,因此高分考生足够就可以完成招生计划;高等学校倾向于(第一)志愿考生应该被优先录取,因此(第一)志愿考生足够才可以完成招生计划。

权益的保护，况且过分追求有志愿的考生则可能使同一专业的各考生之间的分数差异太大而不利于大学教学的开展。(2)以标准分数的形式提供考生的总分和各科分数；允许高等学校在调档考生范围内依据招生章程进行录取，主要允许依单科分数录取或依考生电子档案中其他信息录取。

就上述状况而言，按照120%的上限进行调档，且主要按原始总分的高低予以录取，不利于对高考成绩的科学使用，换言之，不利于高考效度的提高。

2. 服务时限

招生考试机构在为高校招生录取服务的时限方面仍然偏短。当然，在目前的录取制度下，服务时限不足的问题并不凸显。高考效度的提高所要求的高考改革，对招生考试机构的服务时限提出了明确的要求。一是各高校的招生类别不再简单地分为理工和文史两个类别，而是根据专业的不同采用了不同的科目组合；二是面向应用型院校的考试与面向研究型院校的考试乃至面向实用型院校的专业技能统一考试，则使高考的组成变得更为复杂。不同院校不同专业依据"复杂"的高考成绩与其他信息进行录取使高校招生录取的时限延长。

现行（笔者博士论文成稿时）的录取程序是：每所高校的招生计划分为理工、文史两个类别，高校分别提出不超过120%的调档比例，招生考试机构予以投档，各高校依据招生章程或采取志愿清或采取专业级差或采取总分优先的原则录取。一般而言，高校根据实际倾向于志愿清（生源充足志愿均衡的高校一般采取此录取原则）和专业级差（生源一般且志愿不均衡的高校一般采取此录取原则）的原则录取。部分高校在章程中已提出在总分大体相当的前提下优先录取相应单科成绩较高的考生，并逐步得到招生考试机构的认可。在简单的文理分类和120%的投档上限的制约下，计算机的辅助使得录取过程并不需要太多的时间。如果科目组合增多，则目前的时间流程肯定需要打破。然而，这是提高高考选才有效性的必然要求。

不仅科目组合的增多需要录取时限的延长，"一个"高考分化为"几个"高考也从另外一个层面要求招生考试机构延长服务的时限。目前，各省（自治区、直辖市）把各个高校分成不同的批次，每一批次均划定一个控制线，各高校在相应的控制线上录取，整个流程以总分的多少从高到低贯穿下来。如果依据面向应用型院校的考试、面向研究型院校的考试乃至面向实用型院校的专业技能考试录取，则高校在录取时所依据的标准变得复杂多样。这是因为一个考生需要参加面向应用型院校所有科目的考试，然而没有必要且一般也不会参加面向研究型院校的所有科目的考试，研究型院校在录取时可能需要参考考生在面向应用型院校考试中相关科目的成绩，应用型院校也可能需要参考考生在面向研究型院校考试中相关科目的成绩。

（二）高等学校如何招生录取

提高高考效度的一个关键环节是制定符合专业人才培养的招生标准。这是高考改革的一个重要前提，也是实践中的一个难题。

1. 录取标准的制定与执行

高等学校招生的录取标准主要取决于培养规格。新生与毕业生的关系好比粗毛坯与产品的关系，培养规格因院校类型、专业的不同而有所区别。研究型院校偏重于学术研究更强调宽厚的基础，高职高专院校以就业为导向则更强调适应性。不同专业有各自的课程体系，既需要一定的学习能力又需要相应的知识、能力、技能的积累。虽然每个专业都制定录取标准既缺乏很强的操作性也无明显的必要性，然而仅以理工和文史两个大的类别来制定录取标准，还是存在很大的不足。

虽然在法律上赋予了高校招生自主权，但是高校招生自主权还没有落到实处。按照高校制定的招生标准录取是落实高校招生自主权的核心，也是提高高考效度系数的一个有力措施。目前限制高校制定并执行录取标准的因素有两个：一个是高等学校自身的因素，长期以来各高校缺乏特色，"千校一面"很难催生出自己的招生标准。高校内部的集权制使各院校既无制定招生标准的任务，也无制定招生标准的动力，若要求作为职能部门的高校招生办提出各学科专业的招生标准则有些勉为其难。另一个是高校在招生录取中并没有足够的自主权，录取实践中并没有体现"学校录取，招办监督"的精神，高校在录取过程中的调档与退档基本处于被动地位，即使高校可以在招生章程中提出一些录取条款，但仅仅是聊胜于无，所受限制仍然很多，远不能满足各专业的招生需要。例如，英语专业按照总分录取的考生可能其英语分数很低，在这一过程中仅仅体现了对考生志愿的尊重，而剥夺了高校应有的生源选择权。

招生标准的制定权与执行权必须还给高校，高校的招生标准制定权与执行权则必须落实到各院系或学术委员会，而不能仅仅交给作为职能部门的招生办。在录取过程中，也需要有相关院系的招生人员参与。招生权同其他权力一样划分为学校与院系两级不仅是必要的，而且是高等教育大众化以后各高校的必然选择。合理的程序是:各院系提供各自的招生录取标准,交由学校招生办汇总并拟定到招生章程中,在录取过程中,学校招生办会同各院系招生人员完成录取工作。

2. 高校制定与执行录取标准所要解决的问题

高校制定与执行录取标准在理论上较为清晰,但是在实践中则是比较复杂的,可能衍生一系列的问题:(1)由理工类、文史类两个独立的标准转变为多个标准必将拉长招生录取的时间。时间的拉长需要招生考试机构的配合,各个学校都对招生考试机构提出这一要求,招生考试机构的工作流程必须经过重新整合。(2)提出自己的招生录取标准对各院系的发展既是一个机遇也是一个挑战,这需要各个院系对各学科专业的发展进行更深层次的审思。(3)对高校内部的权力分配提出了新的要求。(4)如何整合院系招生人员与学校招生办的权力也是一个问题。(5)招生时间的拉长与招生人员的复杂化可能使招生纪律的保证增加了难度。

(三) 相关的高等教育管理制度

1. 教学管理制度

高考改革对高校的教学管理制度提出了新的要求。最为迫切的是学分制的切实执行。一方面,录取时间的拉长可能造成一部分院校不能如往常一样在秋季正常开学,这对高职高专院校而言尤为明显,如果一部分学生入学时间稍晚的话,学年制就成为人才培养中非常明显的制约因素。另一方面,合适的生源进入各专业后,师资与设备的保障直接关系到培养目标的完成,也影响着高考效度系数的高低。所以,高考改革需要学分制、教师管理、课程管理等配套制度的同步实施。

学分制不仅意味着学生毕业弹性化,更重要的是意味着教育理念的转变,在保持一定的共同标准基础上,淡化专业界限,使培养规格多元化。学分制不仅可以使学生的毕业时间更加灵活,而且可以使学生对自己的毕业规格拥有一定的自主权,从而使培养目标实现共性与个性的适度结合。唯其如此,高考标准的多元化才能体现出应用的价值。然而,学分制是需要相应的教学资源作为支撑的,师资力量、教学场所、选课指导教师等因素缺一不可。在高等教育扩招时期,学分制的实现尤为艰难。

教师的引进与培训本是高校的一项基本工作,然而高校扩招打乱了原有的教师管理制度。自 1999 年以来,无论是研究型院校还是实用型院校,新教师的比重均大幅攀升;应用型院校和实用型院校的许多专业更是从无到有，新教师与新专业并存的状况比较严重。新专业与新教师并存的现实与制定招生标准的责任就产生了尖锐的矛盾。这种状况还造成课程管理的混乱，如不顾本校的实际而照搬抄国外或国内已开设学校的课程体系，课程考试难以把握标准等，造成大学学业成绩的信度和效度降低，不仅影响高等教育的质量，而且影响对高考效度的正确评价。

2. 评价制度

时下人们抨击高考的一个观点是：高考无法把如钱钟书、吴晗那样的"偏才"选入高校。且不说如今的基础教育能否培养出钱钟书、吴晗那样的"偏才"，也不论是否能够开辟其他的渠道使这些"偏才"进入高校接受高等教育，即使通过高考把这些"偏才"选进高校，依当前的评价制度，"钱钟书们"能顺利毕业拿到学位吗？毕竟依全面发展理论而设计的课程体系中，文科专业的学生是必须修习文科数学课程的，在高考中他们不管数学考零分还是10分尚可以凭借总分优势或语文、历史等单科成绩勉强走过"独木桥"，那么大学数学的课程考试不拿到60分是不能毕业的，如果严格执行这一规定，"钱钟书们"即使读一个师范专科学校的中文专业恐怕也只能作肄业处理。因此，高考改革以后，为使各种"偏才"、"怪才"进入高校，高校管理者们必须重新制定评价制度。

在高校对学生的评价体系中，全面发展理论与培养高级专门人才的矛盾一直没有得到理性而透明的解决。即使在基础教育阶段，全面发展也仅仅是作为一种价值取向，而不能在教育实践中使全面发展走向极端，要大多数学生做"全人"、"完人"。鲁迅先生在几十年前说过，"倘要完全的人，天下配活的人也就有限"[①]，大多数教师都做不到，何况学生？因此，我们需要正确地理解全面发展理论。

张楚廷教授曾对全面发展理论作了精彩的分析：全面发展是人的全面发展，全面发展是为了人的解放，而教育是人获得解放的一条途径。对于每一个人来说，全面发展是一种义务，但更重要的是人的一种权利，这就决定了人的全面发展是一种自由的发展，而不能是一种被迫的发展。人是各种社会关系的总和，而且每个人有不同的先天素质，这都是作为个体的人所无法左右的，人的发展只能在此基础上进行发展，而不能超越它。因此，全面发展体现为个性发展，全面发展具体到每个人身上而表现出来的时候便是个性发

---

① 鲁迅：《鲁迅全集》（第十卷），人民文学出版社，2005年，第300页。

展，那是每个人的全面发展，并非一模一样的全面发展。刘翔是刘翔的全面发展，姚明是姚明的全面发展，华罗庚是华罗庚的全面发展，吴文俊是吴文俊的全面发展，各自的发展，个性的发展。全面发展的"全面"并不意味着方方面面，不意味着面面俱到，更不意味着什么都会一点，什么都平平淡淡，平平庸庸。"全面"一词主要不代表量的方面的含义。仅就知识而言，两位同是学数学的、数学家，甚至可能彼此读不懂对方所写的论文，听不懂对方的专门术语，更不要说不同学科之间了。这两位数学家都是片面发展吗？显然不能仅此而下断语。正如我们不能说一技之长等于片面发展，全面发展不能作绝对意义上的理解，而只能作相对意义上的理解。全面发展是基本面上的发展，一般而言，首先是身与心的发展，第二是在心的基础上的认知与人格的发展，第三是在认知基础上包括思维与操作的发展，等等。所谓全面，在量的意义上是防止片面，在质的意义上是避免畸形。所以全面发展的实现形式是和谐发展，是诸基本面的和谐发展。马克思对全面发展的论述也是有一定针对性的，而非绝对意义上的全面。在教育意义上，我们不能认为盲人不会绘画、姚明不会体操就是片面发展。此外，对发展的理解应侧重于动态的理解，而不能固守于静态的观察。全面发展是一个过程，人永远处于未完成状态，处于发展的路上。一方面，具体到人，全面发展在任何一个特定时刻都表现为在某种或某些特定内容上的发展，全面发展并非同一时刻的方方面面齐头并进。因而，从共时性看，人时刻处在相对片面的状态。另一方面，人又可以随时向相对全面的方向前进，可以力求全面地得到发展，力求发展得全面。因此，从历时性看，人时刻在发展着走向全面。善于恰当地看待片面者有可能实际地走向全面[①]。

那么在高等教育阶段，矛盾的主要方面是如何把学生培养成为符合社会需要的高级专门人才。同时，高考的职责就是选择高级专门人才的"粗毛坯"。在相当长的时期内，英语一直作为全面发展理论中重要的一环，甚至在相当长的一段时期内我国大学英语四级证书与学位证书直接挂钩，致使许多合格的高级专门人才在不合理的评价体系中被贴上"不合格"的标签。虽然高校在种种压力下纷纷使我国大学英语四级证书与学位证书脱钩，但是英语在本科阶段各非英语专业作为四个学期必修课程的重要地位没有动摇，问题并没有得到根本的解决。无论是高考英语成绩在录取标准中的地位，还是

---

① 张楚廷：《全面发展九要义》，《高等教育研究》2006年第10期，第1~6页。

大学课程体系中英语的地位，均应依照高校的类型和专业的特征而定，单纯改变一方都是不合理的。对于部分文史类专业而言，数学成绩在高考中的地位和大学数学在课程体系中的地位也是如此。

二、舆论环境

舆论环境可以成为改革的动力，也可以成为改革的障碍。如何在驳杂的舆论环境中理性地把握改革的方向与尺度，则是任何改革成功推行的必要条件。高考改革是一项复杂的系统工程，也是一项关注人群极广的焦点工程。高考改革的决策者与执行者更需要对舆论环境有一个科学的认识与正确的引导。

（一）关于对公平的诉求

高考在中国人心目中的重要地位，使得人们认为高考无论怎么改都不能改掉公平[①]。在城乡差别、脑体差别没有得到根本扭转的前提下，人们对高考公平的诉求需要得到高考决策者的尊重与维护。但是在处理高考的公平问题时，需要把握两点：一是任何公平都是相对的而非绝对的，高考也不例外；二是理顺高考公平与录取公平、教育公平的关系。

1. 录取公平[②]

高考一边连着高等教育，一边连着基础教育；一方面是高等学校选择合适生源的一个工具，另一方面是管理者评价中学教育质量的一个尺度，此外还影响着考生的人生轨迹。"分数面前人人平等"最直观、最易判，因此，成为每一个考生与家长对公平最朴素的追求目标。然而这主要是一个录取公平问题，它主要表现为省际分数线是否倾斜以及倾斜的程度。此外至少还表现在四个方面：同一高校同一专业不同类别生源之间的录取分数的差异[③]，录取过程中对女性考生、残疾考生等某些群体的歧视，保送生问题与高考加

---

① 志文：《中国教育最大的不公》，《中国青年报》2000年2月24日，第5版。
② 若无特殊说明，本书中录取公平仅指分数面前人人平等。
③ 余小波：《当前我国社会分层与高等教育机会探析——对某所高校2000级学生的实证研究》，《现代大学教育》2002年第2期，第44~47页；杨东平：《高等教育入学机会：扩大之中的阶层差距》，《清华大学教育研究》2006年第1期，第24页；王伟宜：《中国不同社会阶层子女高等教育机会差异研究》，厦门大学博士学位论文，2006年，第104~110页。

分问题，伴随着多元化录取标准的弹性空间造成的执行标准不一。

我们需要明确的是，录取公平与高考公平是发生在高校招生过程中两个不同的环节，因此，录取公平与高考公平是两个独立的问题。可以说，高考是录取公平的一个基础条件，然而录取公平的实现程度还有其他的基础条件。无论是作为唯一依据、主要依据还是依据之一，只要高考分数作为高校录取的依据，高考就是录取公平的一个制约因素，主要表现为高考分数之间是否可比，这一问题在实施全国统一命题时尚不十分凸显，在分省命题时似乎变得难以纠清①。因此，在录取公平的背景下探讨高考改革时，需要解决高考分数的可比性问题。若高考分数不作为录取与否的依据，相同或相近高考分数考生的录取与否依据其他的录取标准，那么高考就不再成为录取公平的制约因素，相应地，录取公平的实现程度与高考改革就无甚关联了。实际上，目前人们所关注、所非议的录取公平问题大多也不是高考自身的问题。

2. 教育公平

随着对高校招生公平问题探讨的深入，人们的认识逐渐超越了"分数面前人人平等"这一命题。当然，认识的超越仅代表高校招生公平还有其他的问题，既不代表原有问题的解决，也不代表原有问题的消解。人们不仅提出"同样的高考分数得到相差很大的录取结果是否公平"的质疑，而且提出"教育资源丰富的重点中学毕业生与教育资源稀缺的普通中学毕业生以相同或相近的高考分数得到相同或相近的录取结果是否公平"的质疑。即使做到了"分数面前人人平等"，也只是一种录取程序上的公平，而非真正意义上

---

① 在全国统一命题时，有人以阅卷标准不一、监考宽严不同为理由，得出不同省区分数不可比；也有人认为同样的分数也有含金量的差异，相同的分数不代表相同的综合素质。参见陈志文：《北京分数为何低　外地分数为何高》，载《中国青年报》2000年2月24日，第5版；臧铁军：《100分的差异是不是100分的含金量》，载《中国青年报》2003年3月7日，第5版。分省命题以后，以上问题没有解决，试卷的不同又为省区之间分数的可比性引入了一个变量。但是，笔者对分省命题前后各省第一批录取线（实行标准分和总分不是750分的省区除外）的相关性进行研究发现：2002年、2003年与2004年的理科第一批分数线相关系数分别为0.856**、0.818**，文科第一批分数线相关系数分别为0.807**、0.838**，均在0.01水平上显著相关，且均是0.800以上的非常强正相关。说明分省命题并不影响各省区之间的可比性。参见吴根洲：《"985"高校高考录取公平问题研究》，载《教育与考试》2007年第4期，第20页。

的公平。一般而言，这一点我们无法否认。但是，这种"真正意义上的公平"是一种教育公平而不再局限于高考的范围之内。

正如超越高考范围的录取公平问题的改善不应当诉诸高考改革一样，这种教育公平问题的改善同样不应当诉诸高考改革。高考改革不能受录取公平问题与教育公平问题的羁绊。如果高考是绝对公平的，可以说，教育公平对依据高考成绩进行录取也是一种起点公平。相应地，录取的公平就可以被认为是一种结果公平（或终点公平），高考就譬如是一把尺子，它的公平可以被认为是一种过程公平。高校招生应如何考虑这三种公平？若高校坚持录取公平，则无法保证起点公平；若考生坚持教育公平，则无法保证终点公平；若还有一方（如完美主义者）坚持录取公平与教育公平的兼顾，那么高考这把尺子必须是可以伸缩的，这就损害了高考自身的公平。因此，录取公平与教育公平的兼顾必须且应当另谋他途，而不能诉诸高考改革。

3. 高考公平

考试的公平指没有偏向和在测试过程中对所有考生的一视同仁[①]。若较为宽泛地考虑，高考的公平包括报名资格的公平、考试环境的公平、考试内容与形式的公平、阅卷公平、分数解释的公平。报名资格的公平主要体现为没有性别、民族、信仰、经济、地域等外在条件的限制，考试环境的公平包括考试时间、空间、信息等因素所凝结的较为相近的考试环境。若较为具体地考虑，高考的公平主要体现在命题公平与评分公平。在命题过程中，由于受命题者的知识背景、价值倾向、命题技术等因素的影响，不同的试题可能对城市或农村、男性或女性、沿海或内陆、平原或山区等不同亚群体的考生有不同的偏向，造成这种偏向的载体可能是试题内容，也可能是试题类型等，但这都将会导致高考的不公平。在评分过程中的不公平主要体现在人为的系统误差。

高考的公平性不仅是一个价值尺度，也是一个事实尺度。高考的公平程度与教育公平、录取公平的关系主要体现在公平的高考可以科学地度量教育公平与录取公平的程度，而非改善教育公平和录取公平。高考是"平面镜"，从镜子里可以看到录取的公平程度如何，从镜子里可以看到教育资源分配的

---

① 美国教育研究会、美国心理学协会、全美教育测量学会：《教育与心理测试标准》，燕娓琴、谢小庆译，沈阳出版社，2003年，第128页。

公平程度如何①，它越是光亮，人们看得就越清晰、越准确。追求公平者，认为这面镜子越光亮越好，因为它可以形成有利于自己的舆论环境推动改革，进而使自己得到更为公平的对待；而在不公平高考中的获利者，则希望这面镜子再粗糙一些、再模糊一些，他们是害怕光亮的镜子形成不利于自己的舆论环境，进而在改革中失去自己原有的利益。作为代表大多数人利益的政府则希望这面镜子更为光亮，即高考更为公平。

当前，对录取公平与教育公平的探讨很大程度上遮蔽了对高考公平的研究。更为重要的是与录取公平问题、教育公平问题的困境相匹配的舆论环境妨碍了高考改革的进展。而事情的本真状况是：一般而言，高考效度的提高不仅无碍高考公平的改善，反而有利于高考公平的改善，只是提高高考效度所要求的试卷的分级分类、科学地使用高考分数（包括仅作为招生录取的标准之一、根据录取院校专业的不同而采用不同的科目组合或权重等）等措施可能意味着提高录取公平程度的难度增大，但并不必然导致录取公平程度的降低。

（二）关于对教育的影响

高考对教育有着重大的影响，当然包括不可忽视的消极影响，这是无法回避的事实。然而，以考促学和以考来为大学选择合适生源的积极影响同样不可抹杀。理性地评价高考对教育的影响至少需要从三个维度考虑：高考的积极影响与消极影响分别如何？高考产生的消极影响是表象还是实质？还有无更好的选择？当然，这是一个复杂的问题。本研究所要剖析的是提高高考效度的一系列措施在这三个维度上是如何体现的。

1. 关于高考的"考"与基础教育的"教和学"

第四章辨析了"考什么"与"教什么"（和"学什么"）的关系，认为二者不是"单向的谁决定谁"的关系。本部分探讨高考对基础教育的影响，自然关注的是高考的"考"如何影响基础教育的"教和学"。刘海峰教授曾经

---

① 一般而言，教育资源的丰富程度是与高考成绩成正比的。当然，一方面，我们必须考虑到教育资源的丰富程度与学生的天赋、努力程度共同影响着高考的分数；另一方面，我们必须考虑到，北京、上海等教育资源丰富的直辖市与教育资源稀缺的中西部省区相比，其分数线较低主要是由于录取比例较高所致，北京市前5%的学生与湖北省前5%的学生差别应该比同批分数线的差别小得多，因而不能推翻这一命题，高考成绩在城乡之间、重点中学与非重点中学之间的明显差距更能说明此问题。

在多篇文章中论述高考以考促学的巨大的积极作用①。无论是回顾"文革"十年还是历史上科举停罢时间最长的元代，统一考试的缺位所造成的基础教育衰退是有目共睹的。中国与西方国家的横向比较，也能说明统一考试（即科举）对基础教育水平的促进作用，科举制废止后民国初年识字率的降低即是一例②。

高考对基础教育的消极影响，主要表现为使基础教育窄化。高考作为大规模的统一考试，受考试时间、地点、形式等因素的限制，只能测量与部分培养目标相对应的学习成果，不能全面判断学生是否达到了所期望的教育目标③。由于高考目前一般作为决定高校录取结果的主要依据甚至唯一依据，这一高利害考试自然导致基础教育的窄化。也就是说，高考本身并不必然导致基础教育的窄化，而是高考的高利害性导致基础教育的窄化。无论是严肃的学者、成熟的政治家还是负责任的教育家，即使不考虑其他方面的影响，若目前在中国取消统一高考，如何保证基础教育水平不降反升，是一个非常重要的问题。

无论采取什么措施提高高考的效度，一般都不会加剧基础教育窄化的程度，当然也无法彻底解决基础教育的窄化。问题解决的途径在于师资水平的整体提高、录取标准的多元化和基础教育评价的全面化，在于降低高考的高利害性，而非取消高考或期望高考能够覆盖整个基础教育的目标。

2. 关于高考的"考"与高等学校的"录"

生源质量是影响高等教育质量的重要因素。高考是高等学校招生录取的一个重要工具。从选才的角度分析，在德与体合格的前提下单纯依据高考分数（一般是高考总分）录取并不科学。然而与单纯的推荐相比，统一的高考

---

① 刘海峰：《以考促学：高等教育考试的功能与影响》，《厦门大学学报》（哲学社会科学版）2002年第2期，第5～7页；刘海峰：《高考改革的教育与社会视角》，《高等教育研究》2002年第5期，第34～35页。

② 据罗斯基的研究，1880年，清代识字率男性为30%～45%，女性为2%～10%，平均识字率在20%左右，这一比率不亚于英国和日本在现代化以前的识字率。但从1895年到南京国民政府时期，全国平均识字率却一直在下降，以至于梁启超曾在1915年批评新政时说，二十年办现代教育使得全民不识字。参见郑若玲：《考试与社会之关系研究——以科举、高考为例》，厦门大学博士学位论文，2006年，第124页。

③ 雷新勇：《大规模教育考试：命题与评价》，华东师范大学出版社，2006年，第3页。

无论从公平、成本还是科学的维度都具有明显的优点。此外，即使实用型高职高专院校的招生，或实行注册入学或依高中毕业证书入学的条件在目前也不具备，更不用说研究型大学了。因此，主要通过高考的竞争来分配高等教育入学机会，是目前高等教育资源尤其是优质的高等教育资源并不充分的前提下的必然选择。

无论是保送生制度还是自主招生制度，即使是抛开了高考进行招生录取，也只是极少数高校的极少数招生计划①。绝大多数高校的绝大多数招生计划需要依据高考分数完成。在此状况下，如何提高高等学校招生录取的科学性？可以采取两项措施，一项是科学地使用高考分数并结合实际采取多元标准进行录取，另一项是提高高考的效度，这两项措施是并行不悖的。简言之，高等学校的"录"离不开高考的"考"，提高高考的效度有利于高等学校的"录"。

3. 关于高考的"考"与学生负担的"重"

中学生睡眠时间不足、近视率急剧攀升、身体素质下降等都在诉说着学生的负担太重。中学生负担过重，在许多人看来，竞争激烈的高考是"祸首"。对此，我们同样需要进行深入的分析。第一，高考的竞争确实非常激烈，但其实质是考生之间为了在未来获取更多的社会资源而展开的竞争。高考作为选拔性考试，其作用只是鉴别，如果这种竞争导致诸如学生负担过重的不良后果，高考并不能承担其责任。第二，通过高考进行竞争，总比通过金钱、地位进行竞争更为进步，并且更为贴近高校选择生源的内在要求。有竞争，就会有淘汰。我们不能像马克思对唯心主义空想家所批判的那样"希望有竞争而没有竞争的悲惨后果"②。我们需要做的只能是如何理性面对竞争及其后果。第三，高考竞争造成试卷的绝对难度增大，然而考生的负担与试卷的难度在总体上总会形成一个平衡③。考生的负担不会无限制地攀升，

---

① 例如，2002年保送生占所有报名人数的比例为7.49%，而统考人数占92.51%。参见教育部发展规划司：《中国教育统计年鉴》(2002)，人民教育出版社2003年版，第406页。自主招生以上海市2006年为例，复旦大学、上海交通大学和6所高职院校共自主招生3 979人，仅占总录取人数的4%。至于结合高考进行录取的自主招生有90年院校，主要为"211"工程院校和少数高职院校，比例一般在5%，最多在10%。

② 马克思、恩格斯：《马克思恩格斯全集》（第二十七卷），中共中央马克思恩格斯列宁斯大林著作编译局译，人民出版社，1972年，第485页。

③ 杨学为：《高考文献》（下），高等教育出版社，2003年，第584页。

而且负担轻重是因人而异的。竞争的规律决定了负担不会自动减下来，考生只能根据自己的潜力去承受合适的负担水平。

包括提高高考效度在内的一系列高考改革不能也没有必要消除竞争，然而当一定范围内的竞争出现缓和时，通过高考改革可以在一定程度上减轻考生的负担。例如，随着高等教育进入大众化阶段，当实用型院校的竞争不再十分激烈时，高考试卷的分级分类可以减轻相当部分学生的负担。竞争激烈的研究型院校，为了提高高考的效度，根据专业要求不同科目采用不同难度的试卷和不同的计分方式，这一做法也可以减轻考生不必要的学习负担。然而，学生负担过重的主要原因不在考试，而在社会、在教育。缓和高考竞争的根本在于缓和脑体差别；减轻学生负担过重的一个有效途径是提高师资队伍的整体水平，高水平的教师既可以引导学生正确地对待高考，也可以减轻学生不必要的学习负担，还可以帮助学生养成一个良好的学习习惯。试想高考、教师、自身学习习惯与脑体差别的社会现实对中学生睡眠时间、近视率、身体素质的影响各占多大比例呢？

三、利益的调整

作为高校选择合适生源的工具，高考牵涉着方方面面的利益。改革就是一种利益的调整，高考改革也是如此。提高高考效度的一系列改革措施会直接、间接地影响不同群体的利益，如何协调各方的利益对高考效度提高的实现至关重要。

（一）机构的利益

当前高考无论是使用全国统一试卷的省份还是自主命题的省份，其考试的组织、阅卷等一系列工作均由省级招办统一组织管理，录取工作采用高等学校负责、省级招办监督的模式，在省级招办和各高等学校的互动中完成。提高高考效度的一系列措施涉及省级招办和高等学校在费用、权力与责任方面利益的调整。

1. 费用

作为重要的国家考试，省级招办接受政府的委托组织高考，其费用主要由地方教育经费与考生缴纳的报名费、考试费（有的还包括录取费）共同负担。高等学校一般仅承担本方招生的直接开支。目前，考生所缴纳的费用已增长了许多，同时，超过一半以上的省份实行自主命题，几乎全部高校实施网上录取。自主命题增加了地方政府的财政负担，网上录取降低了高等学校的招生开支，考生缴纳的费用似乎所占比重也不小。高考是为高等学校招生服务的，因此，目前的成本分担相当不合理，尤其对高等学校少而考生多的省份不太公平。无论是提高命题质量、考试实施的标准化程度还是提高阅卷质量，采用这些措施以提高高考效度势必要求进行成本核算，并进行合理的成本分担。

依据统一的高考分数进行招生录取，是绝大多数高等学校明智的选择。若高校实施自主考试，除了难以操作的障碍以外，势必大幅度增加成本。高校自行组织考试需要成本，考生到各地赴考也需要成本，因此，生源群体的缩小将不可避免。在缺乏足够的权威与透明度的背景下，自行组织考试还将承受人们对其公平性的质疑。因此，提高高考效度的措施，一方面需要地方政府和教育行政部门加大资金投入，另一方面需要高等学校承担相应的费用。

2. 权力

尽管高等学校在录取过程中的权力不断扩大，但是招办的权力意识仍远远大于服务意识。而高考效度的提高包括高考分数的科学使用，这一措施的实现必然要使一部分权力由招办转移到高校。长期以来，招办是代表政府行使监督权的，然而这一监督在执行过程中有些异化，监督往往包含着过多的控制与干预。在过多的控制与干预下，高校既缺乏足够的计划制定权，也没有足够的录取标准制定权与执行权。如果说计划制定权属于较为宏观的管理层面，在现代大学制度尚未健全的前提下严格控制尚可理解，那么相对微观的录取标准则直接关系到培养目标的实现程度，单一生硬的控制方式难以适应高等教育发展的需要。况且录取标准科学性的实现程度与高考效度密切相关。

高考试卷需要分级分类，录取模式相应地也需要多样化。第一，采用标准分，且总分的权重需要降低；第二，高校根据专业要求有权对相应科目作出要求并实施；第三，若试卷进行分级分类，也势必会打破总分"独霸天下"的局面。所以，高考试卷的分级分类不仅会增加命题的成本，更为关键的是将削弱招办的权力。效度的提高一方面需要调整高考总分与相应科目分数的权重，另一方面需要逐渐弱化投档比例的限制，并且后者是前者实现的必要条件。如果同一科目的高考试卷进行分级分类，不同科目赋以不同的权重，那么在录取过程中，不超过120%的权重只能使前者形同虚设。

3. 责任

有权力就应该承担责任，有责任就应该拥有权力。招办与高等学校之间权力不对等的现状相当程度上是由责任不对等的历史造成的。正如前述，招办是代表政府行使监督权的。这一权力的产生是因为高考是国家考试而不是（高等）学校考试，考生在高考中遇到的一系列问题自然要找国家、找政府、找招办，这是一个现实。与此同时，计划经济体制下，高等学校附属于政府，学生就业、学生培养被政府大包大揽起来，招生当然也不例外。随着计划经济向市场经济转变，高等学校在自主权扩大的同时，也意味着责任的扩大，当然二者的扩大未必是同步的，但是二者走向均衡是不以人的意志为转移的。

"并轨"以后，学生缴费上学，毕业后双向选择自主择业。1997年绝大部分高校已经"并轨"，随后两年，即1999年高校开始大幅度扩招，近年来就业形势日渐严峻。政府为提高高校毕业生的就业率付出了艰苦的努力，一方面给学校施压，另一方面开拓就业渠道。高等学校受着政府与学生的双重压力。若从招生的角度考虑，还给高校制定录取标准的权力，既在理论上使高等学校享有均衡的权力与责任，也在实践上有助于毕业生就业问题的解决。简单地说，高等学校在学生就业方面的责任促使高校提出制定录取标准的权力。越符合高校的标准，高考效度也就越高。

（二）群体的利益

高考改革对不同阶层的群体和不同区域的群体的利益既有直接的影响，也有间接的影响。高考作为一个客观的鉴别工具，并没有保护特定群体的价值倾向，然而，工具使用的结果与利益的分配密切相关。笼统而言，高考这一工具的使用有利于保护弱势群体的利益。但是高考对弱势群体利益的保护是基于公正，而非基于偏袒[①]。从工具意义上说，提高高考的效度恰恰与维护这种公正是一致的，即高考的效度越高，公正就越容易实现。在这一意义上，高考是一个"善"的工具。

[①] 原教育部考试中心副主任应书增在谈到高考的公平性时引用了陕北一个满脸皱纹的老农的话："我的娃经过努力就能考上大学，县长的娃不努力就考不上大学！"参见于建坤：《考试中心负责人解析高考新思路》，《中国教育报》2007年5月10日，第5版。

1. 弱势阶层的利益

所谓弱势阶层，是指社会资本缺乏的阶层①。但是天赋并不与社会资本的拥有程度成正比，努力程度更不与社会资本的拥有程度成正比，甚至可以说，它们是两个相互独立的变量。然而，是否适合大学的学习，天赋、努力程度的影响远大于社会资本的影响。与考试相对应的，推荐比考试更容易受到社会资本的影响。

从理论上讲，高考的统一程度越高，分数越具有可比性，越有利于在公平性的观照下保护弱势群体的利益，当然，它并不一定导致对弱势阶层利益的维护。但是，高考的过分统一与效度的提高会产生一定的冲突。试卷的分级分类是高考效度提高的内在要求，因此而导致的招生复杂化可能在具体操作过程中导致弱势阶层的利益受损。尽管它并不必然导致此种结果，但这一点却是弱势阶层非常担心的。如何解开这个结，只能诉诸制度的完善与操作的"阳光"。也就是说，高考"刚性保护膜"的去除要与录取环境的净化同步实施，否则高考不可避免地会被"污染变质"。

弱势阶层往往在经济上也处于不利地位。现行的高考可以使经济上处于弱势的考生群体能够同等地参与竞争。如果因效度提高而要求高考的复杂化会导致考生成本的增大，则两者的矛盾就出现了，问题的解决办法只能是成本的合理分担，需要把考生的承受能力放在首要位置。

效度提高的另一条途径则与弱势阶层的经济状况相一致，即改成就测验为能力倾向测验。这一法则也是从长期的科举考试实践中得出的。经济状况好的考生，可以获得更多的复习资料，可以获益于更高水平的教师指导，可以获取更多的信息，成就测验可以使经济状况处于有利地位的考生获取更多

---

① 目前还未见对弱势阶层有一个明确的界定，而与弱势阶层密切相联的一个词语是弱势群体。卢斌认为，弱势群体的"弱势"突出表现在三个方面：物质生活的贫穷状况、竞争能力的弱势、社会和政治层面的弱势地位。参见卢斌：《当代中国社会各利益群体分析》，中国经济出版社，2006年，第73页。笔者认为，具有第三个特点的弱势群体接近于弱势阶层所包括的范围。陆学艺教授提出以职业分类为基础，以组织资源、经济资源和文化资源的占有状况为标准来划分社会阶层的理论框架，将当前中国的社会职业结构划分为十大阶层：国家与社会管理者阶层、经理人员阶层、私营企业主阶层、专业技术人员阶层、办事人员阶层、个体工商户阶层、商业服务业员工阶层、产业工人阶层、农业劳动者阶层、城乡无业失业半失业阶层。参见陆学艺：《当代中国社会流动》，社会科学文献出版社，2004年，第2~23页。

的好处。能力倾向测验的试题与具体知识的联系是间接的,所展示的信息背景对所有考生都是同等的陌生,因此它可以大大减少对经济处于不利地位考生的负面影响。

运用高考这种工具来分配高等教育机会,强势阶层并不是受到了歧视,相反,高考可以使强势阶层所获得的高等教育机会更为正当,更具合法性,更为人们所认可、尊重。科举史上有"缙绅虽位极人臣,不由进士者,终不为美"① 之说,也从一个侧面反映了通过考试这种激烈而公平的竞争得来的官职更能得到人们的认可与尊重。从问题的反面来看,尽管人们认可阶层的再生产,但是无论在什么社会,强势阶层的地位都不能保证永恒不变,而考试则是强势阶层延续其态势的一个重要工具,同时也是强势阶层由于意外原因变成弱势阶层之后恢复其原有地位的有力凭借。

2. 弱势区域的利益

高等学校依据高考成绩进行录取以省级行政区为单位,各高校招生计划分配到各省区,逐渐产生了弱势省区。在有些省区,高等学校还把招生计划分配到各地市,也产生了一些弱势的地市。弱势省区和弱势地市都可以称为弱势区域,但矛盾的焦点是弱势省区,本部分的论述以弱势省区为例。两个因素使得这一问题变得异常刺眼:"985"工程与"211"工程院校招生本地化状况严重,高等教育大众化背景下从重学历变为重"学校历"②。需要明确的是,这是录取问题,而非高考问题,然而这一问题与高考有着千丝万缕的联系,最能使人联想的是高考的分省自主命题与"倾斜的分数线"的关系。加上早已单独命题的上海市和2002年开始单独命题的北京市,2004年又增加了天津市和重庆市等9个省区及直辖市。当然,选择这些省区的一个重要原因是高校集中,相对而言能够保证命题的质量。无论出发点是什么,包括4个直辖市在内的分省命题客观上使"倾斜的分数线"问题变得更加模糊。况且,增加的9个省市在高考前4个月才宣布试行,分省命题在2004年的大力推行也是仓促之举③。

---

① 王定保:《唐摭言》,上海古籍出版社,1978年,第4页。
② 刘海峰:《高考并非万恶之源》,《北京文学》2006年第1期,第125页。
③ 从1985年上海获得自主命题权,到2002年北京加入自主命题的行列,历时17年,而到2004年试点迅速增加到11个。参见张耀萍:《高考形式改革研究》,厦门大学硕士学位论文,2004年,第70页。

结合本研究的主题,分省命题是否有利于效度的提高?分省命题可以使试题与本地区的教育实际、自然特点、社会发展状况结合更为紧密,弱化非考试目标对不同考生的影响,理论上可以提高高考的效度。然而事情的另一面是,一省(区、市)的命题水平不能与一国的命题水平相提并论,这又可能降低高考的效度。加之中国的内部各要素之间的差别主要是城乡差别,而不是省(区、市)之间的差别,因此,分省命题总体上可能会降低高考的效度。相反,全国统一命题可以集整个国家之力提高高考的效度,同时有利于弱势区域利益的维护。教材不统一的实际,则需要考试的性质改变为能力倾向测验。全国统一命题的能力倾向测验对研究型高校而言尤为契合,也尤为重要,诚然,这将要求高考实施分类型(以高等学校类型为标准)考试。因此,可以提高高考效度的分类型考试改革也涉及非常严峻的利益之争。

结　语

本研究中的高考既不包括高校招生录取也不包括其他高校招生考试，而仅限定为普通高等学校招生全国统一考试，主要把高考作为选才的工具而非社会活动，围绕着高考效度进行了一系列的探讨。具体而言，主要涉及了五个问题：如何研究高考的效度，如何理解高考的效度，高考的效度怎么样，如何提高高考效度，提高高考效度的实践条件。结语部分是对研究所作的简要总结，包括研究的主要结论、对本研究进行简单的反思，以及基于提高效度的目的并结合实践条件提出的高考改革设想。

一、主要结论

结论就是对所研究问题的解答，本研究的主要结论就是对所探讨的五个问题的解答。其中，"高考的效度怎么样"这个问题是本研究的基点，因此，关于这个问题的基本结论有三点，其他四个问题各列一个基本结论。

（一）以大学学业总成绩为效标比以第一学年成绩为效标更为科学

研究统计表明，不同院校、不同专业、不同时期第一学年的课程在所有课程中的比重有着很大的不同，第一学年公共课程与专业课程的比例也有很大的不同，因此，选用第一学年的学业成绩作为效标测算的效度系数难以进行横向、纵向的对比。定量研究也表明，使用各学年学业成绩度量某年同一院校、同一专业的效度系数并不必然随年级的升高而降低，效度系数随年级依次减小的专业仅占36.81%[①]。同时，分别以第一学年成绩和学业总成绩为效标度量高考的效度系数，虽然在总体上通过显著性检验的专业所占比例差异不大，但是具体到不同时期、不同院校、不同专业则会发生很大的变

---

① 仅排列第一学年成绩、第二学年成绩、第三学年成绩为效标时的效度系数。

化,更为关键的是,这一变化没有明显的规律①。因此,为了准确度量高考的效度,并有利于效度系数的科学解释与比较,大学学业总成绩才是测算高考效度的最佳效标。

(二) 理解高考的效度必须考虑高考对录取决策科学性的影响

高考的效标关联效度用效度系数来表示。效度系数符号的正负表示高考成绩与大学学业成绩的变化方向是相同还是相反,绝对值的大小表示变化方向相同或相反的程度,绝对值的平方表示高考成绩可以解释大学学业成绩变化的百分比,而效度系数是否通过显著性检验表示相关是否可以推论到总体。但这些都是一种纯理论的解释,必须结合高考使用的背景即基础率和录取率来理解才具有实际意义。效度系数为正值,就表明高考对录取决策起到了积极的影响,但是效度系数为负值并不必然表明对录取决策起到了消极影响②。

(三) 高考选才的有效性体现了由"精英"向"大众"转变的特点

1984年、1993年、2002年共同专业效度系数③的总体状况是:效度系数为正值且通过显著性检验的比例依次为50.00%,41.67%,60.00%。然而,具体到不同类型的院校,发生了非常明显的变化:研究型院校依次为90.00%,63.64%,63.64%;应用型院校依次为33.33%,20.00%,66.67%;实用型院校依次为12.50%,25.00%,50.00%。高考为研究型院校选择生源的有效性在降低,为应用型院校和实用型院校选择生源的有效性在提高,1984年与2002年的对比尤为明显。

---

① 例如,三个时期所有院校所有专业中,45.60%的专业以学业总成绩为效标时效度系数大,而54.40%的专业以第一学年学业成绩为效标时效度系数大;研究型院校分别为40.00%和60.00%,应用型院校分别为51.72%和48.28%,实用型院校分别为46.30%和53.70%。

② 这是因为范围限制使得度量所得的效度系数比实有效度系数小,所录取考生的同质性越高影响就越明显。例如某研究型大学的热门专业录取考生的分数在640分至650分之间,然而效标分数接近于正态分布,效度系数一般会很小,甚至出现负值;若把录取范围扩大到540分至650分之间,效度系数必然提高。在这种情况下,高考仍然对录取决策发挥了重要的积极作用,与效度系数小直接相关的错误决策主要不是错误肯定,而是因为录取率极低造成的错误否定。

③ 以大学学业总成绩为效标度量高考总分。

（四）高考有效地发挥了为普通高等学校选择合适生源的作用

定量研究表明，在全部 91 个专业中，有 79 个专业的效度系数为正值，占 86.81%；41 个专业的效度系数为正值且通过显著性检验，占 45.05%①；12 个专业的效度系数为负值，其中 1.5 个效度系数通过显著性检验，仅占 1.65%。并且在 12 个负值中，仅有研究型院校的 070101 专业在 1993 年和 2002 年均为负值，其余 10 个负值均未重复，说明效度系数为负值的专业具有很大的偶然性。因此，高考有效地发挥了为普通高等学校选择合适生源的作用。

（五）高考英语的效度水平最为理想，而综合科目的效度水平最低

定量研究表明，在 2002 级的 43 个专业中，以大学学业总成绩度量高考英语的效度有 38 个专业的效度系数为正值，占 88.37%，19.5 个专业的效度系数为正值且通过显著性检验，占 45.35%②；而综合科目的情况分别为 17 个专业、2 个专业，分别占 39.53% 和 11.11%。1993 级和 1984 级的 48 个专业中，以大学学业总成绩度量高考英语的效度，有 44 个专业的效度系数为正值，占 91.67%，20.5 个专业的效度系数为正值且通过显著性检验，占 42.71%。若以大学英语成绩度量高考英语的效度，84 个专业的效度系数均为正值，即正值率为 100%，其中 68 个专业的效度系数通过了显著性检验，占 80.95%③。

（六）提高高考的效度应当实行分科考试、试卷分级分类、科目组合多样

高考的效度总是针对一定目的而言的。首先，高考的效度依赖于考试目标的明确化和单一化，而综合科目的考试与此是相悖的。其次，高等学校培养人才类型的不同要求有不同的录取标准，一份试卷针对的录取标准越多，效度就越不理想。例如1984年的高考能够非常有效地为研究型院校选择生源，但是为应用型院校和实用型院校选择合适生源的效果很不理想；2002年的高考为应用型院校和实用型院校服务的效果大幅度提高，但是为研究型

---

① 以大学学业总成绩为效标度量高考总分。
② 文理兼招的专业，理工类、文史类各计为 0.5 个专业，下同。
③ 12 个英语专业以专业课成绩作为效标，F 校 7 个非英语专业的英语课程未作为考试课程开设，因此共有 84 个专业。

院校选择生源的效果大幅度降低。再次，不同类型院校的几百个专业形成的不同录取标准基本在理工类或文史类两个成绩上作出选择，必然会制约高考效度的提高。

（七）考试理论与技术和利益调整是制约高考效度提高的重要因素

试卷的分级分类与考试科目组合多样的实现对考试技术提出了更高的要求，也间接影响到不同群体的利益。试卷的分级分类要求重新为不同试卷制定命题标准，不仅是程度的高低，更涉及侧重点的差异。试卷的选择、科目的组合将对高等学校提出新的要求，内部机构的权力分配也将重新调整，并且省级招办与高等学校之间的权力与责任也将重新划定。这些改革措施需要投入的成本应该由谁来承担也是一个比较棘手的问题。

二、研究反思

若把高考的效度问题放到整个高考研究的背景之下，这是一个小课题。然而，当笔者深入到这个小课题之中时，却发现一篇博士论文或一部书仅仅能够解决其中一些较为基本的问题，有的问题还是不能得到彻底的解决。梳理一下本研究做了哪些工作，做到了什么程度，在这一领域中还有哪些工作需要做，应当说是一种义务。

研究高考的效度，是从效度系数切入的。长期以来，研究者多把效标选择为大学第一学年的成绩。在本研究的调研阶段，笔者发现了一个问题：2002级许多专业在第一学年的课程多为公共课，某些专业公共课所占的比例甚至达到100%。高等教育是专业教育，以公共课程的学业成绩来度量高考为高等学校选择生源的合理性颇令人质疑。解决效标的选择问题关系着研究的基本结论与框架。笔者从理论和实践两个维度得出大学学业总成绩是度量高考效度最为合理的效标，同时也指出了其他效标的价值所在。

囿于实证材料的制约，以往研究的范围多局限于某一年某一学校的一个或几个专业[①]。这些研究只能回答这一年的高考为某个学校的某个或某几个专业选择生源的效果好或者不好，而不能回答这一年的高考为高等学校选择生源的整体效果如何，在不同院校之间、不同专业之间有无明显的差异，更

---

① 还有部分研究选择某年几所院校（往往是某种角度上的同类院校）的一个或几个专业的学生为样本或选择一所院校一个专业连续几年的学生为样本。

不能回答高考为高等学校选择生源的有效性随着时间的推进是否发生了明显的变化，若有明显变化则变化的特征如何。这两个问题直接关系到决策者和各利益主体对高考质量的整体评价，进而影响到决策者明确高考改革的具体方向。

本研究的开展是为面向整体把握高考选才的有效性而设计的。以2002年、1993年、1984年三个年份的高考作为研究范围，采用整群抽样的方法抽取了X省A、B、C、D、E、F、G七所院校的5 780个样本，包括研究型、应用型、实用型三种类型的院校，覆盖了十一个学科门类。在大量样本的基础上得出高考选才的有效性由"精英"向"大众"转变和高考能够为高等学校选择合适生源的基本结论，同时在一定程度上获得了高考为不同专业选择生源有效程度的差异。在研究过程中，对高考各科目成绩与大学学业成绩相关状况的探讨，为高考具体的改革方向积累了重要的实证材料。这些内容可能是本研究最主要的贡献之一。

应该说，目前对高考效度研究的成果数量不算少，但是还不够丰富，人们对高考效度的评价也存在一些不尽科学的地方。其中一种看法最为常见：效度系数作为一种相关系数，其数值虽绝大多数为正值，但是一般在0.2左右，即高考成绩与大学学业成绩大多呈弱相关，以此来判定高考并不能有效地为高等学校选择合适的生源。本研究在阐释效度系数符号正负、绝对值大小、显著性检验状况的基础上，引入一种更为科学的评价标准：结合基础率和录取率这一高考使用的背景，来分析不同效度的高考对录取决策科学性的影响程度，通过高考对录取决策质量的改善程度来评价高考。这一方法不仅有助于人们科学地评价高考的作用，而且有助于人们明确高考效度的提高是否必要和提高空间的大小。实际上，这一方法在国外考试界和国内人事考试领域已经开始运用。按照这一评价标准，一方面证明高考确实能够有效提高大学录取决策的科学性；另一方面也指出在录取率大大提高的高等教育大众化背景下，原有的高考模式对录取决策的积极影响已经明显降低，需要通过高考的分层分类予以解决。这一评价方式的引入是对高考效度研究的另一个重要贡献。

本研究在揭示高考效度的现状与评价高考职能履行状况的基础上，进一步分析了影响高考效度的因素和提高高考效度的途径，为了使高考效度的提高由理论转化为实践，在最后一章剖析了高考效度提高的制约因素并简要指出问题所在，阐明了问题解决所面临的困难与解决之道。

总体而言，笔者在研究中致力于对高考的效度问题进行一个较为完整的认识与解决。限于学识，虽对高考效度的现状揭示与高考效度的科学解释完成得相对深入一些，对效标的选择问题也进行了较为全面的剖析，然而仍有诸多相关问题尚待进一步解决。

本研究仅选取了一个省份的各种类型院校三个年份入学的5 780名学生作为样本。尽管不可把得出的结论过分绝对化，但是从较为宏观的角度看①，基本的结论在理论意义上能够得到认可。况且，本研究选取的X省是录取分数线、考生数、录取率、高校数量都比较中等的省份，能够非常接近地代表整个高考的情况。即使退一步，它也能够全面地反映X省自身的情况，具有独立的价值。

若能多选择几个省份，则结论可能更具说服力②，但是这要以每个省份选取样本所覆盖的类型不能减少为前提，否则将会顾此失彼。就本书的研究目的而言，在样本总量不变的前提下，不同类型院校、不同专业、不同年份的高考所包含的信息远比不同省份所包含的信息重要，况且本研究所选取的X省是很有代表性的一个省份。将两者兼顾在目前也远不是一篇博士论文或一部书所能承受的工作量和所能面对的调研难度。当然，不能依此否认在本研究样本的基础上多选择几个省份样本的必要性，只是这些工作需要一个规格更高、经费更多的课题作为支撑。

若深入到更为微观的问题，样本的制约就表现出来了，某些问题因此无法得出一个明确的结论。例如：(1)在比较十一个学科门类之间的效度时，由于每个学科门类的专业数太少，即使在2002年的样本中，每个学科门类最多选择了两个专业，因此比较高考为各个学科门类选择生源的有效性问题就难以有一个确切的结论。(2)笔者试图探讨高考为不同类型院校的同种专业选择生源有效性的差异，选择了计算机类专业、英语类专业、经济管理类专业、传统的文史法类和理工类专业进行比较，希望为高考试卷分层分类改革提供更为坚实的实证基础，但同样由于样本量不足而只好暂时浅尝辄止。研究型院校和应用型院校的两个理学类专业，高考为数学与应用数学专业选才的有效性状况是应用型院校明显好于研究型院校，而化学专业则是研究型

---

① "宏观"在这里并不是一个严格的概念，而表示在高考效度问题研究中较大的问题。
② 不同省份的结论可以相互对比印证，求省份之间的平均值，则结论更为客观。

院校明显好于应用型院校。两个文史类专业的情况是，高考为汉语言文学选才的有效性状况是应用型院校远好于研究型院校，而历史学的情况则相反，也是研究型院校好于应用型院校。因此，只能期待以后样本足够时再做研究，当然也希望能够顺利获取足够样本且有此兴趣的同行进行更为深入的研究。

若依范围的不同把高考效度问题的研究简单地分为宏观研究、微观研究，那么本研究倾向于以宏观为主，根据不同部分的具体情形兼及微观。若以研究偏重于理论还是实践来划分，本研究偏重于理论。因此，高考的效度问题中有一些具体的问题尚需进一步研究。一个重要问题是，试卷分层分类作为高考改革的一个重要方向，本研究只探讨了其教育测量学的原因并给出了实证材料作为支持，但是仅仅提出了这一改革需要技术支持并涉及各群体利益的调整，至于具体需要哪些技术，怎么改，怎么协调各群体利益，则还是一个重要的未解之谜。另一个重要问题是科目组合问题，这一问题则更为复杂。本研究虽然分别计算了高考各科目成绩与各专业大学学业成绩之间的相关系数，但是只能在统计意义也可以说在宏观层次上理出各科目成绩与大学学业成绩的相关系数总体上远低于高考总分与大学学业成绩的相关系数，并排列出不同年份各科目成绩与大学学业成绩相关系数通过显著性检验比例的顺序，只能说所有高校所有专业的录取只能在理工类和文史类两个高考总分中选其一作为主要的录取标准是不科学的，至于不同专业应采用何种科目组合则非一人之力能及。

三、改革设想

本研究认为，尽管在各种局限条件下着眼于效度提高的高考改革方案目前尚难以细化，然而基于这一宏观层次为主的研究，参照高考发展史并综合目前各位专家学者的改革方案，提出一个粗略的整体方案应该说是必要而且可行的。至于方案的可操作性，可能见仁见智，笔者认为一个改革方案是否能够转化为实践取决于客观因素与主观因素如何互动。

《2002—2007年教育振兴行动计划》提出了高校招生考试改革的目标和方向，即建立以国家统一考试录取为主，与多元化考试录取和多元化选拔录取相结合，高校更加自主自律、政府宏观指导、社会有效监督的具有中国特色的现代高校招生考试制度。这一基本描述包含的第一个明确的信息是国家统一考试录取为主，肯定了（统一）高考的重要地位。时任教育部高校学生司司长林蕙青在探讨构建具有中国特色的现代高校招生考试制度的具体举措时提出三点直接涉及（统一）高考的改革，一是稳步推进高校招生统一考试分省命题改革，二是探索分层次的考试录取改革，三是积极研究、平稳推进考试内容与形式的改革①。本书的研究结论与这个大框架是一致的。

本研究所提出的高考改革方案主要包括以下几点：(1) 坚持认为高考是高校招生考试制度的主要组成部分；(2) 针对高等学校类型的不同，高考应当分层次分类型进行；(3) 录取标准由高校制定，省级招办做好监督，但不能越位干预；(4) 省级招办依据录取标准提供多种形式的考试成绩。

若按照研究型院校、应用型院校、实用型院校的分类，高考需要一分为三。一部分为能力倾向考试，记为考试Ⅰ，包括高中所有科目，数学分为文史类、理工类两种试卷，主要面向研究型院校，考试日期放在每年的6月7日—11日；另一部分为学业成就考试，记为考试Ⅱ，也包括高中所有科目，数学也分为文史类、理工类两种试卷，主要面向应用型院校，考试分为两个阶段，语文、数学、外语放在高中三年级第二学期初，其余科目放在高中二年级第二学期的6月7日—11日。考试Ⅰ宜全国统一命题，考试Ⅱ各省（自治区、直辖市）可自行命题，可几个省区联合命题，也可委托其他考试机构命题。考试Ⅱ作为学业成就考试同时承担鉴别考生是否达到高中毕业要求的职能，要获得高中毕业证书必须参加所有科目的考试并达到相应标准。若要报考研究型院校则根据不同院校不同专业的要求参加考试Ⅰ中的相应科目。某些应用型院校的相关专业可能也要求申请者参加考试Ⅰ中的相应科目，例如应用型院校的数学与应用数学专业要求申请者参加考试Ⅰ中的数学考试。条件成熟的省份可以组织面向实用型院校的统一考试，记为考试Ⅲ，时间放在高中三年级第二学期初紧接着考试Ⅱ，考试Ⅲ最好与考试Ⅱ互补使用，不必按照高中科目设考，根据实用型院校各专业的特点分为几个大类施考，每一大类具体为一个考试科目。实用型院校的某些专业需要高中各具体科目成绩时，可参照考试Ⅱ相应科目的成绩；若需要符合具体专业特点的科目，则由考试Ⅲ提供。条件不成熟的省份，可暂依考试Ⅱ相应科目成绩进行录取。音乐、体育、美术等文体类专业的文化课考试可根据院校要求选用考试Ⅱ的相应科目，专业课考试可作为考试Ⅲ的特定科目。

---

① 林蕙青：《高校招生考试制度的现代转型与构建》，《教育研究》2005年第3期，第31页。

考试Ⅰ各科目分原始分、标准分、等级制、百分比四种形式表达，原始分的主要作用是便于考生查分。若各院校获取录取标准制定权，主要体现为需要依据哪些科目的成绩作为录取标准、具体科目的成绩是要求标准分还是百分比或等级制分数，则省级招办按照招生简章上的要求提供各科分数即可。当然，在过渡阶段，省级招办可设定一基本线，相当于目前的批次分数线，但是不宜再限定为120%这么低的比例，至少应扩大到150%～200%[①]，这一分数线可按文史与理工划分，省级招办宜以语文、数学两科总分划线。在这一分数线上，省级招办监督各高校各专业依招生章程录取。若各院校尚未获取录取标准制定权，则可以"3+2"方式录取或"七六"模式为主录取。进一步讲，若研究型院校在考试Ⅰ全国统一命题的基础上统一录取，也并不困难。监督机构由省级招办改为教育部考试中心或另设一机构即可（常设机构与非常设机构均可）。考试组织基本不变，只是必须以县为单位随机安排监考。阅卷要作较大改动，不能分省阅卷而需全国统一阅卷，但是这对基于计算机技术、网络技术之上已成功实施的网上阅卷来说并没有多大的困难。考试完毕，答卷集中到各省统一地点扫描入网发送至全国统一指定地点，由教育部考试中心或另设的统一机构统一重新编号，分发至各阅卷点进行阅卷，分数汇总到全国统一指定地点集中处理。至于高校所在省区的利益与落后省区的利益，另寻途径解决。前者在招生计划中划出一定比例通过目前实行的自主招生解决；后者在统一录取的基础上另划一定比例依次递补，具体比例宜根据生源数量和质量综合考虑。

面向应用型院校和实用型院校的考试Ⅱ和考试Ⅲ的施考、阅卷仍沿用目前模式，由省级招办负责组织。录取分省进行，具体步骤同研究型院校依据考试Ⅰ成绩录取。对每届高中生来讲，为保证实用型院校的招生工作顺利进行，凡在招生简章上注明以考试Ⅲ成绩录取的专业，不得依考试Ⅱ的成绩录取未参加考试Ⅲ相应科目考试的考生。

---

① 因为每所研究型院校在各外省区的招生计划大多为十几个或几十个，甚至只有几个，投档比例应当高一些，应用型院校在外省区招生属于这种情况的，投档比例也应当大一些；而招生计划多到几百至上千个，则120%的投档比例一般足够，甚至110%或105%就可以了。此外，在招生计划数相同时，专业数越多，则投档比例应越高；反之，投档比例可以低一些。当然，对不同院校在不同省区具体投档比例应做深入研究确定，但不宜统一控制在100%～120%这一较小的幅度之内。

附　录

附录一：本科专业在全国布点数较多专业一览表

(单位：个)

	一		二		三		四		五	
	专业代码	布点数	专业代码	布点数	专业代码	布点数	专业代码	布点数	专业代码	布点数
01	**0101**	43	0103	9	0102	2	—	—	—	—
02	**0102**	328	**0101**	216	0104	185	0103	69	—	—
03	**0101**	352	0404	184	**0302**	124	0401	58	0301	50
04	0201	178	**0104**	150	**0101**	73	0203	68	0202	53
05	**0201**	500	0408	307	**0101**	279	0207	184	0401	172
06	**0101**	165	0104	14	0103	13	0105	10	0102	9
07	0102	328	**0101**	294	0302	224	0201	203	**0301**	198
08	**0605**	481	0603	297	**0301**	230	0602	225	0604	221
09	0401	66	**0102**	62	0501	59	**0101**	54	0601	52
10	**0301**	140	**0701**	115	0801	92	0401	65	0303	62
11	**0201**	326	0102	319	**0203**	285	0202	281	0302	239

注：黑体字为本研究选择的专业，其中带下划线的为三个年份共同的专业；依据截至2003年2月统计的各专业的布点结果。

资料来源：中华人民共和国教育部高等教育司：《中国普通高等学校本科专业设置大全》，高等教育出版社，2003年，第313~541页。

附录二：全国普通高等学校 2002 年分学科招生情况一览表

(单位：人)

	本 科	专 科	总 计
总 计	1 587 939	1 617 037	3 204 976
哲 学	1 700	475	2 175
经济学	94 337	88 079	182 416
法 学	78 519	82 099	160 618
教育学	59 317	118 906	178 223
文 学	243 324	265 991	509 315
历史学	10 474	4 877	15 351
理 学	191 997	102 870	294 867
工 学	543 447	513 794	1057 241
农 学	37 513	31 734	69 247
医 学	105 815	102 094	207 909
管理学	221 496	306 118	527 614

资料来源：中国教育年鉴编辑部：《中国教育年鉴》（2003），人民教育出版社，2003 年，第 89 页。

附录三：专业名称对照表

表 3-1 本科专业对照表

	1984 年	1993 年	2002 年
010101	哲学	哲学	哲学
020102	对外贸易	国际贸易	国际经济与贸易
030101	法学	法学	法学
040101	学校教育	—	教育学
050101	汉语言文学	汉语言文学	汉语言文学
050201	英语	英语	英语
060101	历史	历史学	历史学
070101	数学	数学与应用数学	数学与应用数学
070301	化学	化学	化学
080301	机械制造工艺与设备	机械制造工艺与设备	机械设计制造及自动化
080605	计算机技术	计算机及应用	计算机科学与技术
090101	农学	农学	农学
100101	临床医学	临床医学	临床医学
110201	—	企业管理	工商管理
110203	会计学	会计学	会计学

注：专业代码以 2002 年为准。

表 3-2　高职高专专业对照表

	1984 年	1993 年	2002 年
080001	工民建	工民建	房屋建筑工程
080002	机械	机械制造工艺与设备	计算机辅助机械设计
050001	秘书	秘书	秘书
050002	英语	英语	英语
110002	经济管理	经济管理	企业管理
070001	数学	数学	数学教育
050003	中文	中文	汉语言文学教育
050004	英语	英语	英语教育

注：高职高专专业代码是笔者为行文方便所加。

附录四：各专业样本容量一览表

一、总体状况

表 4-1　样本容量总况表（5 780）

	2002 年		1993 年		1984 年		合计	
	理工	文史	理工	文史	理工	文史	理工	文史
研究型	454	347	201	219	82	475	737	1 041
应用型	1 019	570	411	49	509	134	1 939	753
实用型	254	310	177	295	138	136	569	741
合　计	1 727	1 227	789	563	729	745	3 245	2 535

本科专业覆盖 11 个大类，16 个二级类，20 个专业。高职高专类 11 个专业覆盖文、理、工、管 4 个大类。

二、2002 级样本（2 954）

（一）研究型高校（801＝454＋347）

表 4-2　单招专业样本容量表（331＝237＋94）

030302	24	070101	23
050101	46	070301	78
060101	24	080301	33
		080605	103

表 4-3　兼招专业样本容量表（470＝217＋253）

010101 理工	9	010101 文史	13
020101 理工	33	020101 文史	41
020102 理工	49	020102 文史	39
030101 理工	41	030101 文史	73
050201 理工	10	050201 文史	23
110201 理工	17	110201 文史	23
110203 理工	58	110203 文史	41

（二）应用型高校（1 589＝1 019＋570）

表 4-4　单招专业样本容量表（1 262＝880＋382）

040101	41	080301	112
040104	40	080605	153
050101	169	090101	66
050201	105	090102	102
060101	67	100301	275
070101	40	100701	51
070301	41		

表 4-5　兼招专业样本容量表（327＝139＋188）

020101 理工	19	020101 文史	8
020102 理工	46	020102 文史	61
030101 理工	17	030101 文史	59
110201 理工	20	110201 文史	24
110203 理工	37	110203 文史	36

（三）实用型高校（564＝254＋310）

表 4-6　单招专业样本容量表（386＝217＋169）

080001	45	050001	47
080002	46	110001	41
080003	43	050003	43
070001	46	050004	38
080004	37		

表 4-7 兼招专业样本容量表（178＝37＋141）

050002 理工	14	050002 文史	69
110002 理工	23	110002 文史	72

三、1993 级样本（1 352）

（一）研究型高校（420＝201＋219）

表 4-8 单招专业样本容量表（265＝121＋144）

010101	8	060101	16
030101	39	070101	25
050101	34	070301	65
050201	47	080605	31

表 4-9 兼招专业样本容量表（155＝80＋75）

020102 理工	39	020102 文史	33
110201 理工	25	110201 文史	20
110203 理工	16	110203 文史	22

（二）应用型高校（460＝411＋49）

表 4-10 单招专业样本容量表（460＝411＋49）

040101	—	080605	25
050201	49	090101	33
080301	69	100301	284

（三）实用型高校（472＝177＋295）

表 4-11 单招专业样本容量表（433＝157＋276）

080001	36	050001	40
080002	39	050002	29
070001	82	050003	109
		050004	98

表 4-12 兼招专业样本容量表（39＝20＋19）

| 110002 理工 | 20 | 110002 文史 | 19 |

四、1984 级样本（1 474）

（一）研究型高校（557＝82＋475）

表 4-13　单招专业样本容量表（557＝82＋475）

010101	55	060101	54
020102	46	070101	33
030101	106	070301	28
050101	74	080605	21
050201	78	110201	—
		110203	62

（二）应用型高校（643＝509＋134）

表 4-14　单招专业样本容量表（643＝509＋134）

040101	39	080605	25
050201	95	090101	68
080301	92	100301	324

（三）实用型高校（274＝138＋136）

表 4-15　单招专业样本容量表（236＝113＋123）

080001	34	050001	21
080002	35	050002	13
070001	44	050003	38
		050004	51

表 4-16　兼招专业样本容量表（38＝25＋13）

110002 理工	25	110002 文史	13

附录五：第一学年课程占总课程比重状况

表 5-1　研究型院校第一学年课程占总课程比重表　　　　　　　　　　（%）

	1984 年			1993 年			2002 年		
	公共课	专业课	第一学年	公共课	专业课	第一学年	公共课	专业课	第一学年
010101	13.33	23.81	37.14	15.83	20.83	36.66	20.43	16.13	36.56
020102	15.00	18.33	33.33	20.27	13.51	33.78	26.42	9.43	35.85
030101	21.43	13.39	34.82	22.02	10.09	32.11	24.44	17.78	42.22
050201	6.67	26.67	33.34	10.71	22.32	33.03	10.17	20.34	30.51
110201	—	—	—	14.05	9.83	23.88	21.21	16.16	37.37
110203	6.50	20.33	26.83	13.53	18.05	31.58	22.43	22.43	44.86
050101	12.96	20.37	33.33	19.05	20.00	39.05	17.82	19.80	37.62
060101	17.72	26.58	44.30	19.39	26.53	45.92	19.57	25.00	44.57
070101	10.43	20.87	31.30	16.52	24.35	40.87	22.01	18.18	40.19
070301	15.79	20.00	35.79	20.45	20.45	40.90	24.73	17.20	41.93
080605	11.71	27.03	38.74	11.29	24.19	35.48	15.18	19.64	34.82
平均	13.15	21.74	34.89	16.65	19.10	35.75	20.40	18.37	38.77

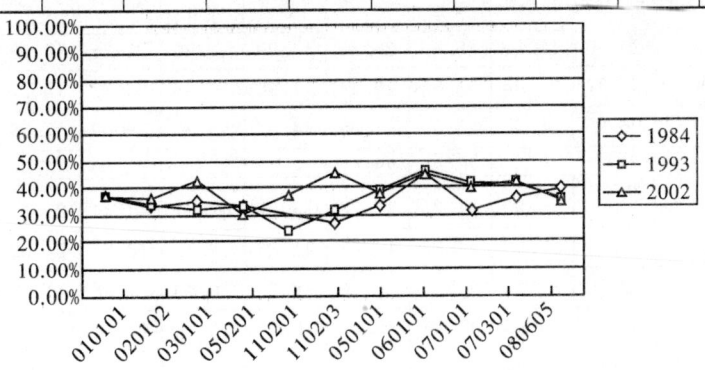

图 5-1　研究型院校各专业第一学年课程占总课程比重变动图

表5-2　应用型院校第一学年课程占总课程比重表　　　　　　　　　　（%）

	1984年			1993年			2002年		
	公共课	专业课	第一学年	公共课	专业课	第一学年	公共课	专业课	第一学年
080301	26.82	3.91	30.73	26.24	6.84	33.08	32.14	7.14	39.28
080605	24.72	0	24.72	24.26	7.66	31.92	29.74	6.67	36.41
090101	14.18	15.89	30.07	20.73	16.74	37.47	22.75	13.27	36.02
100301	6.16	18.49	24.65	5.33	23.67	29.00	11.64	18.53	30.17
040101	16.42	10.45	26.87	—	—	—	13.33	20.83	34.16
050201	0	29.89	29.89	6.25	25.00	31.25	11.01	28.35	39.36
平均	14.72	13.11	27.82	16.56	15.98	32.54	20.10	15.80	35.90

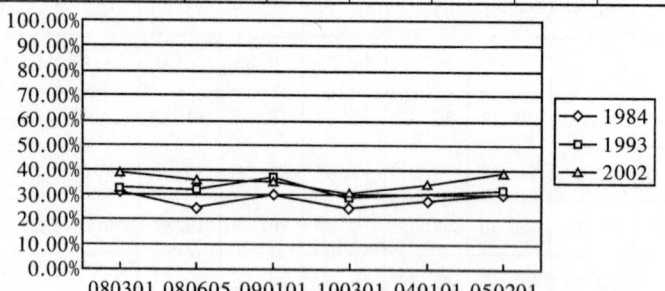

图5-2　应用型院校各专业第一学年课程占总课程比重变动图

表5-3　实用型院校第一学年课程占总课程比重表　　　　　　　　　　（%）

	1984年			1993年			2002年		
	公共课	专业课	第一学年	公共课	专业课	第一学年	公共课	专业课	第一学年
080001	29.30	16.50	45.86	26.87	14.93	41.80	21.21	16.28	37.49
080002	31.87	21.98	53.85	20.44	21.90	42.34	22.73	12.27	35.00
070001	6.25	28.75	35.00	11.86	44.07	55.93	9.09	37.88	46.97
050001	28.13	47.37	75.50	28.57	6.43	35.00	20.09	15.98	36.07
050003	6.25	25.00	31.25	17.78	33.33	51.71	13.64	20.45	34.09
050004	17.24	27.59	44.83	11.63	41.86	53.49	10.77	24.62	35.39
050002	12.50	37.50	50.00	8.70	28.26	36.96	7.38	31.97	39.35
110002	31.25	15.63	46.88	19.05	19.05	38.10	23.44	12.50	35.94
平均	16.94	30.31	47.24	16.27	28.83	45.10	14.07	23.90	37.97

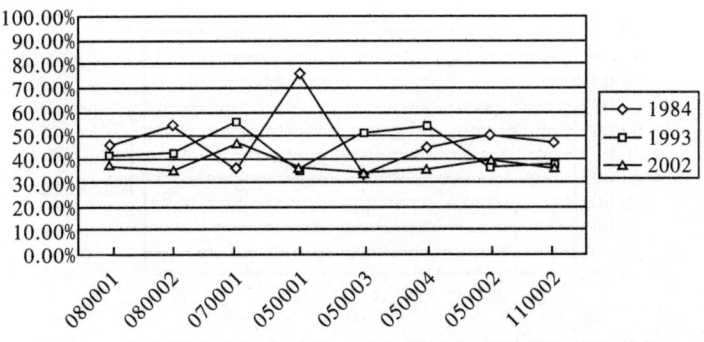

图 5-3　实用型院校各专业第一学年课程占总课程比重变动图

附录六：第一学年公共课与专业课比例对比状况

表 6-1　研究型院校第一学年公共课与专业课比例对照表　　　（％）

	1984 年		1993 年		2002 年	
	公共课	专业课	公共课	专业课	公共课	专业课
010101	35.90	64.10	43.18	56.82	55.88	44.12
020102	45.00	55.00	60.00	40.00	73.68	26.32
030101	61.54	38.46	68.57	31.43	57.89	42.11
050201	20.00	80.00	32.43	67.57	33.33	66.67
110201	—	—	41.46	58.54	56.76	43.24
110203	24.24	75.76	42.86	57.14	50.00	50.00
050101	38.89	61.11	48.78	51.22	47.37	52.63
060101	40.00	60.00	42.22	57.78	43.90	56.10
070101	33.33	66.67	40.43	59.57	54.76	45.24
070301	44.12	55.88	50.00	50.00	58.97	41.03
080605	30.23	69.77	31.82	68.18	43.59	56.41
平均	37.33	62.68	45.61	54.39	52.38	47.62

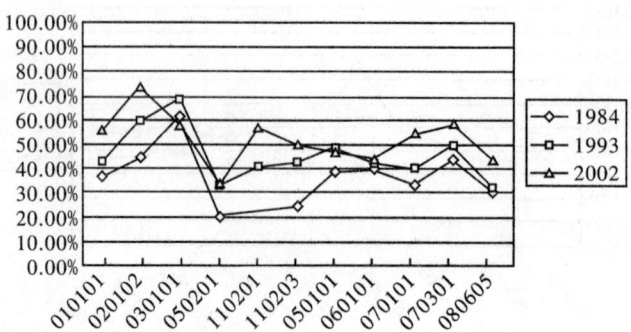

图 6-1 研究型院校第一学年公共课占第一学年课程比例变动图

表 6-2 应用型院校第一学年公共课与专业课比例对照表 （%）

	1984 年		1993 年		2002 年	
	公共课	专业课	公共课	专业课	公共课	专业课
080301	87.27	12.73	79.31	20.69	81.82	18.18
080605	100.00	0	76.00	24.00	81.69	18.31
090101	47.16	52.84	55.33	44.67	63.16	36.84
100301	25.00	75.00	18.39	81.61	38.57	61.43
040101	61.11	38.89	—	—	39.02	60.98
050201	0	100.00	20.00	80.00	37.50	62.50
平均	53.42	46.58	49.81	50.19	56.96	43.04

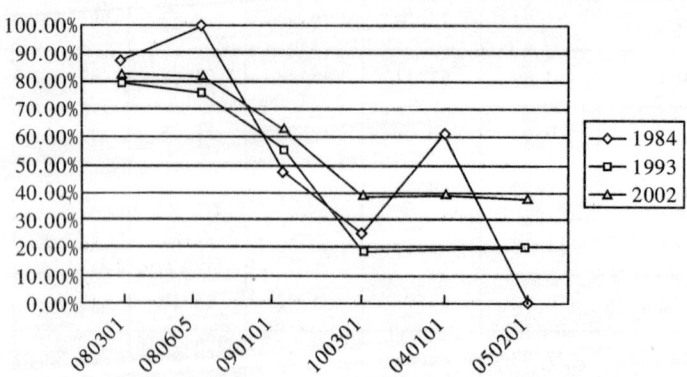

图 6-2 应用型院校第一学年公共课占第一学年课程比例变动图

表 6-3　实用型院校第一学年公共课与专业课比例对照表　　　　　　　　（%）

	1984 年		1993 年		2002 年	
	公共课	专业课	公共课	专业课	公共课	专业课
080001	63.89	36.11	64.29	35.71	56.57	43.43
080002	59.18	40.82	48.28	51.72	64.94	35.06
070001	17.86	82.14	21.21	78.79	19.35	80.65
050001	37.26	62.74	81.63	18.37	55.70	44.30
050003	20.00	80.00	34.78	65.22	40.00	60.00
050004	38.46	61.54	21.74	78.26	30.43	69.57
050002	25.00	75.00	23.53	76.47	18.75	81.25
110002	66.67	33.33	50.00	50.00	65.22	34.78
平均	41.04	58.96	43.18	56.82	43.87	56.13

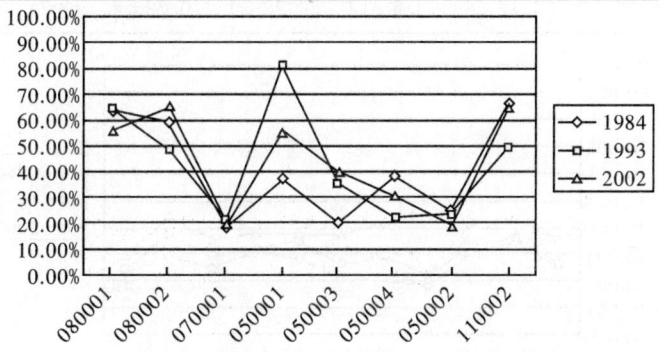

图 6-3　实用型院校第一学年公共课占第一学年课程比例变动图

附录七：公共课与专业课在课程体系中所占比例状况

表 7-1　研究型院校公共课与专业课比例情况表（所有学年）　　　　　　（%）

	1984 年		1993 年		2002 年	
	公共课	专业课	公共课	专业课	公共课	专业课
010101	24.76	75.24	25.83	74.17	35.48	64.52
020102	34.17	65.83	36.49	63.51	43.40	56.60
030101	30.36	69.64	33.03	66.97	42.22	57.78
050201	18.10	81.90	21.43	78.57	22.03	77.97
110201	—	—	28.93	71.07	41.41	58.59

续表

	1984 年		1993 年		2002 年	
	公共课	专业课	公共课	专业课	公共课	专业课
110203	20.33	79.67	25.56	74.44	37.38	62.62
050101	27.78	72.22	34.29	65.71	37.62	62.38
060101	30.38	69.62	31.63	68.37	38.04	61.96
070101	24.35	75.65	28.70	71.30	34.45	65.55
070301	28.42	71.58	37.50	62.50	44.09	55.91
080605	22.52	77.48	24.19	75.81	28.57	71.43
平均	26.12	73.88	29.78	70.22	36.79	63.21

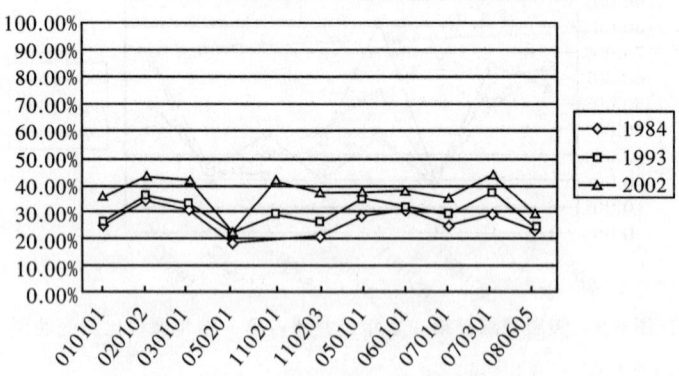

图 7-1 研究型院校各专业公共课占总课程比例变动图（所有学年）

表 7-2 应用型院校公共课与专业课比例情况表（所有学年）　　　　（%）

	1984 年		1993 年		2002 年	
	公共课	专业课	公共课	专业课	公共课	专业课
080301	40.78	59.22	42.97	57.03	46.43	53.57
080605	38.20	61.80	42.98	57.02	45.13	54.87
090101	26.81	73.19	35.61	64.39	44.08	55.92
100301	11.76	88.24	12.67	87.33	21.12	78.88
040101	29.85	70.15	—	—	29.17	70.83
050201	5.75	94.25	16.07	83.93	27.52	72.48
平均	25.52	74.48	30.06	69.94	35.57	64.43

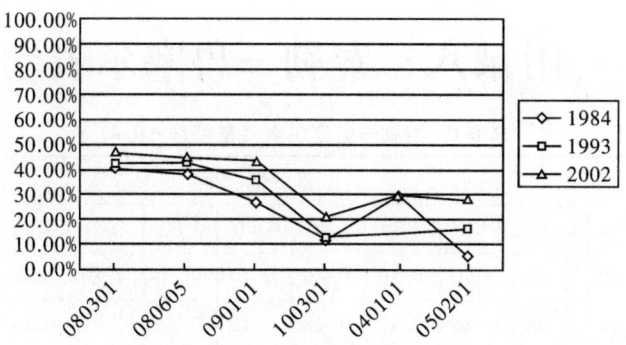

图 7-2 应用型院校各专业公共课占总课程比例变动图（所有学年）

表 7-3 实用型院校公共课与专业课比例情况表（所有学年） （%）

	1984 年		1993 年		2002 年	
	公共课	专业课	公共课	专业课	公共课	专业课
080001	42.68	57.32	32.84	67.16	26.52	73.48
080002	31.87	68.13	20.44	79.56	33.64	66.36
070001	17.50	82.50	18.64	81.36	27.27	72.73
050001	45.37	54.63	51.43	48.57	37.44	62.56
050003	31.25	68.75	24.44	75.56	15.91	84.09
050004	24.14	75.86	20.93	79.07	16.92	83.08
050002	12.50	87.50	13.77	86.23	13.93	86.07
110002	35.42	64.58	30.95	69.05	30.47	69.53
平均	30.09	69.91	26.68	73.32	25.26	74.74

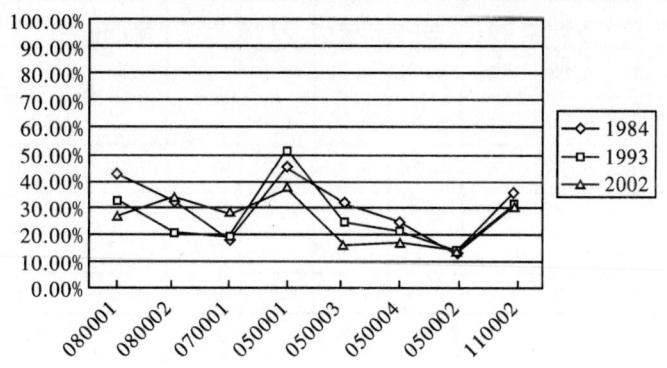

图 7-3 实用型院校各专业公共课占总课程比例变动图（所有学年）

附录八：泰勒—鲁塞尔表

表 8-1　泰勒—鲁塞尔表（基础率＝0.4）

r	录取率										
	0.05	0.10	0.20	0.30	0.40	0.50	0.60	0.70	0.80	0.90	0.95
0.00	0.40	0.40	0.40	0.40	0.40	0.40	0.40	0.40	0.40	0.40	0.40
0.05	0.44	0.43	0.43	0.42	0.42	0.42	0.41	0.41	0.41	0.40	0.40
0.10	0.48	0.47	0.46	0.45	0.44	0.43	0.42	0.42	0.41	0.41	0.40
0.15	0.52	0.50	0.48	0.47	0.46	0.45	0.44	0.43	0.42	0.41	0.41
0.20	0.57	0.54	0.51	0.49	0.48	0.46	0.45	0.44	0.43	0.41	0.41
0.25	0.61	0.58	0.54	0.51	0.49	0.48	0.46	0.45	0.43	0.42	0.41
0.30	0.65	0.61	0.57	0.54	0.51	0.49	0.47	0.46	0.44	0.42	0.41
0.35	0.69	0.65	0.60	0.56	0.53	0.51	0.49	0.47	0.45	0.42	0.41
0.40	0.73	0.69	0.63	0.59	0.56	0.53	0.50	0.48	0.45	0.43	0.41
0.45	0.77	0.72	0.66	0.61	0.58	0.54	0.51	0.49	0.46	0.43	0.42
0.50	0.81	0.76	0.69	0.64	0.60	0.56	0.53	0.49	0.46	0.43	0.42
0.55	0.85	0.79	0.72	0.67	0.62	0.58	0.54	0.50	0.47	0.44	0.42
0.60	0.89	0.83	0.75	0.69	0.64	0.60	0.55	0.51	0.48	0.44	0.42
0.65	0.92	0.87	0.79	0.72	0.67	0.62	0.57	0.52	0.48	0.44	0.42
0.70	0.95	0.90	0.82	0.76	0.69	0.64	0.58	0.53	0.49	0.44	0.42
0.75	0.97	0.93	0.86	0.79	0.72	0.66	0.60	0.54	0.49	0.44	0.42
0.80	0.99	0.96	0.89	0.82	0.75	0.68	0.61	0.55	0.49	0.44	0.42
0.85	1.00	0.98	0.93	0.86	0.79	0.71	0.63	0.56	0.50	0.44	0.42
0.90	1.00	1.00	0.97	0.91	0.82	0.74	0.65	0.57	0.50	0.44	0.42
0.95	1.00	1.00	0.99	0.96	0.87	0.77	0.66	0.57	0.50	0.44	0.42
1.00	1.00	1.00	1.00	1.00	1.00	0.80	0.67	0.57	0.50	0.44	0.42

资料来源：王孝玲：《教育测量》（修订版），华东师范大学出版社，2005 年，第333页。

表 8-2 泰勒—鲁塞尔表（基础率＝0.6）

r	录取率										
	0.05	0.10	0.20	0.30	0.40	0.50	0.60	0.70	0.80	0.90	0.95
0.00	0.60	0.60	0.60	0.60	0.60	0.60	0.60	0.60	0.60	0.60	0.60
0.05	0.64	0.63	0.63	0.62	0.62	0.62	0.61	0.61	0.61	0.60	0.60
0.10	0.68	0.67	0.65	0.64	0.64	0.63	0.63	0.62	0.61	0.61	0.60
0.15	0.71	0.70	0.68	0.67	0.66	0.65	0.64	0.63	0.62	0.61	0.61
0.20	0.75	0.73	0.71	0.69	0.67	0.66	0.65	0.64	0.63	0.62	0.61
0.25	0.78	0.76	0.73	0.71	0.69	0.68	0.66	0.65	0.63	0.62	0.61
0.30	0.82	0.79	0.76	0.73	0.71	0.69	0.68	0.66	0.64	0.62	0.61
0.35	0.85	0.82	0.78	0.75	0.73	0.71	0.69	0.67	0.65	0.63	0.62
0.40	0.88	0.85	0.81	0.78	0.75	0.73	0.70	0.68	0.66	0.63	0.62
0.45	0.90	0.87	0.83	0.80	0.77	0.74	0.72	0.69	0.66	0.64	0.62
0.50	0.93	0.90	0.86	0.82	0.79	0.76	0.73	0.70	0.67	0.64	0.62
0.55	0.95	0.92	0.88	0.84	0.81	0.78	0.75	0.71	0.68	0.64	0.62
0.60	0.96	0.94	0.90	0.87	0.83	0.80	0.76	0.73	0.69	0.65	0.63
0.65	0.98	0.96	0.92	0.89	0.85	0.82	0.78	0.74	0.70	0.65	0.63
0.70	0.99	0.97	0.94	0.91	0.87	0.84	0.80	0.75	0.71	0.66	0.63
0.75	0.99	0.99	0.96	0.93	0.90	0.86	0.81	0.77	0.71	0.66	0.63
0.80	1.00	0.99	0.98	0.95	0.92	0.88	0.83	0.78	0.72	0.66	0.63
0.85	1.00	1.00	0.99	0.97	0.95	0.91	0.86	0.80	0.73	0.66	0.63
0.90	1.00	1.00	1.00	0.99	0.97	0.94	0.88	0.82	0.74	0.67	0.63
0.95	1.00	1.00	1.00	1.00	0.99	0.97	0.92	0.84	0.75	0.67	0.63
1.00	1.00	1.00	1.00	1.00	1.00	1.00	1.00	0.86	0.75	0.67	0.63

资料来源：王孝玲：《教育测量》（修订版），华东师范大学出版社，2005 年，第334页。

表 8-3　泰勒—鲁塞尔表（基础率＝0.7）

r	录取率										
	0.05	0.10	0.20	0.30	0.40	0.50	0.60	0.70	0.80	0.90	0.95
0.00	0.70	0.70	0.70	0.70	0.70	0.70	0.70	0.70	0.70	0.70	0.70
0.05	0.73	0.73	0.72	0.72	0.72	0.71	0.71	0.71	0.71	0.70	0.70
0.10	0.77	0.76	0.75	0.74	0.73	0.73	0.72	0.72	0.71	0.71	0.70
0.15	0.80	0.79	0.77	0.76	0.75	0.74	0.73	0.73	0.72	0.71	0.71
0.20	0.83	0.81	0.79	0.78	0.77	0.76	0.75	0.74	0.73	0.71	0.71
0.25	0.86	0.84	0.81	0.80	0.78	0.77	0.76	0.75	0.73	0.72	0.71
0.30	0.88	0.86	0.84	0.82	0.80	0.78	0.77	0.75	0.74	0.72	0.71
0.35	0.91	0.89	0.86	0.83	0.82	0.80	0.78	0.76	0.75	0.73	0.71
0.40	0.93	0.91	0.88	0.85	0.83	0.81	0.79	0.77	0.75	0.73	0.72
0.45	0.94	0.93	0.90	0.87	0.85	0.83	0.81	0.78	0.76	0.73	0.72
0.50	0.96	0.94	0.91	0.89	0.87	0.84	0.82	0.80	0.77	0.74	0.72
0.55	0.97	0.96	0.93	0.91	0.88	0.86	0.83	0.81	0.78	0.74	0.72
0.60	0.98	0.97	0.95	0.92	0.90	0.87	0.85	0.82	0.79	0.75	0.73
0.65	0.99	0.98	0.96	0.94	0.92	0.89	0.86	0.83	0.80	0.75	0.73
0.70	1.00	0.99	0.97	0.96	0.93	0.91	0.88	0.84	0.80	0.76	0.73
0.75	1.00	1.00	.98	0.97	0.95	0.92	0.89	0.86	0.81	0.76	0.73
0.80	1.00	1.00	0.99	0.98	0.97	0.94	0.91	0.87	0.82	0.77	0.73
0.85	1.00	1.00	1.00	0.99	0.98	0.96	0.93	0.89	0.84	0.77	0.74
0.90	1.00	1.00	1.00	1.00	0.99	0.98	0.95	0.91	0.85	0.78	0.74
0.95	1.00	1.00	1.00	1.00	1.00	0.99	0.98	0.94	0.86	0.78	0.74
1.00	1.00	1.00	1.00	1.00	1.00	1.00	1.00	1.00	0.88	0.78	0.74

资料来源：王孝玲：《教育测量》(修订版)，华东师范大学出版社，2005年，第334页。

参考文献

普通图书

[1] 马克思，恩格斯. 马克思恩格斯全集：第二十七卷 [M]. 中共中央马克思恩格斯列宁斯大林著作编译局，译. 北京：人民出版社，1972.

[2] Lewis R. Aiken. 心理测量与评估 [M]. 张厚粲，黎坚，译. 北京：北京师范大学出版社，2006.

[3] Lewis R. Aiken. 心理测验与考试——能力和行为表现的测量 [M]. 张厚粲，译. 北京：中国轻工业出版社，2002.

[4] 董仲舒. 春秋繁露（中册）[M]. 凌曙，注. 北京：中华书局，1975.

[5] 罗德，诺维克. 心理测验分数的统计理论 [M]. 叶佩华，译. 福州：福建教育出版社，1992.

[6] 美国教育研究会，美国心理学协会，全美教育测量学会. 教育与心理测试标准 [M]. 燕妮琴，谢小庆，译. 沈阳：沈阳出版社，2003.

[7] 凯温·R. 墨菲，查尔斯·O. 大卫夏弗. 心理测验 [M]. 张娜，杨艳苏，徐爱华，译. 上海：上海社会科学院出版社，2006.

[8] 王定保. 唐摭言 [M]. 上海：上海古籍出版社，1978.

[9] 陈厚丰. 中国高等学校分类与定位问题研究 [M]. 长沙：湖南大学出版社，2004.

[10] 陈玉琨. 教育评价学 [M]. 北京：人民教育出版社，1999.

[11] 戴海崎，张锋，陈雪枫. 心理与教育测量 [M]. 广州：暨南大学出版社，1999.

[12] 胡咏梅. 教育统计学与SPSS软件应用 [M]. 北京：北京师范大学出版社，2002.

[13] 胡中锋,李方. 教育测量与评价 [M]. 广州:广东高等教育出版社,1999.

[14] 黄光扬. 教育测量与评价 [M]. 上海:华东师范大学出版社,2002.

[15] 雷新勇. 大规模教育考试:命题与评价 [M]. 上海:华东师范大学出版社,2006.

[16] 廖平胜. 考试是一门科学 [M]. 武汉:华中师范大学出版社,2003.

[17] 廖平胜. 考试学原理 [M]. 武汉:华中师范大学出版社,2003.

[18] 凌云. 考试统计学 [M]. 武汉:华中师范大学出版社,2002.

[19] 刘海峰,等. 中国考试发展史 [M]. 武汉:华中师范大学出版社,2002.

[20] 卢斌. 当代中国社会各利益群体分析 [M]. 北京:中国经济出版社,2006.

[21] 鲁迅. 鲁迅全集(第十卷). 北京:人民文学出版社,2005.

[22] 陆学艺. 当代中国社会流动 [M]. 北京:社会科学文献出版社,2004.

[23] 米红. 实用现代统计分析方法及SPSS应用 [M]. 北京:当代中国出版社,2004.

[24] 米子川. 统计软件方法 [M]. 北京:中国统计出版社,2002.

[25] 漆书青. 现代测量理论在考试中的应用 [M]. 武汉:华中师范大学出版社,2003.

[26] 漆书青,戴海琦,丁树良. 现代教育与心理测量学原理 [M]. 南昌:江西教育出版社,1998.

[27] 瞿葆奎. 教育基本理论之研究 [M]. 福州:福建教育出版社,1998.

[28] 田建荣. 中国考试思想史 [M]. 北京:商务印书馆,2004.

[29] 王孝玲. 教育测量(修订版) [M]. 上海:华东师范大学出版社,2005.

[30] 杨学为. 中国高考史述论 [M]. 武汉:湖北人民出版社,2007.

[31] 杨学为. 中国考试改革研究 [M]. 北京:北京大学出版社,2001.

[32] 杨志明,张雷. 测评的概化理论及应用 [M]. 北京:教育科学出版社,2003.

[33] 于信凤. 考试学引论 [M]. 沈阳:辽宁人民出版社,1987.

[34] 张宝昆. 大规模教育考试的社会控制功能研究 [M]. 昆明:云南大学

出版社，1999.

[35] 张厚粲，徐建平. 现代心理与教育统计学 [M]. 北京：北京师范大学出版社，2004.

[36] 张敏强. 教育测量学 [M]. 北京：人民教育出版社，1998.

[37] 张亚群. 科举革废与近代中国高等教育的转型 [M]. 武汉：华中师范大学出版社，2005.

期刊

[38] 马丁·特罗. 从精英向大众高等教育转变中的问题 [J]. 王香丽，译. 外国高等教育资料，1999（1）：1-22.

[39] 巴根那. 试论高考的功能 [J]. 前沿，2003（11）：152-154.

[40] 北京师范大学心理系高考研究组. 改革高考，更加准确有效地选拔人才 [J]. 教育研究，1985（6）：54-59.

[41] 别雪君，李祖超. 大学成绩与高考成绩相关关系的统计分析 [J]. 建材高教理论与实践，1997（4）：49-52.

[42] 柴俊，陆竞，俞曼. 高考数学分数高，大学数学学习成绩一定好吗 [J]. 数学教学，2003（8）：封二、8-9.

[43] 陈葆，陈艳辉. 城乡大学生英语基础与四级成绩的相关研究 [J]. 中国成人教育，2005（6）：101-102.

[44] 陈敬朴. 教育的功能、目标及其特性 [J]. 教育研究，1990（10）：8-11.

[45] 高晶，陆仲伟. 高考成绩与大学学习成绩的回归分析 [J]. 丹东师专学报，1994（1）：60-61、64.

[46] 顾海兵. 高考与统一高考之辩——兼与孙东东教授商榷 [J]. 湖北招生考试，2005（2）下：9-16.

[47] 顾明远. 中国考试制度改革的出路何在 [J]. 湖北招生考试，2003（12）：1.

[48] 顾秀娟，邹立人，许亮文. 大专生高考成绩与在校学习成绩关系的分析 [J]. 中国高等医学教育，1996（2）：37-38.

[49] 何杭佳. 大学成绩与高考成绩的相关分析 [J]. 玉林师范学院学报

（自然科学版），2002（3）：133-135.

[50] 蒋凯. 试论教育的负功能 [J]. 江西教育科研，1994（1）：9-11.

[51] 教育部教育信息管理中心. 国际教育标准分类法 [J]. 教育参考资料，1998（18）：24-30.

[52] 雷新勇. 2004年高考（上海卷）地理科考试评价 [J]. 考试研究，2005（1）：56-70.

[53] 李伟明. 谈谈测验考试的效度 [J]. 教育研究，1981（10）：88-91.

[54] 李文鑫. 高校自主招生应是高考改革的方向 [J]. 湖北招生考试，2006（12）下：10-12.

[55] 廖平胜. 论中国考试的起源 [J]. 华中师范大学学报（哲学社会科学版），1991（4）：119-123.

[56] 林蕙青. 高校招生考试制度现代转型与构建 [J]. 教育研究，2005（3）：31-33.

[57] 刘春锋，等. 医学生高考成绩与入学后在校期间学习成绩相关性研究 [J]. 洛阳医专学报，1994（4）：234-236.

[58] 刘德峰，郭雅. 入学成绩与在校学习成绩的相关性及其影响因素 [J]. 高教探索，1994（1）：63-66.

[59] 刘海峰. 高考并非万恶之源 [J]. 北京文学，2006（1）：125-127.

[60] 刘海峰. 高考改革的教育与社会视角 [J]. 高等教育研究，2002（5）：33-38.

[61] 刘海峰. 高考改革的统独之争 [J]. 教育发展研究，2006（21）：47-50.

[62] 刘海峰. 高考改革与素质教育 [J]. 红旗文稿，2006（17）：9-11.

[63] 刘海峰. 高考改革中的公平与效率问题 [J]. 教育研究，2002（12）：80-84.

[64] 刘海峰. 以考促学：高等教育考试的功能与影响 [J]. 厦门大学学报（哲学社会科学版），2002（2）：5-7.

[65] 刘育民，高凌飚，张敏强. 从广东省高考标准化试验看高考改革的方向 [J]. 教育研究，1988（7）：37-40.

[66] 卢巧焕. 对我校物理系学生的入校成绩与在校学习成绩的统计分析 [J]. 丽水师范专科学校学报，2004（2）：119-121、128.

[67] 罗永泰，李小妹. 高考入学成绩对后续课程影响的统计分析 [J]. 数

理统计与管理，1996（2）：14-16.

[68] 马骥，等. 农科院校学生入学成绩、基本情况对大学成绩影响的实证分析［J］. 高等农业教育，2003（11）：50-52.

[69] 孟照彬. 大学自主招生：高考的最终走向［J］. 湖北招生考试，2004（6）下：4-8.

[70] 宁静，等. 高考成绩与大学成绩的相关性研究［J］. 高等理科教育，2001（3）：46-50.

[71] 潘懋元，覃红霞. 高考：从选拔性考试到适应性考试［J］. 湖北招生考试，2003（12）：22-23.

[72] 潘懋元，吴玫. 高等学校分类与定位问题［J］. 复旦教育论坛，2003（3）：5-9.

[73] 裴云. 公平与效度：统一招考与自主招考比较的两个指标［J］. 湖北招生考试，2003（6）下：23-26.

[74] 彭拥军. 论高考的功能［J］. 湖北招生考试（理论版），2006（16）：42-45.

[75] 钱钟，吴祖俭. 高考成绩与发展潜力的相关性研究［J］. 江苏高教，2002（3）：39-41.

[76] 邱焕元. 对教育考试八项指标的综合评判［J］. 教育研究，1986（12）：54-56.

[77] 山东大学教务处. 电子计算机应用于大学生成绩分析［J］. 教育研究，1983（2）：77-80.

[78] 尚鹤睿，邱飚曾. 医学生大学英语四级考试成绩影响因素分析［J］. 广州医学院学报，1995（6）：65-66.

[79] 盛红勇. 大一学生心理健康与学业成就相关研究［J］. 长沙民政职业技术学院学报，2005（4）：33-35.

[80] 宋键. 高考成绩对大学主干课程成绩的影响［J］. 集宁师专学报，1999（4）：30-32.

[81] 唐晓杰. 社会、个人教育需求与学校教育功能［J］. 华东师范大学学报（教科版），1993（3）：49-60.

[82] 王方根，王闽. 医学生入学成绩与毕业总成绩相关性研究［J］. 江苏高教，1995（专辑）：60-61.

[83] 王飞，冯用军. 中国文化是考出来的——兼谈"科举"和"高考"的

文化功能[J]. 招生考试研究, 2007 (3): 57-62.

[84] 王洪才. 教育研究的基本方法[J]. 北京师范大学学报（社会科学版), 2006 (6): 21-27.

[85] 王美林. 自主招生：高考改革的新亮点[J]. 湖北招生考试, 2004 (12) 下: 14-17.

[86] 卫子光, 等. 化学高考预测效度研究初探[J]. 化学教育, 1995 (11): 4-11.

[87] 文新华, 唐思群. 社会主义社会中教育的政治职能[J]. 教育研究, 1989 (11): 3-7.

[88] 吴康宁. 教育的负向功能刍议[J]. 教育研究, 1992 (6): 69-70.

[89] 吴丽卿. 高等学校学生入学年龄问题初探[J]. 教育研究, 1981 (12): 23-27、72.

[90] 席宁华. 用标准分计算高考总分的运算与研究[J]. 教育研究, 1984 (4): 38-44.

[91] 谢小庆. 对测验效度的一些新认识[J]. 考试研究, 2002 (1): 25-29.

[92] 谢宗江, 冼利青. "3＋X"与医学生在校成绩相关分析[J]. 医学教育探索, 2003 (4): 46-48、55.

[93] 许之所, 张丽芳. 高考英语试卷预测效度实证研究[J]. 武汉理工大学学报（社会科学版), 2004 (2): 247-249.

[94] 杨东平. 高等教育入学机会：扩大之中的阶层差距[J]. 清华大学教育研究, 2006 (1): 19-25.

[95] 杨启华. 高考的社会控制功能——教育社会学视角分析[J]. 教育导刊, 2007 (8): 11-13.

[96] 杨学为. 关于高考考能力的问题[J]. 教育研究, 2005 (3): 33-34.

[97] 叶澜. 转换思路 进一步开创素质教育新局面[J]. 中国教师, 2006 (1): 4-5.

[98] 叶景山. 高考成绩、人格因素与英语四级成绩的关系[J]. 国际关系学院学报, 2002 (2): 40-43.

[99] 叶佩华, 曾桂兴. 正确计算多科考试成绩的方法[J]. 教育研究, 1983 (3): 55-58.

[100] 应书增. 高考后的评价与思考[J]. 中国考试（高考版), 2002

(Z1)：5-6.

[101] 余小波. 当前我国社会分层与高等教育机会探析——对某所高校2000级学生的实证研究 [J]. 现代大学教育，2002 (2)：44-47.

[102] 张楚廷. 全面发展九要义 [J]. 高等教育研究，2006 (10)：1-6.

[103] 张靖，等. 对医学生在校学习成绩变迁因素的初步探讨 [J]. 医学教育，1994 (6)：17-19.

[104] 张述祖. 论教育测量的重要性和教育测量中的一些基本概念 [J]. 教育研究，1979 (5)：69-70.

[105] 郑日昌，张厚粲. 对高考评分客观性的调查分析 [J]. 教育研究，1985 (2)：26-31.

[106] 郑若玲. 论高考的教育功能 [J]. 教育导刊，2005 (1)：4-6.

[107] 郑若玲. 高考的社会功能 [J]. 现代大学教育，2007 (3)：31-34.

[108] 周国辉. 英语高考成绩的预测效度 [J]. 淄博师专学报，1996 (2)：94-96.

[109] 邹有华，曾桂兴. 高考命题标准化初探 [J]. 教育研究，1983 (6)：58-61.

学位论文

[110] 谷振宇. 基于模糊关联规则的高考数据分析 [D]. 北京：清华大学硕士学位论文，2004.

[111] 廖同云. 高考导向功能异化现象研究 [D]. 武汉：华中师范大学硕士学位论文，2004.

[112] 林秀莲. 我国研究型高校本科生学习过程规律研究——以厦门大学为个案 [D]. 厦门：厦门大学硕士学位论文，2006.

[113] 罗立祝. 我国高校招生考试政策研究 [D]. 厦门：厦门大学博士学位论文，2006.

[114] 宋玉宏. 从高考成绩对后续课程的影响看高招录取工作的合理性 [D]. 北京：首都师范大学硕士学位论文，1999.

[115] 王伟宜. 中国不同社会阶层子女高等教育机会差异研究 [D]. 厦门：厦门大学博士学位论文，2006.

[116] 肖婕. 实际数据的统计分析与建模 [D]. 合肥：中国科学技术大学

硕士学位论文, 2001.

[117] 颜莉冰. 高考制度评价研究 [D]. 厦门：厦门大学硕士学位论文, 2006.

[118] 张耀萍. 高考形式改革研究 [D]. 厦门：厦门大学硕士学位论文, 2004.

[119] 郑若玲. 考试与社会之关系研究——以科举、高考为例 [D]. 厦门：厦门大学博士学位论文, 2006.

电子文献

[120] 全国普通高等学校招生统一考试 [EB/OL]. [2007-03-12]. http：//baike.baidu.com/view/983160.htm.

[121] 1992年全国普通高等学校招生统一考试 [EB/OL]. [2007-03-12]. http：//www.gdjyw.com/jyfg/16/law_16_1140.htm.

[122] 教育部. 2007年度普通高等学校招生工作规定 [EB/OL]. [2007-03-12]. http://www.jyb.com.cn/zs/gxzs/ptgxzs/zszc/t20070306_68019.htm.

[123] 普通高等学校招生全国统一考试大纲 [EB/OL]. [2007-03-12]. http：//www.eol.cn/html/g/2007dagang.shtml.

报纸

[124] 陈志文. 北京分数为何低 外地分数为何高 [N]. 中国青年报, 2000-02-24 (5).

[125] 饶嘉. 这难道公平吗 [N]. 中国青年报, 2000-02-24 (1).

[126] 续梅. 推进素质教育是一项十分复杂的系统工程 [N]. 中国教育报, 2006-11-9 (1).

[127] 于建坤. 考试中心负责人解析高考新思路 [N]. 中国教育报, 2007-05-10 (5).

[128] 藏铁军. 100分的差异是不是100分的含金量 [N]. 中国青年报, 2003-03-07 (5).

[129] 志文. 中国教育最大的不公 [N]. 中国青年报, 2000-02-24 (5).

文献汇编

[130] 教育部发展规划司. 中国教育统计年鉴（2002）[G]. 北京：人民教育出版社，2003.

[131] 教育部研究室. 中华人民共和国现行高等教育法规汇编[G]. 北京：人民教育出版社，1999.

[132] 天津市招生委员会高等学校招生办公室. 2006年天津市普通高等学校招生填报志愿指南之一[G]. 天津：天津人民出版社，2006.

[133] 杨学为. 高考文献：上 1949—1976 [G]. 北京：高等教育出版社，2003.

[134] 杨学为. 高考文献：下 1977—1999 [G]. 北京：高等教育出版社：2003.

[135] 中国大百科全书总编辑委员会《教育》编辑委员会. 中国大百科全书（教育）[G]. 北京：中国大百科全书出版社，1985.

[136] 中国教育年鉴编辑部. 中国教育年鉴（2003）[G]. 北京：人民教育出版社，2003.

[137] 中华人民共和国教育部高等教育司. 中国普通高等学校本科专业设置大全[G]. 北京：高等教育出版社，2003.

[138] 中华人民共和国教育部考试中心，中华人民共和国教育部自学考试中心，全国高等教育自学考试指导委员会办公室. 中国教育考试年鉴（2003）[G]. 北京：北京广播学院出版社，2004.

后　记

　　修订版最大的改动也许就是这篇后记了。原版《高考效度研究》在我的博士学位论文通过答辩之后被稍作修改就在第二年正式出版，自然更多地表达了笔者在博士阶段求学的感受与对相关人士的感谢。8 年之后的修订出版则需要对研究本身做一个反思，对修订工作做一些必要的交代。

　　我平时的关注更多地是作品在学术向度上发生的"位移"，这次仔细的校订重新勾起了自己曾经在学术"地图"上经历的"路程"。记得当时撰写论文之初对自己提出了一个小小的期许，这件作品至少要在十年之内还有学术价值，如今看来，它能够做到。

　　《高考效度研究》是一个基于数据的实证研究，主要价值是从定量数据统计分析得出的基本结论，这些结论经受住了时间的检验。修订版似乎应该补充最新的数据。如果按照应有的样本选择方法，应该补充 7 所高校 43 个专业 2011 级上千名学生的相关数据，至少涉及每个学生的高考各科目的成绩和大学各课程的成绩及相应学分、课程性质、开设学期等上百个数据，这个数据补充至少需要一个国家社科基金的资助金额加上一年的全职工作。如此修订之后，虽仍可用《高考效度研究》来命名，实际上却算是另外一部著作了。

　　如果无法获得具有明显价值的新数据也就没有大修大改的必要性。让笔者稍感纠结的是基于研究结论提出的改革设想应该如何处理。一方面，分类考试、各科分卷设考、取消文理分科等改革设想已经纳入了改革实践的轨道；另一方面，原来的改革设想是基于当时新课程改革基础之上的新高考方案提出的。近十年来，我国相继推出了一系列高考改革政策，2014 年，国务院颁行的《关于深化考试招生制度改革的实施意见》又启动了新一轮的高考改革。原来的改革设想在"实现"之后，行文语气是否仍然妥当？当下各省推出的高考改革方案并没有完全落实《关于深化考试招生制度改革的实施意见》提出的改革要求,故原版的行文语气仍有保留的价值。至于是否在修订版中罗列近十年相关的高考政策,笔者认为,用"老"数据来对接"新"政策会显得不伦不类。此外,学术著作面向的对象是学者,学术著作关注的核心是问题,话语体系是否入时则在其次。因此,这次修订版的正文部分只有两个变动,一个是改正、修补了几处错漏,另一个是修改了百余处不太符合汉语规范的表达。

高考改革可能是一个没有止境的事业,高考研究可能也是如此。笔者近十年来的高考研究都或多或少地与高考效度问题有关,能够在这条路上一直走下去,非常感谢我的导师刘海峰教授。在博士求学阶段,我更多地是读着刘老师的作品成长,在博士毕业之后,还能在刘老师语重心长的教诲之下成长,人生遇一良师真乃善缘。拙著有幸列入国家出版基金资助的"高考改革研究丛书"修订出版,特别感谢刘老师对后学弟子的关爱!特别感谢华中师范大学出版社诸位老师的支持与宽容!

吴根洲
2016 年 11 月于南昌大学